U0562466

社会工作研究文库

Theory and Practice of Community Correction Work Assessment

社区矫正工作评估：理论与实践

程潮 / 主编

社会科学文献出版社
SOCIAL SCIENCES ACADEMIC PRESS (CHINA)

前　言

社区矫正工作以社区矫正成效为中心，是涉及社区矫正主体、社区矫正对象和社区矫正手段等各项工作的系统工程。社区矫正主体是否得力，社区矫正对象是否配合，社区矫正手段是否科学，都事关社区矫正工作的实际成效。而社区矫正工作要取得良好成效，既需要社区矫正工作者和社区矫正机构进行自我评估与反思，又需要有第三方评估机构和评估专家进行独立评估。社区矫正工作评估是社区矫正项目评估主体采取分领域评价或综合性评价的方式，对社区矫正工作主体、社区矫正工作客体、社区矫正工作手段以及社区矫正对象改变情况进行评估分析，以得出比较客观的结论，并将评估的结论作为改进和提高社区矫正工作的重要依据。若是以项目的形式进行的社区矫正工作，则要经过第三方评估后做出一份比较客观、公正的评估报告，以提交给项目的主管方（或购买方），作为评判项目实施成效的重要依据。

对社区矫正工作如何开展有效的评估，目前国内外学术界、实务界和官方都有很多版本。本书希望通过对这些不同版本的总结与提炼，对国内外社区矫正工作评估实践的经验总结，结合我们自己在社会工作机构中从事社区矫正项目管理和社区矫正项目评估的经验体会，并吸纳学术界研究社区矫正实务和社区矫正工作评估的丰富成果，构筑一个较为系统、全面的社区矫正工作评估理论体系。

本书介绍了社区矫正工作评估的一般原理，探讨了社区矫正社会调查评估、社区矫正对象需要评估、社区矫正风险评估、社区矫正质量评估等评估形式。这些评估形式的实施主体、所求目标不尽相同，但都为着一个共同的目的，就是要通过评估来让各方（社区矫正工作者、社区矫正项目购买方、其他利益相关方）了解社区矫正工作的实际状况，并以评估的结果作为参照，进一步改进社区矫正工作方式，更好地提高社区矫正工作的实际效果。总之，各种形式的社区矫正工作评估，是以了解社区矫正对象的各种需要为前提，以预防社区矫正对象再犯风险为直接目的，以帮助社区矫正对象重新回归社会、成为对社会有用的人为根本目的。

本书的主编程潮教授、参与撰写者周利敏教授和孙元副教授，均为广州大学公共管理学院社会学系教师、广州市社会工作研究中心（广州市人文社会科学重点研究基地）成员和广州市广大社会工作服务中心理事。程潮负责全书的大纲设计，并负责第一章、第二章、第七章、第九章的撰写；周利敏负责第五章、第六章、第八章的撰写；孙元负责第三章、第四章的撰写。最后由程潮负责统稿，并根据需要对其他编者撰写的内容有所增删。

目录

CONTENTS

第一章
社区矫正工作评估概述

社区矫正工作评估不等于社区矫正评估，它是一项综合性的评估工作。因此，我们必须先对社区矫正工作评估的含义、特征、原则、类型和功能进行必要的概述。

第一节　社区矫正工作评估的含义和特征

社区矫正工作有广义和狭义之分，这里主要是从广义上来理解的。社区矫正工作评估是社区矫正机关通过自身或第三方依据一定的标准对社区矫正主体、社区矫正客体和社区矫正手段进行的评估活动。社区矫正工作评估具有综合性、统一性、个别化、动态性、互动性和科学性的特征。

一　社区矫正工作评估的含义

（一）何谓社区矫正工作

社区矫正工作有广义和狭义之分。狭义的社区矫正工作实际上是社区矫正的同义词，是社区矫正主体运用社区矫正手段作用于社区矫正客体而使之发生改变的活动及其过程。具体言之，狭义的社区矫正工作是指将符合法定条件的罪犯置于社区内，由专门的国家机关在相关社会团体、民间组织和社会志愿者的协助下，在判决、裁定或决定确定的期限内，矫正其犯罪心理和行为习惯，促进其顺利回归社会的非监禁刑罚执行活动。广义的社区矫正工作是一个外延更广的词，指以社区矫正为核心所开展的各项工作，包括围绕社区矫正主体（社区矫正工作者、社区矫正机构等）的工作、围绕社区矫正客体（主要指社区矫正对象[①]）的工作、围绕社区矫正手段（矫正手段、调查手段、评估手段等）的工作等内容。

狭义的社区矫正工作在我国最初被作为一种司法工作，在职责上属于司法行政机关的事务，在学科上属于法学范畴。自从社会工作介入社区矫正工作后，社会工作者将社区矫正工作称为社区矫正社会工作，在学科上属于社会工作（社会学的分支学科）领域。当前司法工作与社会工作已呈现联姻的趋势，形成了司法社会工作，社区矫正工作也可以归属于司法社会工作领域。

本书是从广义上来理解社区矫正工作的，而广义的社区矫正工作又包含了狭义的社区矫正工作，狭义的社区矫正工作是广义的社区矫正工作的核心内容。

（二）何谓评估

评估一般是指由权威部门和专业机构组织或派出的专家，依照国家法律、法规和评估准则，根据特定目的，依照相关程序，运用科学方法，对评估对象的价值进行分析、评价、测量并发表专业意见的行为和过程。

评估是测量与评定的有机结合。所谓测量，是依据一定的规则用数字对事物加以确定，也就是用定量的方法确定事物的属性。所谓评定，则是依据测量的结果，并结合评价者对事物的观察，从而对事物的属性赋予意义或做出价值判断。由此可见，测量是客观的观察过程，其结果应当能够准确地反映被测量者的属性而不受测量者个人的情绪或偏见的左右。但测量的目的并不限于了解属性，测量者常常希望进一步评判该属性的优劣、好坏，或价值的取向与高低，而属性的优劣、好坏及价值的取向与高低是根据评价者的标准而确定的，是一个主观的过程。因此，评估也是客观与主观的有机结合。

---

① 本书采用的“社区矫正对象”概念，又称“社区服刑人员”“社区矫正人员”。为了保持概念的统一，本书除保留政府文件和引文中采用的“社区服刑人员”概念外，其他一律采用“社区矫正对象”概念，特此说明。

如果说测量是对事物加以量化，评定是鉴别、确定事物的性质，那么评估也就具有定量与定性相结合的特征。定量是定性的基础，定性是定量的出发点和结果。在具体的评估过程中，定量与定性功能互补，既要测定“多少”，又要查明“多好”。一般来说，对简单、重复、确定性较大的事物容易量化，而当评估的对象复杂、内潜和多变时，则较多地依赖于定性的方法。因此，如何实现定量与定性的互补，便是科学评估所要着力解决的问题。

（三）社区矫正工作评估的含义

社区矫正工作评估是指社区矫正机关通过自身或第三方依据一定的标准对社区矫正工作及社区矫正对象在矫正期间的一些情况进行的评估测量和诊断活动。具体言之，社区矫正工作评估是指社区矫正机关通过自身或第三方根据社会所信奉的社区矫正的价值观或社区矫正的目标，运用可操作的科学手段，通过系统地收集有关信息、数据资料，进行筛选、整理、统计分析，对社区矫正对象、社区矫正组织、社区矫正活动、社区矫正手段的效度等做出价值判断，以不断改进并完善社区矫正工作，为社区矫正提供决策依据的过程。社区矫正工作评估是社区矫正工作的一个重要组成部分，它包括对社区矫正主体的评估、对社区矫正客体的评估和对社区矫正手段的评估。

对社区矫正主体的评估涉及社区矫正主体是否胜任社区矫正工作的问题。社区矫正主体既可指社区矫正组织，也可指社区矫正工作者。社区矫正组织要从事社区矫正工作，必须具有经营社区矫正业务的资质（法定资格），必须具有一批专业、能干的社区矫正工作者。社区矫正工作者要胜任社区矫正工作，必须具备良好的职业道德和职业技能。

对社区矫正客体的评估涉及社区矫正对象的需要评估、社区矫正的风险评估和社区矫正的质量评估等问题。社区矫正对象的需要评估，一般是基于人道主义的视角来评估社区矫正对象的基本权利需要及其满足情况，但有时还包括社区矫正对象的“犯罪性需要”评估。社区矫正的风险评估，是基于社区矫正对象仍然属于罪犯的角色可能会给社会或自身带来各种风险的考量。而社区矫正的质量评估，又是以社区矫正对象的需要满足程度和危险程度作为衡量依据的。

对社区矫正手段的评估涉及社区矫正的矫正方式评估、社会调查评估等问题。矫正方式评估是要评估社区矫正方式是否科学，社会调查评估是评估罪犯是否适合社区矫正。因此，社区矫正手段评估，是为了降低社区矫正对象的危害风险，提高社区矫正的质量。

社区矫正工作评估的过程，是对社区矫正活动中相关事物、相关因素、相关人员的现实的、潜在的价值做出判断的过程。社区矫正工作评估的实质是对社区矫正活动及其价值后果的价值判断，其目的在于提高社区矫正的质量，改善社区矫正的管理水平，完善社区矫正制度。

评估是一项贯穿于社区矫正工作始终的活动。一般而言，无论人们从事怎样的工作，都存在工作的过程、工作的预期目标、达到工作目标的方法等方面的问题，这些问题贯穿整个工作过程的始终，因而评估也贯穿于人们工作的每一个环节。

二　社区矫正工作评估的特征

（一）综合性

社区矫正工作评估的综合性，主要体现在宏观评估和微观评估上的综合性。一是社区矫正工作宏观评估的综合性。社区矫正工作的好坏，需要从社区矫正工作的目标、社区矫正工作的主体和社区矫正工作的手段等方面来综合衡量。其中“目标指标”指向社区矫正对象的积极改变，“主体指标”和“手段指标”是实现“目标指标”的必要条件。二是社区矫正工作微观评估的综合性。从目标来说，社区矫正工作评估必须综合考量阶段目标和最终目标的实现状况；从主体来说，社区矫正工作评估必须综合考量社区矫正机构和社区矫正工作者所发挥的主导作用以及社会支持系统带来的积极影响；从手段来说，社区矫正工作评估必须注重定量分析与定性分析相结合。

（二）统一性

社区矫正工作评估的统一性，是指追求目标和衡量标准上的统一性。从追求目标来说，社区矫正工作的目标是将矫正对象改造或矫正成守法的、具有良好社会适应性的公民，社区矫正工作评估的目的是评判社区矫正工作目标的实现程度。因此，两者在目标上具有同一性。从衡量标准来说，社区矫正工作能否成功，必须具有相对标准化的评价指标（包括社区矫正对象的需要指标、风险指标和社区矫正的质量指标等）。社区矫正工作评估指标的确立，又必须以社区矫正工作的评价指标为依据。当然，社区矫正工作评估的统一性比社区矫正工作的标准化范围要广些，包括评估指标的统一性、评估标准的统一性、评估技术方法的统一性和数据处理程序的统一性等。为达到社区矫正工作评估的标准化，就必须使评估专家对评估指标有一个统一的理解。为此，需要事先对评估专家进行集中培训，以确保质量的可靠性、评估指标含义理解的准确性、评估程序的合理性以及评估结果的公正性和可靠性。

（三）个别化

社区矫正工作评估的个别化，主要是指对社区矫正对象评估和社区矫正质量评估的个别化。从社区矫正对象的个别化来说，每一个矫正对象的犯罪动机、价值观念、个性心理特征及社会适应水平都有很大的差异，每一个矫正对象的年龄、刑期、经历、犯罪类型也有所不同，从而其矫正的起点、进程和终末的具体标准也就各不相同。因此，社区矫正工作评估必须根据社区矫正工作的个别化来设置个别化的评估指标。从社区矫正质量的个别化来说，就是将社区矫正活动转化成具体的、可量化的活动，通过变化的数值、曲线来反映矫正罪犯的效果。这种数值变化同时也能反映社区矫正工作中的可量化投入，从而更为客观地反映社区矫正工作的绩效。因此，社区矫正工作评估也必须根据社区矫正质量的个别化来设置个别化的评估指标。

（四）动态性

社区矫正工作评估的动态性，是指社区矫正工作评估的过程、方案和标准的变化性。社区矫正工作是一个动态的工程，矫正对象的个体情况及其所处的环境都处于不断变化之中。当矫正对象的心理、行为发生很大的变化时，就需要对社区矫正方案进行调整和修改。当社区矫正方案的执行遇到了困难或者出现了新情况时，也必须对社区矫正计划进行调整。当社区矫正方案制定的精细化程度与罪犯的矫正实际有差距时，也需要及时地修正原来的社区矫正方案。社区矫正工作过程的动态性，决定了社区矫正工作评估的动态性。评估对矫正对象来说不是“算账”，更不是“算总账”，不能将其看作一种“了结”，更不能将其看作“一次性了结”。评估应该是一种对矫正对象进行全方位、追踪式的动态评估，是一个连续发展和循环进展的过程，直至社区矫正目标的实现。社区矫正工作评估的标准化（包括制定标准、贯彻标准和修订完善标准）也是一个不断循环和螺旋式上升的运动过程，每经过一个循环，标准的水平就提高一步。社区矫正工作评估标准化的任务，就是要根据实际情况的变化，不断促进这种循环过程的进行，从而使评估标准不断提高到新水平。

（五）互动性

社区矫正工作评估的互动性，是指社区矫正工作评估注重评估主体与矫正主体、矫正对象之间的互动关系，特别是注重评估对象的主动参与性。矫正主体和矫正对象之间的互动，乃是两者通过有效沟通，在充分信任的基础上建立起的一种矫正和“我要矫正”的关系、服务和被服务的关系、帮助和被帮助的关系。矫正主体通过对矫正对象基本信息的采集、通过有关量表的检验和测评，掌握矫正对象在心理、认知、行为等方面的缺陷，知道矫正对象需要矫正什么，如何进行矫正；矫正对象通过检验，认识到自身的缺陷，明确自己需要矫正什么，怎样去矫正。矫正主体与矫正对象都直接参与到矫正方案的实施中，实现矫正、服务与帮助的良性互动，从而有步骤、分阶段地完成矫正目标。[①] 因此，社区矫正工作评估，需要关注矫正主体与矫正对象之间的良性互动关系。评估也是评估主体与矫正对象相互作用的过程，只有矫正对象从被动到主动积极参与评估，由被动地接受评估到积极主动地配合评估，从单纯地接受评估到在接受评估的同时也进行自我评估并评估他人，才能真正形成评估的互动性和整体性，才能发挥评估对社区矫正的激励作用，才能使矫正对象成为一个真正社会化的人。

（六）科学性

社区矫正工作评估的科学性，是指在制定评估方案、建立评估指标体

---

① 于爱荣主编《罪犯个案矫正实务》，北京：化学工业出版社，2011，第20页。

系、进行评估时，遵循社区矫正工作评估的客观规律。制定评估方案是评估工作准备阶段最重要的一项工作，评估方案的设计是否科学合理，直接关系到评估质量的高低和评估活动的成败。因此，评估主体必须认真研习并全面把握评估对象、评估目的、评估要求、评估标准、评估方法、评估设想、评估内容、评估范围、评估时空、评估进度、评估经费等评估要素，从而制定出科学合理的评估方案。建立评估指标体系是社区矫正工作评估的基础性工作，只有建立了科学合理的评估指标体系，才有可能得出科学公正的评估结论。只有遵循一定的原则，按照一定的程序，反复统计、认真分析处理、综合归纳和权衡，才能建立科学合理的评估指标体系。建立科学合理的评估指标体系，要始终以客观事实为依据，这样才能揭示社区矫正工作的本质和规律。在实施社区矫正工作评估时，必须从实际出发，坚持严肃认真和实事求是的评估态度。对矫正对象的思想、行为的评定，必须采取定量与定性相结合的手段进行全面、深入的分析与研究，力求使对矫正对象评估结果的解释具有全面、深入、公正的客观性和科学性。[①]

第二节 社区矫正工作评估的原则

为了使社区矫正工作评估获得理想的效果，就必须在评估过程中把握客观性、系统性、科学性、可操作性等原则。

一 客观性原则

矫正评估必须在坚持客观性的前提下进行，不能为评估而评估，更不能因人、因地、因评估者的好恶而异，而应该坚持客观、公正、可信的原则，实事求是地完成评估工作。公正性体现了评估和评估者的信誉，避免在发现问题、分析原因和做出结论时避重就轻，做出不客观的评价。可信性取决于资料信息的可靠性和评估方法的适用性，其能够客观地反映出矫正工作的成效与不足。实行评估的独立性和透明性是评估的公正性与可信性的重要保证。独立性要求评估者应是第三方，即由与项目活动没有直接

① 连春亮主编《社区矫正学教程》，北京：群众出版社，2013，第347～348页。

的业务和利益关系的专业人士进行独立评估，避免项目决策者和管理者自己评价自己的情况发生。透明性体现在评估的过程和结果上，它有利于资助者和社会公众对评估工作进行更好的监督，提高评估的公信度。

二 系统性原则

矫正评估必须以系统论的观点对评估中涉及的因素进行分析评价，不能以偏概全。系统性的基本要求：第一，系统地搜集、整理和分析评估对象的相关资料，不允许任何遗漏现象发生；第二，将评估对象作为系统来评价其绩效，包括矫正对象和矫正工作者的双重改变情况；第三，将评估对象放在宏观环境中来评价，既考察政策环境、社区环境等对评估对象的影响，也考察评估对象与同行矫正绩效相比的优劣；第四，采取动静结合原则对矫正对象进行完整分析，既要注意有的评价指标（如性别、民族等）的不变性，又要根据矫正对象的心理、行为的变化进行动态评估；第五，注重评估的多元参与性，不仅要接纳社区矫正工作者、矫正机构、政府机构、研究机构、督导等参与评估，还要让矫正对象参与到评估中来，因为矫正项目的评估如果缺少矫正对象的参与，就难以体现矫正的意义，也难以表现出矫正的效果。当然，不同的评估对象有着不同的系统性要求，如对社区矫正机构等级评估、社区矫正项目评估、社区矫正绩效评估、社区矫正风险评估、社区矫正调查评估等，都有其相应的系统性要求。

三 科学性原则

矫正评估是对社区矫正的过程和效果进行调查、评价和总结的过程，它不是主观随意的，而是有科学基础的过程，其有一套完整的评估程序和科学的方法。无论是社区矫正工作者，还是研究者或各类机构，在实施评估时，都应按照矫正评估特有的程序和方法进行评估，否则，将会直接影响到矫正评估的效果。① 科学化原则在社区矫正评估过程中主要表现为以下两方面。一是标准化原则，即是指运用标准的程序和方法进行评估工作

① 张昱、费梅苹：《社区矫正实务过程分析》，上海：华东理工大学出版社，2008，第258～259页。

的原则。标准化是科学化的具体体现，其目的是最大限度地控制效果评估过程中可能产生的误差，保证评估结果的信度和效度。标准化原则的内容包括以下几方面：评估体系的标准化，即根据统一、标准的效果评估量表进行检验和调研；评估方法的标准化，即评估时间、方法以及场景具有统一性；评估结果解释的标准化，即评估结果应当与统一的常模进行比较，对相应的评价标准，做出矫正效果或实际状态的评价。二是定量与定性相结合的原则。定量分析就是把由测验或其他途径得到的具有一定数量指标的资料，运用一定的数学方法加以统计处理，以使评估的结论更具有可靠性和精确性。定性分析是对信息资料的质的方面进行分析，找出这些资料中隐藏的规律性。只有进行定量和定性相结合的分析，我们才能全面认识被评估矫正对象的特征及其发展规律。

四　可操作性原则

矫正评估要求评估方法符合社区矫正工作的实际，选择的指标评价体系应具有可行性，有较规范的数据做支撑，在科学化和标准化的前提下尽可能地做到简便易行，具有可操作性。

目前不少地方社区矫正工作由专门的社会工作机构来承担。社会工作机构承接政府购买的社区矫正服务项目后，需要对其项目的完成情况进行评估。广州市某区在其《社区矫正和刑释解教人员社会适应指导社会工作服务项目评估方案》中将评估原则概括为八个方面。

（一）项目公共属性原则

突出社会工作服务的公共性及福利性，社会工作专项承接机构的非营利性、公益性特点，遵循社会工作价值观及理念，结合目前广州市社会工作发展阶段及现行的法律法规、会计制度和管理规范，制定科学的绩效评价方案及评估体系。

（二）公平、公正、公开原则

加强对评委的选择及培训，制定回避制度及公开机制，完善申诉机制，坚持第三方评估的原则，确保项目评估公平、公正、公开。

（三）专业规范原则

组建专业顾问委员会，建立科学的评估体系及流程，坚持社会工作的价值及理念，确保项目的专业规范运作。

（四）以评促建原则

评估是为了以系统、可靠的科学方式来改善服务，并提供公信力，帮助社会工作专项服务更符合要求及更高效。

（五）可比性原则

采用具有共性的多指标评价方法及权重，使评估结果更具有可比性。

（六）随机原则

评估机构将符合条件和经验丰富的专家组合成一个“专家库”，每位专家有自己的编号和代码，在评估前期可由被评估方随机抽选专家代码，组成评估小组。

（七）回避原则

根据随机原则抽选组成的专家小组里面如果有在被评估方机构担任督导或其他职位的，或与被评估方存在对立关系的等情况，则均不能参加该机构的专项服务评估工作。

（八）稳定原则

从前期对接到中期过程观察、末期评估，如无其他特殊原因，专家小组应保持100%人员队伍的稳定，如遇及特殊情况，专家小组至少要保持80%的人员稳定。

第三节　社区矫正工作评估的类型

社区矫正工作评估可以根据评估目的、评估时间、评估对象、评估主体以及社区矫正对象心理状态的不同而区分为不同的评估类型。

一　按评估目的分类

根据评估的目的不同，可以将社区矫正工作评估分为社区矫正需求评估、社区矫正风险评估、社区矫正需要评估、社区矫正能力评估、社区矫正效果评估与社区矫正效率评估等类型。

（一）社区矫正需求评估

社区矫正需求评估，是指在设计和实行社区矫正制度或某个社区矫正项目之前对有无实施这项制度或开展这个项目的必要进行的评估。社区矫正从启动到运作，必须有其存在的理由。理论界一般认为，监狱人满为患，在监狱改造中由“人格监狱化”“交叉感染”等原因导致的重犯率较高，刑罚执行成本过高，“标签”的负面效应等因素使社区矫正制度应运而生。这些社会问题是现实生活中确实存在的，还是学者在书斋中空想的？是否还有其他的社会问题催生了社区矫正制度？在这些社会问题中，哪个或哪些问题对社区矫正制度的出台及运作影响最突出？要回答这些问题，就需要对社区矫正进行需求评估。一般来说，如果不存在上述突出的社会问题或者虽然有问题但还没有达到有必要开展社区矫正的程度，那么针对解决这些社会问题的社区矫正制度及其项目就失去了存在的基础。但是，即使通过前一阶段的评估能够证实某些社会问题的突出性以及对这些社会问题有进行治理的必要，也不可就此下结论认为治理方案就一定是社区矫正项目。社区矫正的施行需要相应的条件，包括适当的社区基础、经济、政治条件和法律环境。需求评估需要通过相关数据和信息的汇集、分析，说明社区矫正作为解决相关社会问题的合理性、可行性。①

（二）社区矫正风险评估

社区矫正风险评估，又称社区矫正对象再犯风险评估，是指对社区矫正对象在社区服刑期间再次犯罪的可能性所做的评价。这种评估的实质是对社区矫正对象人身危险性的评估，因而又称为人身危险性评估。人身危险性评估虽然以行为人的犯罪倾向性的人格为基础，但犯罪倾向性人格的形成，具有犯罪倾向性人格的人是否犯罪、何时犯罪，以及这种犯罪倾向性人格将如何变化，都与其生活的环境密切相关。因此，社区矫正风险评估不仅是对矫正对象人格的评估，还需要对影响矫正对象再犯的环境因素进行评价。风险评估在社区矫正中分为三个部分：第一部分是矫正对象进入社区时的风险评估；第二部分是在矫正期间的阶段性风险评估；第三部

---

① 刘诗嘉：《社区矫正评估对象的选择——一种刑事司法评估方法的运用》，《中国刑事法杂志》2005 年第 3 期。

分是矫正完毕的风险评估。在不同部分，风险评估具有不同的目的，从而也就具有不同的内涵。

（三）社区矫正需要评估

社区矫正需要评估，又称社区矫正对象需要评估、社区矫正动力评估，是指根据社区矫正工作的安全、矫正等目标，对社区矫正对象存在的影响矫正工作目标实现的内外因素所进行的评价。社区矫正的动力，既包括来自社区矫正对象的现实存在的需要，也包括通过矫正工作让社区矫正对象将矫正的目标要求内化为自己的内在的需要。[①]

（四）社区矫正能力评估

社区矫正能力评估，是指对社区矫正机构及其工作人员利用自身的资源以及组织、动员社会资源，对矫正对象进行管理、矫正，以控制、降低矫正对象再犯风险，并促进矫正对象适应正常社会生活的能力进行的评价。社区矫正能力关系到对矫正对象再犯风险的控制能力，因此，其也构成风险评估的因素。[②] 社区矫正能力评估包括：①社区居民（含受害人）对社区矫正的支持和理解程度；②社区居民（含受害人）对某一社区矫正对象的接受程度；③社区矫正对象对社区服刑的感受；④社区矫正机构的设置、软硬件设施；⑤社区矫正工作者的配备和能力。[③]

（五）社区矫正效果评估

社区矫正效果评估，又称社区矫正质量评估、社区矫正影响评估，是指根据社区矫正需要评估的结果，对矫正对象采取的管理、矫正措施产生的实际效果所做的评价。它所关注的问题是社区矫正是否达到了它的既定目标。矫正效果评估涉及对具体矫正措施有效性的评价、对矫正对象改善状况的评估、对相关社会问题治理作用的评估、对矫正机构及矫正工作人员工作成效的评价等。社区矫正效果评估既可以是阶段性的效果评估，也可以是对矫正期满后总的效果评估。

---

① 狄小华：《社区矫正评估研究》，《政法学刊》2007 第 6 期。

② 连春亮主编《社区矫正理论与实务》，北京：中国检察出版社，2010，第 312～313 页。

③ 连春亮主编《社区矫正理论与实务》，北京：中国检察出版社，2010，第 324 页。

（六）社区矫正效率评估

社区矫正效率评估，是指对社区矫正的成本－收益（Cost-Benefit）和成本－绩效（Cost-Effectiveness）的对比关系做出判断。成本－收益评估是用货币方式对支出（比如人员工资、物质成本）与结果（比如犯罪率降低所带来的经济损失的减少）进行计算。成本－绩效评估是用货币对投入进行计算，用现实的影响（比如挽救的财产数量）对产出进行测量。效率评估的典型问题包括：相对于付出的成本而言，社区矫正是否产生了足够的收益，社区矫正创造的收益是否比其他致力于相同目标的治理方案的单位成本要低一些，等等。效率评估对于确定社区矫正可用资源的分配、同样经费下获得最大收益的社区矫正工作模式、确定给某个社区矫正项目以更多的关注和支持，都是非常重要的。①

以上形式的评估有的可由社区矫正机构组织人员来完成，有的可借助第三方专家来完成。

二　按评估时间分类

社区矫正是一个过程，整个矫正过程前后是有差异的。因此，可按时间先后顺序将社区矫正工作评估分为以下类型。

（一）矫正前评估

矫正前评估是指在矫正对象刚接受社区矫正时进行的评估，目的是要掌握矫正对象的人格状况，了解其违法犯罪的心理结构及入矫时的心理状态，为建立矫正对象的心理档案和制订进一步的矫治工作方案奠定基础。

（二）矫正中评估

矫正中评估是指对矫正对象在社区矫正过程中进行的阶段性评估，目的在于了解前期的矫治效果与质量，矫治方案的落实情况以及矫正中存在的问题等，以便及时调整矫治方案。

（三）解矫前评估

解矫前评估是指对矫正对象在社区矫正期满即将解矫前进行的评估，

① 刘诗嘉：《社区矫正评估对象的选择——一种刑事司法评估方法的运用》，《中国刑事法杂志》2005 年第 3 期。

它是对矫正对象整个矫正活动的总结性评价，同时又对其他矫正活动具有指导性。其主要目的是对矫正对象矫正的最终效果及回归社会后重新违法犯罪的可能性进行预测。

以上各环节的评估，既可由社区矫正机构或社区矫正工作者来完成，也可借助第三方专家来完成。

三 按评估对象分类

根据评估对象的不同，可将社区矫正工作评估分为个体评估和群体评估两种。

（一）个体评估

个体评估又称为个案评估、个案调查、个案分析、个案研究等，是指社区矫正工作者或社区矫正机构对某一矫正对象个体的犯罪心理、刑罚心理、个性特点和社区矫正的事实及其特征、原因、形成与发展的过程等方面情况做全面的或某一方面的分析，并提出科学合理的矫治方案的一种方法。

1. 个体评估的类型

个体评估的类型包括以下四种。①纵向分析。从犯罪到受到法律惩罚，从社区矫正到回归社会，以矫正对象违法犯罪、社区矫正的连续发展的整个过程来分析个案，主要分析矫正对象的犯罪心理特征及其形成和发展情况，社区矫正过程、特征及其形成和发展情况。②横向分析。以矫正对象违法犯罪、社区矫正的某一阶段的各个方面来分析个案，主要分析矫正对象某一阶段的心理特征和行为表现，如社区矫正初期、社区矫正中期、社区矫正后期等。③专题分析。就矫正对象的某一问题做专门研究，主要分析矫正对象某一方面的心理特征和行为特征，如违规违纪、人际交往、社会适应等，一般针对矫正对象的特殊方面或特殊问题。④综合分析。纵与横、点与面相结合，进行全方位、追踪式的立体分析。

2. 个体评估的内容

个体评估的内容一般包括以下方面。①基本情况，包括家庭关系、犯罪事实、改造表现、社区矫正的态度和看法、个人健康状况等。②主体内容，包括犯罪心理的特征及其形成和发展过程；刑罚心理的特征及其形成与发展过程；社区矫正的特征及其形成和发展过程；社会适应及其形成和发展过程；其他个性心理特征及其形成与发展过程等。③影响因素，包括社会、家庭、社区矫正机构的影响；个体生活史，包括生（发）育史、受教育经历、职业生活、性生活与结婚生活情况等；个体心理行为倾向；个体精神、身体、智能、疾病、适应性等身心状况等。④矫治效果。

（二）群体评估

群体评估又称为集体评估，是针对某一类或某个社区的所有矫正对象的整体矫正活动进行的评估，评估结果主要为宏观方面的决策做参考。这种评估的优点是节省精力和时间，一次评估可收集许多人的有关资料，掌握他们各方面的心理特征和某一时期的心理状态。

群体评估可以从不同的角度进行分类。①单位评估和分类评估。单位评估是将某一社区矫正机构中的矫正对象作为评估的对象，以了解矫正对象的总体情况或矫正情况。它对于评价社区矫正工作的质量、制订社区矫正工作的计划、提高社区矫正工作的水平都是十分重要的。分类评估是对某一种类型的矫正对象进行评估。它是根据“分管分矫”的要求与标准，对不同类型的矫正对象或社区矫正的状况进行评估。在评估中，一般运用评估方案中所制定的指标体系，同时辅以其他手段进行群体评估。对于不同类型的矫正对象，包括新进入社区矫正机构的矫正对象，还应当运用分类指标进行评估。②整体评估与抽样评估。整体评估一般是对只有几十个矫正对象的小单位进行。而评估对象太多，若逐个评估再做整体分析费时费力，则应做抽样评估，特别是在跨地区、跨社区进行评估时，抽样评估更为切实可行。无论是整体评估还是抽样评估，对评估程序的控制及对评估结果的统计分析都十分重要，否则将影响到评估的有效性。①

个体评估主要由社区矫正机构和社区矫正工作者来完成，但也可借助第三方专家来实施。群体评估多由第三方评估机构和评估专家来完成，但有时也可在社区矫正机构内组织实施。

---

① 连春亮主编《社区矫正学教程》，北京：群众出版社，2013，第356～358页。

四　按心理状态分类

社区矫正对象心理是一个多侧面、多层次、内容丰富的体系。根据评估的内容不同，可分为对心理健康、个性状况、人身危险性、心理疾病等内容的评估；根据评估的目的不同，还可以分为基础性评估、矫治性评估和预测性评估。这里我们关注的是因评估目的不同而表现不同的评估类型。

（一）基础性评估

基础性评估是指对社区矫正对象群体和个体的人格特征及心理状态进行的鉴定与评价。社区矫正对象的心理是常态心理、犯罪心理、服刑心理在社区这一特殊环境中的综合，它区别于常人心理和坐狱心理。基础性包含两层意思：一是从整个监管改造工作来说，基础性评估是认识矫正对象的重要途径，也是社区矫正工作者对矫正对象进行针对性管理、教育和心理矫治的重要前提；二是从矫正对象的整个心理评估来说，基础性评估是矫治性评估或预测性评估的基础。[①]

基础性评估的内容包括如下几个方面。①矫正对象的人格特质（包括气质和性格等）与犯罪心理状况。这是矫正对象心理评估的主要内容，其目的是要了解矫正对象的犯罪行为与其人格缺陷的关系。通过评估，对每项心理因素予以量化，探明矫正对象心理结构的特殊性。②服刑期间的心理状况。它包括矫正对象的改造动机、改造态度与心理状态等状况，重点关注矫正对象的不良心理因素，包括不良需要、不良动机、扭曲价值观等以及不良自我意识、不良道德意识、不良法律意识等。③不良的行为习惯。如沉迷于赌博、上网、打游戏等。④有无精神疾患。[②]

（二）矫治性评估

矫治性评估是指在基础性评估的基础上，对特定矫正对象的犯罪心理和刑罚心理及其成因进行诊断并对矫治可能性、矫治方案和矫治效果进行评估的活动。

---

① 狄小华：《罪犯心理矫治导论》，北京：群众出版社，2004，第 189 页。

② 宋立军主编《新编监狱工作实务教程》，北京：对外经济贸易大学出版社，2012，第 254 页。

矫治性评估的内容包括以下几项。①诊断性评估。它是指在矫正对象进入社区矫正机构之初对其犯罪心理以及刑罚心理的特征和形成原因进行诊察和判断，主要从临床性、动力性和病源性三个方面进行考察。从临床表现看，矫正对象患有哪些具体的生理和心理疾病、疾病的类别、严重程度，其生理和心理疾病产生的原因、产生和发展的过程等。②矫治可能性评估。它是指判断矫正对象哪些方面可以矫正，矫正可能达到的理想程度。③矫治方案评估。评估的目的是对矫正对象进行针对性治疗，因而要根据评估结果，提出切实可行的矫治方案。④矫治效果评估（又称鉴定性评估）。在矫治过程中，定期或不定期地检验矫治效果，以便及时修订矫治方案，改进矫治措施。

（三）预测性评估

预测性评估是指在基础性和矫治性评估的基础上，对矫正对象的人身危险性和未来发展性做出评估与判断。

预测性评估的内容包括以下两点。①危险性评估。它是指对社区矫正对象存在的脱逃、自杀、行凶的可能性和其他暴力倾向进行评估，以便社区做好防范控制。②发展性评估。它是指对社区矫正对象的能力、兴趣、特长、发展及就业的可能性进行评估，以便做好职业培训和为其将来回归社会制定规划。

以上评估形式，主要是由社区矫正机构和社区矫正工作者负责实施的。

第四节　社区矫正工作评估的功能

社区矫正工作评估的功能，可从对矫正对象的功能、对矫正主体的功能、对社区的功能和对循证矫正的功能四个方面来展开。

一　对矫正对象的功能

从对矫正对象心理及行为所起的作用来看，社区矫正工作评估具有导向、强化和激励等功能。

（一）导向功能

所谓导向，就是指导矫正对象朝着社区矫正目标所规定的方向发展。

社区矫正评估的标准是社区矫正目标的具体化。运用这些标准评估矫正对象，就可以使社区矫正工作者明了矫正对象的心理起点与社区矫正目标之间的差异，从而适当地设置具体的社区矫正目标与阶梯，制约与引导矫正对象的社区矫正进程，逐步实现社区矫正目标。对矫正对象来说，对照评估标准，了解评估结果，就可以知道自己应该做些什么，做到什么程度，什么是现在要做到的，什么是今后要努力的，等等，从而促使矫正对象了解自身的长处与不足，向着社区矫正目标不断努力。

（二）强化功能

运用评估标准对矫正对象进行测量与评价，对于符合标准的行为给予肯定性评价（正强化），对于不符合标准的行为给予否定性评价（负强化），从而使评估具有扬善抑恶、扬长避短的强化功能。矫正对象能够由此产生强烈的情绪体验，同时又能与认知的辨别与行为的导向联系在一起，从而使得这种强化作用更为丰富与有效。又因依据评估标准与结果对矫正对象实施奖励或惩罚，保证和增强了奖惩的客观性、公正性和公开性，从而使奖惩对社区矫正发挥积极的促进作用。

（三）激励功能

激励侧重于评估对矫正对象的心理、行为转变与发展的正强化作用，强调不仅要给矫正对象以改正错误的机会，还要给矫正对象以发展优点的条件，并且使这种机会和条件成为可能和现实。评估本身具有可观察性和可操作性，社区矫正工作者将评估作为矫正活动的组成部分，促使这种机会和条件成为看得见摸得着的东西，能够激发、鼓励矫正对象最大限度地表现出自己的积极性行为，去争取改造的成功。[①]

二　对矫正主体的功能

社区矫正主体包括政府机构、社区矫正机构和社区矫正工作者等。矫正评估对矫正主体的功能主要表现在以下方面。

（一）诊断矫正效果

在一般情况下，无论是社区矫正工作者，还是矫正机构、政府机构或

① 连春亮主编《社区矫正学教程》，北京：群众出版社，2013，第349页。

其他机构，都会对矫正实施的效果有一直观的、经验的认识（如有效果、效果不大、没有效果），但这只是一种表面的、现象的、零乱的、没有得到证实的看法。而要对矫正项目实施的效果有一科学、系统、本质的认识，就必须经过系统的评估研究才能得到。由于矫正项目实施的效果通过矫正过程实施的每一阶段、每一环节表现出来，因此，要了解矫正项目实施的效果，首先要对矫正项目实施的过程进行评估。通过对矫正过程评估，评估者能够了解到服务项目实施的具体情况，了解到矫正对象是否发生了积极的、正向的变化，这种变化有多大，通过矫正项目的实施，矫正对象的处境是否发生了变化，这种变化给矫正对象带来了什么影响等问题，从而对矫正项目实施的效果有一科学的认识。

（二）提升服务品质

社区矫正工作评估的过程既是一个调查和了解矫正项目实施及其效果的过程，也是社区矫正工作者重新反思、总结自己工作的过程，同时还是各种机构及理论研究者与社区矫正工作者一起思考矫正项目实施的过程。这使社区矫正工作者获得了从机构及理论研究者处学习的机会。通过这个过程，社区矫正工作者不仅要对自己的工作过程进行详细的回顾，找出自己存在的问题，提出相应的改善措施，与他人分享自己的成果，还要回答自己及他人提出的各种问题和质疑。在这个互动过程中，社区矫正工作者的能力必然得到提高，而社区矫正工作者能力的提高必然带来矫正服务品质的提升。当评估结果指出社区矫正工作的成绩时，社区矫正工作者则会将以往的工作经验上升为理论，进而增进自信心和自豪感，这也会促进社区矫正工作者的自我发展。①

（三）规范机构运作

社区矫正工作评估的标准，对社区矫正机构的运作具有规范作用。这种规范作用主要体现在以下方面。一是规范矫正宗旨。社区矫正工作评估的标准与社区矫正的宗旨相一致，它要求将社区矫正机构办成矫正对象从监狱顺利过渡到自由社会的桥梁。社区矫正机构如果把社区矫正作为监狱

① 连春亮主编《社区矫正理论与实务》，北京：中国检察出版社，2010，第318页。

矫正的翻版，完全限制或剥夺犯罪人的人身自由，或者把社区矫正转变为把罪犯无条件地放在社区，而没有任何监督考察机制，这都不符合社区矫正的宗旨。通过评估，可以向不符合矫正宗旨的社区矫正机构发出警示，使其重新按照矫正宗旨运作。二是规范矫正职能。社区矫正机构是司法行政机关管理和指导下的机构，但在职能上区别于单纯的司法机构和单纯的服务机构，它并不否认司法机构的刑罚职能，但更偏重于服务职能。而评估的标准无疑是要社区矫正机构做与自己职能相称的事务，从而实现其矫正的目标。三是规范矫正方式。社区矫正与监狱矫正虽然都将管理、教育、劳动作为主要的矫正手段，但在具体方式上有所区别。[①] 因此，社区矫正工作评估只能按照社区矫正方式来制定评估标准，如果在评估中发现社区矫正机构实行的矫正方式不符合社区矫正的方式，那就要在综合评分中扣分，从而迫使社区矫正机构重新调整自己的矫正方式，达到规范矫正方式的目的。

（四）增强矫治实效

就矫正对象的情况来看，虽然他们的法定身份是罪犯，但由于他们的生活经历、犯罪经历等各不相同，因而矫治的方案也有很大差异。就矫治的目标来看，对矫正对象的矫治，可能是疾病趋向或问题趋向或发展趋向的。人们习惯于将矫正对象看作有这样或那样问题的人，对他们的矫治如同医生看病，关键在于准确及时地做出科学的诊断，然后才能对症下药，取得良好的矫治效果。而要对社区矫正对象做出科学的评估，必须运用现代科学技术成果，建立适合矫正对象的评估指标体系。评估指标体系是综合运用测验、预测量表和面谈等综合评估措施，对矫正对象存在的问题及其类型、严重程度等及时做出比较准确的评估，而在此评估基础上制定具有针对性的矫治措施，增强矫治工作的针对性，提高矫治工作的实际效果。[②]

（五）寻求未来方向

矫正评估是为了总结以往的工作而进行评估，评估的重要目的是通过矫正项目实施过程及其效果的评估找到未来工作的基本方向。通过评估，

---

① 葛炳瑶主编《社区矫正导论》，杭州：浙江大学出版社，2009，第 290 页。

② 连春亮主编《社区矫正学教程》，北京：群众出版社，2013，第 351 页。

了解矫正过程，调查矫正效果，发现矫正项目实施过程中存在的问题，并提出相应的对策和措施。通过评估，人们对矫正对象各方面的变化有所了解和认识，对矫正对象存在的问题也会有新的把握。更重要的是，通过评估，人们还可能发现矫正对象产生的新问题或可能产生的问题，而这无疑会成为下一矫正项目设置的重要参考依据。①

（六）做出社会交代

社会交代是指社会组织应就其被授权进行的工作给予解释，对其工作职责进行说明。② 目前的社区矫正机构无论是官办的还是民办的，基本上是政府投资（直接投资或购买服务等），政府投资实质上是纳税人的投资。政府和纳税人都希望对社区矫正机构的投资能获得他们所希望的成效。社会交代的目的就是督促社区矫正机构完成所计划的服务，提高矫正的效能，与社会进行良性有效的沟通，对社会公众的质疑能进行有效回应与行动跟进，促进社会参与和社区矫正机构的规范化建设，提高社区矫正机构的社会公信力。因此，社区矫正机构在获得资助后，必须向投资方证明自己的效果和效率，社区矫正工作要用事实来说明自己在改造罪犯、预防犯罪方面所做的社会贡献。作为社会资源的使用者和分配者，社区矫正机构要对其工作的有效性和效率做出说明，而这些必须以矫正效果、“投入—产出”的效益作为事实根据，其方法就是进行社区矫正工作评估。

三　对社区的功能

社区矫正意味着矫正工作是在社区进行的，但矫正对象毕竟是罪犯身份。人们之所以尝试将罪犯放在社区接受矫正，是基于这样一种信念：矫正对象在社区不具有人身危险性，或虽然具有一定的人身危险性，但社区矫正机构有能力通过风险控制，确保他们不再继续危害社区和社会。但人们又无法保证矫正对象在社区接受矫正期间不再重新犯罪，也无法保证司法机关适用或执行刑罚方式恰当而使社区免于再次遭受危害。因此，人们

① 张昱、费梅苹：《社区矫正实务过程分析》，上海：华东理工大学出版社，2005，第269～270页。

② 杨建华：《社会责任铸就社会组织公信力》，《杭州（周刊）》2011年第6期。

必须采取措施尽可能地降低社区矫正对象重新犯罪的风险，以确保刑罚功能的实现。那么，怎样才能降低社区矫正的安全风险呢？途径主要有两条，即增强风险评估能力与风险管理能力，而高效的风险管理必须以科学的风险评估为前提，因此，建立科学的社区矫正评估机制也就成了增强社区矫正安全性的基础性环节。[①] 为此，我国 2012 年施行的《社区矫正实施办法》就强调对拟适用社区矫正的被告人、罪犯对所居住社区的影响进行调查评估。随后，安徽省还专门出台了《关于适用社区矫正社区影响评估暂行办法》。实行社区影响评估，可以为正确适用社区矫正提供客观依据，避免非监禁刑的滥用；也有利于社区矫正机构提前介入，提高个体矫正的针对性。[②]

四　对循证矫正的功能

循证矫正，简言之，就是遵循证据进行矫正；具体来说，是指矫正工作者在矫正罪犯时，针对罪犯的具体问题，寻找并按照现有的最佳证据（方法、措施等），结合罪犯的特点和意愿来实施矫正活动的总称。自 2012 年司法部提出“循证矫正”理念以来，杭州市司法局着眼提高教育改造质量和减少重新违法犯罪，开发和推广运用了社区矫正人员再犯风险评估系统（以下简称 CIRAI 系统），通过借助“循证矫正”方法和经验指导社区矫正工作，助推社区矫正工作科学化、专业化、标准化和信息化，为促进经济社会发展与社会和谐稳定提供更加有力的保障。CIRAI 系统是根据社区矫正人员的生活史、犯罪史、个性特征、目前身处的环境和现实表现，客观确定犯罪人再犯可能性大小的计算机化的评估指标体系，借助计算机对社区矫正人员的相关历史信息、个人性格和现时信息进行综合分析，帮助社区矫正工作人员判断社区矫正人员的人身危险性即再次危害社会的可能性。通过 CIRAI 系统对社区矫正人员进行再犯可能性分类，为工作人员提供预防再次犯罪和进行早期干预提供科学建议。目前，杭州市已全面推

---

① 连春亮主编《社区矫正学教程》，北京：群众出版社，2013，第 350 ~ 351 页。

② 于晓丽、王正茂：《司法行政机关开展社区影响评估的实践与思考》，《阜阳师范学院学报》（社会科学版）2013 年第 1 期。

行 CIRAI 系统，通过提前介入审前社会调查和罪犯监管矫正，对社区矫正人员进行入口控制和服刑干预，在实施“循证矫正”和预防重新违法犯罪中取得了积极成效。通过运用 CIRAI 系统，为“循证矫正”提供了科学、统一、客观的评判标准。在启用该系统前，判断社区矫正人员再犯风险主要依据犯罪人员所犯罪行和现实表现，对既往的生活史、犯罪史、惩罚史、行为习惯、主观态度等细节关注不够，而且由于每个社区矫正工作人员的知识结构不同，评估也不一样。通过运用 CIRAI 系统，罪犯再犯风险评估有了一个全面、统一的评判标准，降低了社区矫正工作人员主观判断的随意性和误判率，避免社区矫正工作人员凭经验判断造成的误判和偏差。同时，该系统评估方案不排斥监管和矫正工作人员的实际经验，可以做到客观测试与主观实践相结合，确保矫正举措更具科学性。

矫正工作者要通过实证分析密切关注社区矫正对象的需求、风险变化与发展走向，有针对性地调整矫治方案，要关注最新的经验总结、研究成果并将其融入矫正中去，同时还要将矫正实践中的效果分析、验证结论、经验总结及时加以整理、录入数据库，以便为其他矫正工作者提供可以借鉴的“证”。

第二章
社区矫正工作评估基本要素

社区矫正工作评估要正常运作，就必须弄清谁来评估、评估什么、如何评估，也就是要掌握评估主体、评估客体、评估内容、评估指标和评估方法等基本要素。

第一节　评估主体

社区矫正工作的评估主体，是指对社区矫正工作的成效进行分析判断的评估组织和评估人员。

一　评估主体的类型

社区矫正工作评估的主体包括组织主体和个人主体。

（一）组织主体

社区矫正工作评估的组织主体包括政府社区矫正机构、专业评估机构和社区组织等。

政府社区矫正机构是社区矫正的执法机关及具体执行机构，它对社区矫正工作有管理权、检查权，是整个社区矫正工作评估活动的组织者和管理者，具体负责组织、聘请专家学者，组织动员社区组织及人员，审查评估方案，管理及公布评估结果等。

专业评估机构是在该行业中有资质的比较专业的调查、研究和评估机构，是熟悉社区矫正工作业务但一般不直接从事社区矫正工作的第三方机构。专业评估机构一般是通过政府委托或政府招标方式获取特定项目的评估资格，一旦获取评估资格，就按与社区矫正机关达成的协议负责评估工作的具体实施。专门评估机构组建的专家组团队，有的是完全来自机构内的专家，有的是由机构从外面邀请的专家。由第三方机构组建的专业评估团队（见图2－1），具有相对独立、科学和客观的特点，并具有较强的公信力。

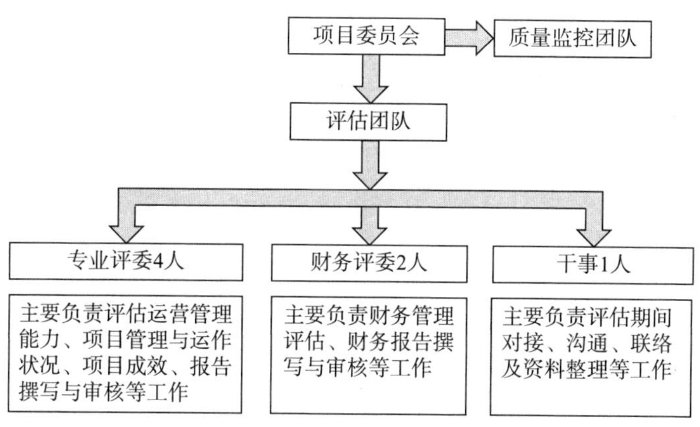

图2－1 某项目评估团队架构

与社区矫正工作密切相关的社区组织包括社区自治组织（居委会或村委会）、社区社会组织（社区业主委员会、社区志愿者协会等）、社区人民调解组织和社区矫正专业组织，它们是社区矫正工作评估活动的重要参与者。

专业评估机构在开展社区矫正工作评估的过程中，一般需要与政府社区矫正机构和当地社区组织相沟通，认真听取政府社区矫正机构和当地社区组织对社区矫正工作成效的评价意见，将其作为评估社区矫正工作成效的重要依据。

（二）个人主体

社区矫正工作评估的个人主体是指专业评估人员，包括负责社区矫正工作的政府官员、高校与科研院所的专家学者、社区矫正督导与社区矫正工作者、社区司法所的人员等。

目前，社区矫正工作的评估人员以第三方机构邀请的专家学者为主。专家学者是评估活动的主要实施者，他们拥有丰富而系统的社区矫正工作理论知识，掌握着社区矫正工作的最新方法。由专家学者制定评估方案，可以最大限度地保证整个评估过程的科学性和可行性。[①]

社区志愿者、社区居民、社区矫正对象的亲友是社区矫正评估活动的重要参与者，他们对社区矫正对象的心理、行为习惯及转化情况有着更为深刻和细致的了解，对社区矫正工作的成效有着更为切身的体会。因此，只有积极吸收他们参与社区矫正工作成效的评估，认真听取他们对社区矫正工作成效的评价意见，才能使评估结果更大程度地反映真实情况。

由于整个评估活动主要是围绕社区矫正对象的思想、心理和行为表现进行的，社区矫正对象对评估活动的参与程度和配合程度，对整个评估活动有着重要影响，因此社区矫正对象也应该成为整个评估活动的积极参与者。

不同机构所实施的评估，参与评估的主体不同；针对不同项目实施的评估，参与主体也会不同。如阶段性评估参与者主要是社区矫正工作者和矫正对象，督导机构或督导有时也会参与阶段性评估。过程性评估的主体具有综合的性质，视评估发起人的不同而有所不同。如由社区矫正机构发起的评估，参与者可能主要是社区矫正机构、督导机构、由社区矫正机构委托或授权的研究机构等；而由政府发起的评估，参与者则可能主要是政府或由政府委托或授权的研究机构。例如，民政部颁布的《社会组织评估管理办法》规定：民办社区矫正机构的等级评估，由政府民政部门设立相应的评估委员会，负责制定评估实施方案、组建评估专家组、组织实施评估工作、做出评估等级结论并公示结果；评估专家组由有关政府部门、研究机构、社会组织、会计师事务所、律师事务所等有关专业人员组成，负责对民办社区矫正机构进行实地考察，并提出初步评估意见。[②] 但不论是否有人发起评估，社区矫正工作者在一个社区矫正过程完成后，都要自觉地对社区矫正阶段进行阶段性评估，在社区矫正过程完成后对社区矫正过

① 连春亮主编《社区矫正学教程》，北京：群众出版社，2013，第351～352页。

② 中华人民共和国民政部颁布《社会组织评估管理办法》，《司法业务文选》2011年第10期。

程实施过程性评估。也就是说，评估应贯穿于社区矫正工作的全过程。①

二　评估主体的资格

社区矫正工作评估主体是对社区矫正的成效与价值进行判断的组织或成员。“判断”的准确与否，在很大程度上取决于主体本身的素质。因此，对社区矫正工作评估主体成员的资格应有一定的要求。

（一）较高的道德修养

评估主体要依据客观的标准对评估客体做出符合实际的评价，就必须热爱社区矫正事业和所从事的评估工作；态度认真端正，评价公正不偏，不抱个人好恶或恩怨；牢固树立责任意识，做到对评估组织、决策部门负责，对评估客体负责，对社区矫正事业负责。

（二）较丰富的专业知识

评估主体成员要懂行，精通社区矫正、法学、社会工作、心理学等方面的专业知识；掌握一定的评估知识和评估工作的具体方法与技术，包括评估的组织，有关指标体系的设计、内容、结构的知识及使用方法，搜集评估信息的方法，处理评估信息的技术，评估结果的分析与处理；具有管理学方面的知识，掌握组织管理的基本原理、基本原则、科学方法和现代管理手段。

（三）良好的心理品质

评估主体成员要善于倾听各种不同的意见，善于同不同意见的人合作共事，善于坚持正确意见，修正错误认识，不搞一言堂，既有主见，又不固执己见，增强民主性，提高评估的客观性。

三　评估主体的职责

评估主体在社区矫正评估工作中主要有以下职责。

（一）制定评估方案与实施细则

评估方案是为评估工作设计的施工蓝图，是实施评估工作的依据。评

① 张昱、费梅苹：《社区矫正实务过程分析》，上海：华东理工大学出版社，2008，第260页。

估方案的内容一般包括：评估的目的、意义和原则，评估的内容和确定评估内容的依据，评估的指标体系和评估标准，评估的实施步骤，评估的方法技术，评估结果的应用。评估实施细则是与评估方案相配套的文件，是使评估方案具体化、可操作化的详细规则与规定，它规定了评估的具体实施程序、操作方法步骤，规定了评估人员的分工、职责、权利、义务以及应遵守的规章制度，它是使评估工作严格按照评估方案实施评估的有效保证。

（二）搞好协调并控制进程

评估活动是一项涉及面较广的活动，出资方、购买方、评估方、服务方和服务对象等都从各自的目的出发来介入评估活动，各方的关系处理得不好，就有可能使评估活动的开展偏离方向，无法达到预期的评估目的，甚至会给今后的工作带来诸多不便。因此，在整个评估过程中，要及时发现问题，把握动向，针对具体问题采取相应的对策，协调好各方面的关系，做好思想工作，以保证评估活动顺利开展，实现预期的目标。

（三）搜集、整理、审核评估的有关信息

搜集评估信息是一项基础工作，也是社区矫正评估活动中工作量最大的工作。评估主体要根据评估指标体系，逐项搜集信息，全面、客观、真实地掌握评估客体的情况。整理评估信息就是对搜集的信息进行汇总整理，一方面对评估信息资料的来源、获取信息的方法、信息资料适用的评估指标逐一进行登记；另一方面对量化的原始数据资料，按评估标准的要求进行统计或标准化处理，对定性的资料进行逻辑分析和论证。审核评估信息就是对评估的信息资料进行去粗取精、去伪存真、查漏补缺，以保完整、客观。

（四）分析并处理评估结果

根据评估的信息资料，比照评估指标的标准，判定评估客体在每项指标上的赋值等级，并根据一定的计算方法，计量评估客体的单项指标的评估值和所有指标的综合评估值。在此基础上，对评估结果——“评估值”进行分析与处理。首先，对评估自身进行质量分析，包括评估方案的检验和修改，评估过程和结果的信度、效度检验，对发现问题及出现的误差及时进行修正。其次，对评估客体存在的问题必须进行分析并诊断问题的成因，提出解决问题的办法和改进工作的途径。再次，接受并处理评估客体对评估工作及评估结论的申诉，并给予及时、诚恳和令人信服的回应。最后，对评估工作进行总结。对评估活动中暴露的问题提出改进意见，以便下次评估活动能做得更好。

第二节　评估客体

社区矫正工作评估既有评估所指向的对象（评估客体），又有评估所涉及的具体内容。社区矫正工作的评估客体，是指社区矫正评估活动所指向的对象，包括社区矫正对象、社区矫正活动、社区矫正工作者、社区矫正机构和社区矫正项目等。

一　社区矫正对象评估

社区矫正对象又称社区服刑人员、社区矫正人员，是指罪行较轻、主观恶性较小、社会危害性不大或者经过监管改造确有悔改表现，不致再危害社会的罪犯。它包括被判处管制的罪犯、被宣告缓刑的罪犯、被暂予监外执行的罪犯、被裁定假释的罪犯、被剥夺政治权利并在社会上服刑的罪犯。

所谓管制，是指由人民法院判决对犯罪分子不实行关押，但限制其一定自由并交由司法行政机关（司法局）管束和人民群众监督改造的刑罚方法。管制的期限，为三个月以上两年以下。对判处管制的犯罪分子，依法实行社区矫正，在劳动中应当同工同酬。

所谓缓刑，是指对判处拘役、三年以下有期徒刑的犯罪分子，根据其犯罪情节和悔罪表现，认为暂缓执行原判刑罚确实不致再危害社会，规定一定的考验期，暂缓其刑罚执行的制度。符合缓刑的条件包括：犯罪情节较轻，有悔罪表现，没有再犯罪的危险，宣告缓刑对所居住社区没有重大不良影响。对不满 18 周岁的人、怀孕的妇女和已满 75 周岁的人，应当宣告缓刑。犯罪分子在缓刑考验期限内，依法实行社区矫正。

所谓暂予监外执行，是指被判处有期徒刑或者拘役的罪犯，由于出现了法律规定的某种特殊情形，不宜在监狱内执行刑罚，依法采取的暂时在监狱外执行的变通的刑罚执行方式。暂予监外执行适合患有符合《保外就医严重疾病范围》的严重疾病需要保外就医的罪犯、怀孕或者正在哺乳自己婴儿的女罪犯、生活不能自理的罪犯。暂予监外执行的罪犯，依法实行社区矫正，由其居住地的社区矫正机构负责执行。

所谓假释，是指被判处有期徒刑已执行原判刑期 1/2 以上、被判处无期徒刑已实际执行 13 年以上的犯罪分子，如果其认真遵守监规，接受教育改造，确有悔改表现，没有再犯罪的危险，经人民法院裁定有条件地予以提前释放的刑罚执行制度。对假释的犯罪分子，在假释考验期限内，依法实行社区矫正。

所谓剥夺政治权利，是指剥夺犯罪分子参加国家管理和政治活动权利的刑罚方法。剥夺的政治权利包括：选举权和被选举权；言论、出版、集会、结社、游行、示威自由的权利；担任国家机关职务的权利；担任国有公司、企业、事业单位和人民团体领导职务的权利。被剥夺政治权利的罪犯可以自愿参加司法行政机关组织的心理辅导、职业培训和就业指导活动。

社区矫正对象的评估主要是对社区矫正对象的人身危险性评估、社区矫正对象的需要评估等，从深层次上来说，是对社区矫正对象的人身危险性的转化状况的评估。

二　社区矫正活动评估

社区矫正活动是一个过程，在整个过程的不同阶段有着不同的评估内容和评估指标。根据社区矫正活动的不同阶段，可以将社区矫正活动的评估过程分为以下七个阶段。

（一）评估立项前阶段评测

本阶段包括以下两种情况。

第一，对评估可能性的评测，即有无必要开展本项评估。评测评估可能性的关键因素有：评估的目标对于整个项目的重要程度；现有的评估方法是否可以精确地得到结果；评估目标本身是否可以用实证方法进行检验；利用现有的信息能否认定项目的有效性；当前制度是否允许进行评估；评估的成本有多大。不过，人们往往只看到眼前存在的问题，若加上仔细阅读有关资料，就能够获得是否要继续开展评估的足够信息。

第二，对评估选项的评测，即哪些事项可以进入评估的范围。对于不具备评估可能性的内容就将其剔除出评估对象之列。①

（二）关系建立阶段评估

衡量的指标包括：矫正工作者与矫正对象的相互信任度，矫正工作者处理专业关系与刑罚执行关系的状况，矫正工作者运用了哪些工作理念和方法，矫正工作者获得了哪些经验和教训，社区资源的运用情况，矫正对象的配合情况等。

（三）资料收集阶段评估

评估的指标包括：矫正工作者收集资料的信度和效度；矫正工作者收集资料的现状和过程，如收集的资料是否完备、资料收集的方法是否适当、资料收集过程中出现的问题及今后如何避免等。

（四）问题研究和诊断阶段评估

评估的指标包括：矫正工作者已发现哪些问题，这些问题能否准确地反映矫正对象的真实情况，这些问题具有怎样的性质，是否当前急需解决，哪些重要问题可能还没看到；研究问题使用了哪些方法，这些方法的使用还存在什么问题；矫正对象对问题的认知状况如何，在与矫正对象讨论问题时其对问题的认同程度如何等。

（五）矫正方案设计阶段评估

评估的指标包括：矫正方案是否针对问题研究阶段所发现的问题而设计，设计的矫正措施是否全面，矫正方案涉及的各种资源能否满足社区矫正设计的需要，矫正对象对社区矫正方案的认同度等。

（六）矫正介入阶段评估

评估的指标主要是社区矫正介入的理念和方法，包括：介入过程中运

---

① Michael G. Maxfield and Earl Babbie, *Research Methods for Criminal Justice and Criminology* (Second Edition) (Wadsworth Publishing Company, 1998), p. 327.

用了哪些理念，为什么要运用这些理念，这些理念的运用具有什么效果；介入过程中采用了哪些方法，采用这些方法的根据是什么，这些方法的运用获得了什么效果；是否还有更好的理念和方法可以运用；矫正对象对矫正过程的认同程度和配合程度如何，这种认同和配合对矫正介入产生了什么影响等。

（七）矫正总结阶段评估

它是矫正工作者或矫正机构在完成了整个矫正过程后对其总体结果进行的评估，其内容主要包括以下两个方面。

第一，总结以往工作，包括：矫正整体目标是否达到，矫正对象的预期目标是否达到，环境改变的预期目标是否达到，矫正工作者运用理论、工作方法和技巧的情况如何，矫正实施过程的社会大环境是否发生了变化，矫正对象在矫正实施中的表现如何，矫正工作者获得了哪些新的体验、认知和启示。

第二，深化矫正工作，包括：矫正过程已取得哪些成果，矫正项目实施过程中还存在哪些问题，矫正对象和环境发生变化后带来了哪些新的问题，矫正对象通过矫正过程的实施产生了哪些需要及其满足的条件有哪些。①

三　社区矫正工作者评估

社区矫正工作者是具体实施社区矫正的主体，因此，人们往往把矫正评估直接理解为对社区矫正工作者的评估。社区矫正工作者的评估既包括对其资格、能力的评估，比如受教育及专业训练背景、拥有的专业资格以及以往的工作经验等，也包括对其现行工作内容及其工作表现的评估。

（一）工作内容

工作内容主要有两个方面。

第一，刑罚执行内容。目前社区矫正工作者在刑罚执行工作中主要是配合具有刑罚执行权力的工作人员开展工作。因此，在分解社区矫正工作者的刑罚执行工作方面的内容为各项评估指标时，应充分考虑到这种工作

① 张昱、费梅苹：《社区矫正实务过程分析》，上海：华东理工大学出版社，2008，第266～270页。

的性质，并据此考虑各项指标的权重。

第二，社区矫正工作内容。可分为两类：一是基础性工作，包括文案工作、遵守社区矫正工作制度的情况、工作态度等；二是专业性工作，主要指矫正工作者运用专业知识和方法进行的专业性矫正工作，如对专业价值观念、专业理论、专业方法和督导的掌握和运用等。

（二）工作表现

工作表现包括矫正工作指标的完成情况和矫正工作的质量等。

评估社区矫正工作者开展的社区矫正工作，就应把上述内容具体化为各项评估指标，并采取相应的方式对社区矫正工作者的工作进行评估。[①]

四　社区矫正机构评估

社区矫正机构是指直接为社区矫正对象开展矫正工作的专门性管理和服务机构。

（一）机构的性质

根据机构的性质可分为官办社区矫正机构和民间社区矫正机构。

第一，官办社区矫正机构，包括：县（区）级司法行政机关建立的社区矫正管理教育服务中心，如南通市崇川区社区矫正管理教育服务中心；区级或片区所设的社区矫正工作站，如“朝阳中途之家”“怀柔区阳光中途之家”等；街道和乡镇所设的司法所。

第二，民间社区矫正机构，包括：民办综合性社会工作机构，如广州市北斗星社会工作服务中心承接了顺德龙江司法矫正项目，深圳市社联社工服务中心设有“社区矫正社工服务”内容；民办专门性社区矫正工作机构，如上海市新航社区服务总站、广州市尚善社会服务中心、广州市荔湾区友善社会服务中心等；社区矫正对象帮教小组，有的由司法所人员、社区工作人员、社区民警和社区矫正志愿者组成，有的以楼道党支部为核心而建立。

（二）评估的内容

社区矫正机构的评估属于综合评估，评估的内容主要包括以下十个

① 张峰、连春亮：《行刑与罪犯矫治社会化研究》，北京：群众出版社，2007，第332～333页。

方面。

（1）经营性质，即机构是否属于非营利性。

（2）组织使命，包括：机构成员对机构自身使命的了解和认识程度，机构使命的表述状况，社会对机构使命的了解和认识程度等。

（3）组织制度，即机构相关制度的建设及实施情况。

（4）组织决策，包括：机构内部是否具有开放的、公开的交流机制，决策所需要的信息能否得到满足，决策的及时性、民主性和科学性能否得到保障，决策目标群体对决策的参与程度如何等。

（5）组织结构及治理情况，包括：矫正机构的组织结构是否健全，各级组织机构之间的关系是否被有效理顺，董（理）事会及监事会成员的结构是否合理，各级组织成员是否明确自己的职责，董（理）事会及监事会开会的频率，成员到会的情况，机构执行层人员与董（理）事、监事及工作人员的关系等。

（6）人力资源，包括：矫正工作者对自身职责的理解和认同程度，矫正工作者之间的交流状况，矫正工作者之间人际关系的透明度，矫正工作者与矫正机构董（理）事会成员、执行层成员之间的关系，矫正工作者与志愿者之间的关系，矫正工作者接受培训的机构，矫正工作者的社会保障和权益保障，矫正工作者的办公条件，矫正机构对矫正工作者的评估机制、激励机制等。

（7）公关管理，包括：机构的社会形象，机构是否有相应的公共关系计划，机构与政府的关系，机构与社区的关系，机构与志愿者组织的关系，机构与其他非营利组织的关系，机构是否有接受投诉的机制，机构的出版物等。

（8）组织财务，包括：机构财务制度是否健全，机构财务制度是否具有透明度，财务人员对财务制度的理解是否准确，财务人员对财务制度的执行情况，财务人员对财务工作的胜任情况，董（理）事会对机构财务的评价情况，机构的财务信用情况，机构内部的财务控制情况，机构的财务审计情况等。

（9）项目运行状况，包括：机构是否有年度项目规划、年度项目规划书；是否确定了项目规划的程序；项目满足矫正对象需求的情况；是否与董（理）事、矫正工作者及志愿者进行过项目规划交流；矫正项目的评估机制是否完善；矫正项目是否得到实施；矫正项目实施的投入、产出、效果和社会评价如何；矫正项目实施过程中服务的水平和质量怎样等。[①]

（10）硬件设施，包括：各功能室（如个案室、小组室、多功能室、办公室、前台咨询区域）配备及舒适情况，各类设施（如消防设备、安全设备、逃生路线标识、服务投诉外墙指引牌等）完整情况。

（三）等级的评估

目前社区矫正机构的综合评估主要是机构的等级评估。根据民政部颁布的《社会组织评估管理办法》，社区矫正机构评估是关于机构的规范化建设评估，评估内容包括基础条件、内部治理、业务活动和诚信建设、社会评价。评估专家组负责对社区矫正机构进行实地考察，并提出初步评估意见。评估工作的程序包括：发布评估通知或者公告；审核社区矫正机构参加评估的资格；组织评估专家实地考察和提出初步评估意见；审核初步评估意见并确定评估等级；公示评估结果并向社区矫正机构送达通知书；受理复核申请和举报；民政部门确认社区矫正机构评估等级、发布公告，并向获得3A级以上评估等级的社区矫正机构颁发证书和牌匾。社区矫正机构评估结果由高至低依次为5A级（AAAAA）、4A级（AAAA）、3A级（AAA）、2A级（AA）、1A级（A）共5个等级，评估等级有效期为5年。获得3A级以上评估等级的社区矫正机构，可以优先接受政府职能转移，优先获得政府购买服务，优先获得政府奖励。[②]

当然，各地可以根据民政部制定的评估指标定出相应的评分细则，还可根据当地实际在评估指标的权重上做出微调。例如，《上海市民办非企业单位规范化建设评估指标评分细则》中一级指标“基础条件”是160分，二级指标“法人资格”是65分，三级指标“活动资金”是20分（见表2－1），而民政部相应的是120分、45分和15分（见附录一），而且有评分细则。

---

① 张昱、费梅苹：《社区矫正实务过程分析》，上海：华东理工大学出版社，2008，第270～272页。

② 中华人民共和国民政部颁布《社会组织评估管理办法》，《司法业务文选》2011年第10期。

表 2－1　上海市民办非企业单位规范化建设评估指标评分细则

<table>
<tr><th colspan="4">评估指标（1000 分）</th><th rowspan="2">四级指标满分</th><th rowspan="2">评分细则</th></tr>
<tr><th>一级指标</th><th>二级指标</th><th>三级指标</th><th>四级指标</th></tr>
<tr><td rowspan="5">基础条件（160 分）</td><td rowspan="5">法人资格（65 分）</td><td>法定代表人（10 分）</td><td>按照章程规定产生</td><td>10 分</td><td>法定代表人按章程产生并履行职责的得 10 分，法定代表人按章程产生但未正常履行职责的得 5 分，法定代表人未按章程产生的不得分</td></tr>
<tr><td rowspan="2">活动资金（20 分）</td><td>净资产不低于登记的注册资金数</td><td>10 分</td><td>上年度期末净资产不低于登记的注册资金数得 10 分</td></tr>
<tr><td>有独立的银行账号</td><td>10 分</td><td>有独立银行账户的得 10 分，否则不得分</td></tr>
<tr><td>名称（5 分）</td><td colspan="3">略</td></tr>
<tr><td>办公条件（30 分）</td><td colspan="3">略</td></tr>
<tr><td>内部治理（365 分）</td><td colspan="5">略</td></tr>
<tr><td>业务活动与诚信建设（295 分）</td><td colspan="5">略</td></tr>
<tr><td>社会评价（180 分）</td><td colspan="5">略</td></tr>
</table>

资料来源：《上海市民办非企业单位规范化建设评估指标评分细则》，http://www.doc88.com/p-9199448518966.html。

五　社区矫正项目评估

社区矫正项目是指在社区矫正过程中针对社区矫正对象采取的惩罚、矫正、服务性质的矫正措施，包括行为监管性质的矫正项目、经济制裁性质的矫正项目、帮扶性质的矫正项目、未成年人的社区矫正项目等形式。[①] 目前，由广州市广大社会工作服务中心制定的司法矫正服务项目评估指标体系大致包括以下评估内容。

① 郭佩：《社区矫正项目研究》，硕士学位论文，山东大学，2014，第 1 页。

（一）项目运营管理能力评估

内容涉及以下方面：

（1）人力资源管理，以人力资源制度、工作人员配置情况、员工成长体系为评估点；

（2）运营管理，以绩效考核体系、制度保障为评估点；

（3）权利保障，以服务对象、服务员工和申请人的知情权、安全权、参与权、隐私权、申诉权为评估点；

（4）上次评估建议落实情况。

（二）项目管理与运行状况评估

内容涉及以下方面：

（1）硬件设施管理，以功能室配备及舒适情况、设施完整情况为评估点；

（2）服务宣传；

（3）项目流程管理，以服务流程管理、服务行政、服务对象评估制度、服务对象档案管理、服务开启与结束及转介为评估点；

（4）项目沟通管理，以沟通机制执行、服务方案调整、服务对象意见反馈、服务申诉处理等为评估点；

（5）自我测评，以自我评测制度、检讨及改进情况、自我测评结果处理与跟进为评估点；

（6）上次评估建议落实情况。

（三）项目成效评估

内容涉及以下方面：

（1）服务总体计划与执行，以服务对象需求、服务目标、服务计划与内容为评估点；

（2）服务指标完成量，以个案工作、小组工作、社区活动等为评估点；

（3）服务范围及覆盖情况，以服务范围说明、服务内容覆盖、服务群体覆盖为评估点；

（4）服务质量，以个案工作、小组工作、社区活动、资源链接、督导支持为评估点；

（5）社会影响力，以新闻媒体报道、实务经验分享、政策倡导及项目持续性为评估点；

（6）特色服务；

（7）上次评估建议落实情况。

（四）财务管理评估

内容涉及以下方面：

（1）内部管理，以是否聘请有会计从业资格的出纳会计人员、每笔进出账是否有详细记录和管理、经费来源和资金使用是否符合政策法规章程规定为评估点；

（2）外部管理，以定期公布财务预算报告和财务执行情况、成本控制情况为评估点（见附录二）。

六　社区矫正专题（项）评估

专题评估是指对社区矫正工作的某一方面是否取得预期效果进行的评估。其主要目的是通过对社区矫正工作效果的评估，重点反映和解决社区矫正工作过程中存在的某一方面的问题。①

第三节　评估内容

社区矫正工作评估是一项复杂的系统工程，它包含社区矫正工作的方方面面。社区矫正工作评估的重点内容大致可归纳为以下方面。

一　重新犯罪率

重新犯罪一般是指罪犯在监督改造中或者刑满释放后的一定时期内又有新的犯罪行为的情形。重新犯罪率是指罪犯在服刑改造期间又犯罪或者刑满释放人员在一定期限内又犯罪的比例。社区矫正对象重新犯罪率的评估有两种计算方法：一是对社区矫正对象在刑期内每一年的重新犯罪率或收监率进行测定，指社区矫正对象在服刑改造中重新犯罪（或称又犯罪）的数量与同期现押罪犯总数的比例，可与未进行社区矫正的社区服刑人员

① 连春亮主编《社区矫正理论与实务》，北京：中国检察出版社，2010，第326页。

的重新犯罪率和收监率进行比较；二是对社区矫正对象刑满释放后1~2年内重新犯罪率的测定，指社区矫正对象在刑罚执行完毕或赦免以后重新犯罪的人数与同期释放人员总数的比例，可与监狱服刑人员在刑满释放后的同样时间内的重新犯罪率进行比较。

重新犯罪率是衡量社区矫正工作有效性的指标之一。重新犯罪率，是用数据来说明社区矫正对象改造的质量情况和重新犯罪程度的一种考核方法。重新犯罪率的低高，能够反映社区矫正对象改造质量的好坏，也是对改造工作的实际检验。

二　刑罚成本

所谓刑罚成本，是指国家动用刑罚所必然或可能支付的费用和代价。刑罚成本包括以下三个方面。一是罪犯成本，即对罪犯的自由和权益的剥夺或限制，使其产生痛苦的体验。对罪犯来说，监禁消耗了他（她）的生命，使他（她）丧失了自由，也使他（她）的夫妻生活、子女监护、正常社会交往等权利缺损，从而承受了巨大的精神痛苦。二是社会成本，即监禁刑的执行会产生不必要的代价。监禁刑的社会成本主要包括：罪犯被监禁而对原来工作单位造成的损失；与罪犯家庭有关的资源耗费；与社会贡献率减弱有关的资源耗费；行刑活动对人们的社会心理带来的负面影响；以监狱为基础的企业因监狱劳动力的劳动经验和劳动技能的缺乏而对犯人培训付出的代价。三是司法成本，即司法机关在求刑、量刑、行刑过程中人力、物力、财力和时间的耗费。监禁刑需要固定的行刑场所和设施，需要维持监狱的正常运转，需要看管犯人的管理人员，需要支付犯人的生活费用等，势必要增加国家的财政负担。①

社区矫正的重要目的之一就是降低刑罚成本。刑罚成本的降低包括两方面的内容：一是行刑成本资源投入的最小化，它要求在适用刑罚时对刑罚量要有适当的控制，减少不必要的支出，控制行刑的保障经费；二是行刑收益的最大化，它表现在对罪犯惩罚、改造以及预防和减少犯罪方面获取最佳的效果。可见，刑罚成本是与刑罚投入和结果产出两者直接相关

① 周国强：《社区矫正制度研究》，北京：中国检察出版社，2006，第78~79页。

的，在评估时不能只考虑投入。

社区矫正刑罚成本评估所涉及的具体内容包括：社区矫正的基本设施的费用计算、社区矫正项目的费用计算、工作人员的工资及补贴、社区矫正管理的相关费用等。

对社区矫正刑罚成本的评估，可采用如下方式：一是将试点地区监狱押犯每人每年的平均花费额与社区矫正对象每人每年的平均花费额进行对比；二是看看试点地区用于刑事执法的总体费用（包括监狱执法和社区矫正）是在增加还是在减少（总数和按每人计算的成本）。①

三 社区居民的满意度

社区居民的满意度主要是指社区居民对社区矫正工作的满意、接纳和支持程度。面对越来越多的罪犯进入社区接受矫正，社区居民是否觉得社区矫正不是对罪犯的改造，而是国家对罪犯的纵容？是否会感到这些罪犯对他们的安全造成威胁？是否会影响他们的正常生活？社区矫正如何发挥刑罚的惩罚功能？社区居民是否会给矫正对象一定的谅解和关爱？社区居民能否对矫正对象回归社会起到积极的作用？社区居民对现行的社区矫正模式是否满意？而社区矫正的试点和推进，又离不开社区居民的认可和支持，只有得到社区居民的肯定，社区矫正才有持久的生命力。如果居民对社区矫正不满意，这项工作就得不到群众的支持和配合，就不利于社区矫正的发展和推进。因此，需要通过评估来把握社区居民的态度，一方面改进我们的工作，另一方面对社区居民的模糊认识给予解释、澄清和引导。

针对社区居民对社区矫正满意度的测评，我们可采取问卷调查法和座谈法相结合的方式进行。调查问卷的内容可根据各社区的实际情况有所区别，但大致应包括以下几项：社区居民对社区矫正性质的了解程度，社区居民是否理解和支持社区矫正工作，社区居民参与社区矫正的意愿，社区居民对本社区矫正工作的评价，社区居民对社区矫正工作的意见和建议，社区居民对本社区安全程度的评价，社区居民进一步参与社区矫正工作的

---

① 葛炳瑶主编《社区矫正导论》，杭州：浙江大学出版社，2009，第240页。

积极性。[①]

四　受害人的原谅度

受害人的原谅度主要是指受害人（一般是指在本社区的犯罪受害人）对社区矫正对象的谅解和宽容程度。社区矫正对象归根结底是侵犯了受害人的合法权益，社区矫正工作的一个重要使命，就是使受害人对社区矫正对象能给予谅解和宽容，而受害人的态度在很大程度上决定了社区矫正的效果。如果矫正对象通过自己的努力和真诚悔过取得了受害人的谅解，那么无论是矫正对象还是受害人都首先从精神层面上得到了解脱。因此，受害人对社区矫正对象的原谅度应该成为社区矫正工作成效的重要评价指标。对受害人的满意度和原谅度的测评应包含以下内容：受害人对社区矫正对象的怨恨程度；受害人对社区矫正改造方式的认可度；受害人对社区矫正工作的参与程度；受害人权利的保障程度；受害人对社区矫正工作的意见和建议。[②]

五　社区矫正对象的感受

社区矫正对象的感受主要是指矫正对象对社区矫正工作的认同程度和回归社会的信心状况。社区矫正对象的感受状况，可以从一个侧面较好地体现出社区矫正所设定的预期目标能否实现的问题，也可以反映出社区矫正管理机构和工作人员的工作质量以及社区居民对矫正对象的态度。因此，对社区矫正对象感受的评估，可以作为改进和完善社区矫正制度的一个重要途径。这种评估可以通过问卷调查、个别或小组访谈的形式来完成。在评估中需要注意各种评估方式能否真实地反映出矫正对象对社区矫正各种管理、教育改造以及提供服务等方面措施的态度。对社区矫正对象感受进行评估，可以通过矫正对象来评价社区矫正工作的质量，可以通过矫正对象的感受找出他们回归社会的障碍。[③]

---

① 张建明主编《社区矫正实务》，北京：中国政法大学出版社，2010，第 58 页。

② 张建明主编《社区矫正实务》，北京：中国政法大学出版社，2010，第 58 ~ 59 页。

③ 葛炳瑶主编《社区矫正导论》，杭州：浙江大学出版社，2009，第 241 页。

六　社区矫正项目的有效性

在社区矫正工作中，需要设立不同的矫正项目，每一个矫正项目的设定都是为了服务于社区矫正的任务。因此，社区矫正项目有效性的评估对于提高工作效率，减少或避免形式化的东西具有重要的意义。评估既可以是阶段性的评估，如要求矫正对象参加公益劳动，经过一段时间，看这种公益劳动是否发挥了一定的惩罚和改造的功能。矫正项目的有效性也可以通过结果性评估进行判断，通过重新犯罪率来进行衡量和对比，即看重新犯罪问题与该项目是否有一定的因果关系。另外还可通过实验组和控制组的比较，即将开展矫正项目与未开展矫正项目的社区进行对比，看两者是否有明显的不同和差距。矫正项目可涉及矫正工作中不同的内容，包括某一方面的项目和更加具体的项目，对这些项目的评估主要可从以下几方面进行。

（一）监督管理

监督管理的具体内容有请假报告制度、日常监督考察、组织适当的活动、刑事和行政奖惩等项目。通过这些项目的评估，看矫正对象在社区能否体验到应有的惩罚，社区矫正是否对潜在的犯罪分子有一定的威慑作用，这些制度对社区的安全是否有效，严格的管理能否对罪犯的思想有所触动，把矫正对象在社区中的表现与分类处遇和个别化管理进行有机结合的效果如何。通过评估，发现突出的问题，分析主要的原因，采取相应的对策。比如在评估中，如果发现请假报告制度存在一定的问题，那么就需要进一步分析这是制度本身的问题，还是因为在制度的保障方面缺乏应有的强制力。

（二）教育改造项目

教育改造项目主要包括各种有利于矫正对象思想转化的项目，包括各种形式的专题教育和讲座、一定的社会活动、文化教育、技术培训、心理咨询等，查看这些项目是否取得了预期的效果。社区劳动既具有惩罚的属性，也具有教育改造的属性。一方面，希望矫正对象通过参加一定量的公益劳动，来补偿对社会包括对受害人的损失；另一方面，把劳动作为他们改造思想的一个手段，但效果如何是需要评估的。

（三）对矫正对象的帮助和服务

对矫正对象提供必要的帮助和服务，是使其顺利回归社会、预防重新犯罪的一个重要途径。在当前我国就业压力较大、下岗人数较多，而矫正对象总体素质偏低的情况下，采取什么样的具体方式为他们帮困解难，是否有必要建立专门的劳动就业基地，是否需要建立中途住所，对矫正对象的帮助和服务应该把握一个什么样的原则和标准，这些都是需要借鉴国外的做法并结合我们的实际情况来进行认真评估的。[①]

七　机构设置和人员配备

机构设置和人员配备是影响社区矫正工作顺利开展的主要因素。我国经过了多年的社区矫正的试点和推广，非常需要对社区矫正的机构设置和人员配备进行综合性的评估，目的是要选择一个适合我国国情的较为合理、科学的社区矫正运作模式。这种模式可以使公安、法院、检察院、司法行政、监狱、民政、劳动和社会保障部门，社区，社会组织都能积极高效地参与到社区矫正中来。例如，公安机关如何发挥好在社区的治安管理职能；人民法院如何更好地把握管制、缓刑、假释等刑罚的适用；人民检察院如何在扩大非监禁刑适用的背景下加强对社区矫正的法律监督；司法行政机关如何协调发挥监禁机关与社区矫正机关的功能优势，如何更加有效地推进社区矫正工作的实施；监狱机关如何适时上报假释申请并保障程序上的公正；民政部门如何充分考虑社区矫正对象的特定情况，把社区矫正工作纳入社区建设和社区管理的工作之中；劳动和社会保障部门如何为矫正对象提供适当的工作机会，为他们提供必要的培训；社区如何发挥社区自治组织和社区内社会力量的作用，对矫正对象进行矫正；承担社区矫正项目的社会服务机构如何为矫正对象提供专业化的服务，对矫正对象进行心理辅导和困难帮扶，为他们回归社会树立信心。

目前的社区矫正工作者一部分是司法所的工作人员，一部分是监狱、公安系统的工作人员，一部分是招聘的社会工作者，还有一部分是社会的

---

① 葛炳瑶主编《社区矫正导论》，杭州：浙江大学出版社，2009，第241～242页。

志愿者。根据一般的要求，社区矫正工作者需扮演两个角色，一是刑事执法的角色，二是帮教服务的角色，两个角色又具有一定的冲突性。如何既建立一支精简高效的专业化的社区矫正工作队伍，又充分发挥社区的资源优势，是需要通过评估解决的重要问题。

对社区矫正机构设置和人员配备的评估内容具体包括：应设置何种类型的社区矫正管理机构和派出机构，社区矫正管理机构或派出机构的权力如何合理配置，目前社区矫正机构的工作效率如何，社区矫正机关与相关司法部门之间的协调和配合怎样，如何处理好社会服务机构与社区矫正项目购买方和管理方的关系，如何确定社区矫正工作者的准入资格，工作人员的准确定位是什么，目前社区矫正工作者的绩效如何，如何确定每个工作人员的工作量，如何较好体现按劳分配的原则。①

第四节　评估指标

建立科学、客观、可行的评估指标体系是社区矫正评估工作的核心问题，没有科学、完整的评估指标体系，就无法进行社区矫正的评估工作。同时，社区矫正评估工作的成功与否在很大程度上依赖于指标体系的科学与否。

一　评估指标

指标是指一种具体的、可测量的、行为化的评价准则，是根据可测或可观察的要求而确定的评价内容。评估指标是指反映评估内容本质特征的标志值，各标志值的集合构成评估内容的整体。评估指标是评估内容的具体表现形式，评估指标的确立，反映了主评者的评估意向。

（一）评估指标与评估目标

评估目标是根据评估目的对评估对象的价值进行判断。一般来说，评估目标总带有某种程度的原则性、抽象性和笼统性，很难直接进行评估，这就需要将评估目标具体化。评估指标是将具有原则性、概括性和抽象性

① 葛炳瑶主编《社区矫正导论》，杭州：浙江大学出版社，2009，第 242～243 页。

特征的评估目标逐级分解，使之最终成为具体的、行为化的和可测的诸分目标，这些经分解后可测的分目标就是指标。或者说，指标就是具体化了的目标。目标反映全貌，指标反映局部。目标总是比较稳定、不轻易变动的；指标就可以在反映目标的前提下，根据时间、空间和条件的不同而有所变动。目标和指标是一个相对的概念，一个目标可能是比它大的管理系统目标中的一个指标；一个指标也可能是它所包含的子系统的一个目标。

（二）评估指标的类型

1. 按指标特征不同分为目标指标、过程指标和条件指标

目标指标是反映评估对象水平与质量本质特征的指标，它与评估目标紧密相关，主要指成绩、成果和效益的数量与质量。过程指标是反映评估目标的实现程度的指标，它与矫正实施过程密切相关，是潜在因素和先行条件，它的成效必然在目标绩效中得到体现。条件指标是实现评价目标所必需的物质基础的指标，主要指社区矫正必不可少的基本因素。

2. 按指标反映评估内容精度不同分为定性指标、定量指标和经验指标

定性指标是依据评估内容本质特征而对其性状做出的质的规定。如社区矫正机构的规章制度建设属于定性指标。定量指标是以评估内容本质特征为依据，而对其数量方面的确定。如机构为承担某一社区矫正项目所需要的工作人员的数量属于定量指标。经验指标是介于定性指标与定量指标之间的指标形式，其中经验数量指标归入定量指标，经验评定指标归入定性指标。

（三）评估指标的计算方法与权重

评估指标的评定，一般采用计算得分值的技术方法。目前基本的计分方法有三种：一是 5 分制计分法；二是百分制计分法；三是加权重的计分法。在这三种方法基础上形成的加权百分制的计分法，是较为可行的方法。

权重是用来表示指标在指标集合中的重要程度，每一项指标对应一个权重系数，每一个指标集合对应一个权重集合。权重有小数、百分数和整数三种表达形式。权重分配的过程主要是通过配分与加权完成的。配分就是把一定数量的总分按照一定的法则分派给不同的指标。总分一般用 10 分制或 100 分制，配分方法有等额和不等额配分两种。加权乃是一种隐形的配分形式。配分一般是非常明显地把总分逐一分配给指标体系的各个部分，被分配的是绝对性的分数量。但加权是依据评估指标体系中各部分指标相对于总体应占的不同分量、比例，赋予其不同的百分数，以区分评估各指标在总体中的重要性。加权过程，实际上是把总权数分派给各个指标的过程。表 2－2 是广州市广大社会工作服务中心关于社区矫正项目评估的分值权重。

表 2－2　广州市广大社会工作服务中心社区矫正项目评估分值权重

评估项目	运营管理能力	管理与运作状况	项目成效	财务管理能力	服务对象满意度	购买方/合作方满意度	员工满意度
评估方法	文件查阅 实地观察 访谈	实地观察 访谈 文件查阅	文件查阅 访谈	文件查阅	电话访谈 随机访谈 问卷调查	访谈	访谈
总分值	100 分	100 分	100 分	100 分	100 分	10 分	10 分
得分					此 3 项的得分，作为前 4 项指标得分和权重的重要参考		
权重	15%	25%	40%	20%			
百分制得分							
总 分							

为了避免权重分配中的主观随意性，可采用经验加权法或数学加权法来论证、构造权集。①经验加权法，亦称定性加权法，是指由经验丰富的社区矫正专家和有关研究人员，根据他们长期的工作经验和主观认识，共同商议而确定权数的方法。②专家加权法，亦称德尔菲法，是指以问卷形式征求专家的意见，在多轮咨询、匿名反馈的过程中，经过专家们的分析判断、综合权衡，逐步统一价值认识，从而确定权数的方法。专家加权法实际上是定性和定量加权法的综合运用。③比较确定法，又称层次分析法，是把同级测评指标进行两两比较，并将逐一比较的结果构成一个矩阵，然后运用矩阵原理，导出诸因素权数的数学加权法。

（四）评估等级

评估等级是对评估对象进行评估的衡量尺度，用以检验区分评估对象对指标要求的符合程度。一般而言，评估等级可以采用五级等级制（优、良、中、较差、差）和四级等级制（优、良、合格、不合格）。等级设计应文字简练，等级明确，便于操作。

二　评估指标体系

指标不是一个个孤立存在的，它总是作为一个体系建立起来并发挥作用的。所谓指标体系是指根据研究的目的和需要，将有内在联系、有代表性的重要指标科学地、有机地组合成指标群。

（一）评估指标体系的构成

评估指标体系是由评估指标系统以及与之对应的指标权重系统和指标评估标准系统所构成的整体。

评估指标系统是指评估目标逐级分解后所形成的既有层次又相互联系的、系统化的指标群，它是根据可测或具体化的要求而确定的具体评估项目。评估指标是由评估目标逐级分解得到的，所以评估指标系统是一个具有分级的模块结构的指标集合。每一个指标集都由若干个子集组成，每一个子集又由更小的子集组成，直至最后一级，是不能再分解的指标，称为末级指标。一个完整的评估指标系统由一级指标、二级指标、三级指标直至末级指标构成。评估指标系统反映了指标的结构形式（见表2－3）。

表2－3　评估指标体系

评估指标体系					
指标系统				权重系数系统	评估标准系统
一级指标	二级指标	三级指标	四级指标	w	

评估指标系统对应确定的评估指标的权重系数系统。指标权重系数系统也是由若干层次结构一定的权重集合所构成，它反映了各个指标系统之内或系统之间的相对重要程度。通过指标权重系数系统，各指标之间的主次差别可以显示出来，便于评估者了解操作重点，也便于评估对象明确发展努力的方向。

评估标准系统是指评估所采用的准则及其具体化形式的集合，它是对相应的评估对象的各个部分以及整体进行价值判断的准则和尺度。指标是对评估对象的某一部分（或要素）的价值判断，因此每一个指标一定有一个与之对应的价值判断的标准，也就是对评估要素进行价值判断的准则或尺度，亦即指标的评估标准。这样，每一指标集合均有与之对应的评估标准集合，评估指标系统也就有了与之对应的评估标准系统。

（二）评估指标体系的作用

1. 有利于充分认识评估对象的本质和内在联系

评估指标体系的建立过程是对评估对象进行深刻分析和认识的过程，是将对评估对象的总体性认识转化为对评估对象某些局部方面认识的过程。人们提出一项项指标并赋予其相应的权重系数，实质上就是把人们的价值认识客观化、标准化。只有有了对评估对象的一致认识，才能获得统一的评估结论标准，才能顺利开展评估工作。

2. 有利于得到科学、客观、公正的评估结论

评估指标体系的末级指标内涵明确，只要选择恰当的测量方法，统一测量标准，并利用现代科学技术进行核实，去伪存真，就容易获得与所测对象的实际情况较为一致的结论，且结论可信度较高。而且评估指标体系附有权重集、评估标准、量表和统计方法，易于得出综合评估分值，便于定量地处理评估结论，消除“光环效应”和“主观片面”带来的误差。

3. 有利于改善社区矫正工作管理水平

在针对社区矫正机构、社区矫正项目等评估客体所设置的评估指标体系中，一般都有涉及社区矫正工作管理方面的指标。通过从整体或局部上分析这些指标的评估结论，可以发现影响社区矫正工作发展的不利因素，从而调整社区矫正的有关政策，完善社区矫正制度，改善社区矫正工作的管理水平。

4. 有利于提高社区矫正工作的质量

社区矫正工作者根据评估指标体系的评估结果，可以从整体上或局部上看到自己的长处与不足，找到关键环节和薄弱环节；也可以依据指标体系，制定规划和奋斗目标，明确今后的努力方向，有计划、有步骤地改进工作，保障和提高社区矫正工作的质量。

（三）建立评估指标体系的步骤

建立评估指标体系一般要经过以下三个步骤。

1. 分解评估目标，进行评估指标体系的初步设计

评估指标体系设计的基本途径是分解目标，即通过分解目标来形成指标体系。在分解目标的同时，要求分解的指标必须与评估目标相一致。一般情况下，由于社区矫正工作的复杂性，对目标的一次分解并不能达到可测性的要求，必须借助若干中间过渡环节。也就是说，要从评估目标出发，将目标分解成次级项目，然后再逐级分解，一般情况下，要通过三四个层次的分解，才能满足可测性要求。这样，分解目标过程完成后，评估指标体系的初步设计才算完成。

2. 分析指标的内涵，改善指标体系的品质

在指标体系分解的同时，要进一步仔细地分析指标的内涵及指标相互间的关系，既要保证指标间的独立性与整体完备性，把那些在内涵上实质是指同一对象的指标删除掉，又要注意遵循指标的导向性、整体性、客观性、可测性、简易可行性等原则。尽量做到使每一个指标外延清晰，易于界定，内涵明确，易于理解，能够反映评估目标。善于抓住那些影响评估目标达到的主要因素而忽略那些次要的影响因素，尽可能地用较少的指标满足评估工作的实际需要。

3. 立足实际完善指标体系，提高指标的可行程度

在设计评估指标体系时，无论是分解某一指标，还是对于整个指标体系，都必须从实际出发，也就是要从现实的信息资料搜集条件和人力物力条件出发，并与评估采用的技术和方法结合起来。

第五节　评估方法

对社区矫正工作的评估需要运用科学的方法，对现有的工作进行全面的和客观的分析，有了科学的、与评估对象相适应的评估方法，才能获得科学的评估结果。在实际的评估操作中，需要根据不同的评估对象和评估目标采取适当的评估方法。为了收集到较为真实而又符合现实的资料，可采取查阅、调取资料，走访有关单位和人员，召开座谈会，问卷调查，个别约谈以及察看现场等综合方式进行。下面介绍在社区矫正评估实践中较常采用的五种方法。

一 资料法

资料法又称文献法，是根据一定的目的对现有的资料进行收集、整理和分析，进而对研究与评估对象做出测量与评价的方法。

资料是对矫正对象过去和当前行为活动及其效果的记载。既包括文字和数字记载的资料，又包括录像、录音、照片、图片等非文字的资料。对社区矫正工作评估来说，以下资料的收集和积累是很有价值的：①矫正对象的犯罪史材料，包括现行罪行与犯罪前科的材料；②矫正对象的成长史材料，包括学习、生活、劳动及社会活动等方面的材料；③矫正对象的身心健康及个性心理特征与能力方面的材料；④矫正对象的服刑改造材料；⑤矫正对象在社区矫正期间婚姻、家庭情况及各种社会交往的材料。

而在广义的社区矫正工作评估中，文献法收集资料的内容还包括：①社区矫正工作开展所依据的社会发展背景资料；②社区矫正工作的相关政策法规；③社区矫正研究文献资料；④相关法律资料，包括相关法律文本和矫正对象的档案文本等；⑤相关社会服务机构资料；⑥社区矫正工作的成果资料；等等。

资料法的优点在于：对资料的收集和整理分析，可以帮助我们了解矫正对象的心理和行为发展变化的来龙去脉，从而对矫正对象有一个历史的、全面的分析和认识。特别当评估者本身就是直接面对矫正对象的社区矫正工作者时，运用资料法进行研究与评估，其实就是对资料的再整理、再分析和再评价，能够获得更为理性与生动的认识。

资料法的缺点在于：①对历史资料的运用有一个整理、分析的过程，花费的时间和精力比较大；②间隔较长时间的资料，其内容和形式受到当时的思想观点和方法、形式的限制，难以用同一把尺子来衡量；③如果资料本身零碎、片面、表层化甚至虚假，也就失去了价值和意义。

二 观察法

观察法是指研究者根据一定的研究目的、研究提纲或观察表，用自己的感官和辅助工具去直接观察被研究对象，从而获得资料的一种方法。

观察一般利用眼睛、耳朵等感觉器官去感知、观察对象，但因人的感觉器官具有一定的局限性，观察者往往要借助各种现代化的仪器和手段，如照相机、录音机、显微录像机（现多用多功能智能手机）等来辅助观察。

观察法的优点在于：①能通过观察直接获得资料，不需要其他中间环节，因而观察的资料比较真实；②在自然状态下的观察，能获得生动的资料；③观察具有及时性的优点，能捕捉到正在发生的现象；④观察能收集到一些无法言表的材料。

观察法的缺点在于：①受时间的限制，某些事件的发生是有一定时间限制的，过了这段时间就不会再发生；②受观察对象限制；③受观察者本身限制，超出感官生理的限度就很难直接观察，观察结果也受到主观意识的影响；④观察者只能观察外表现象和某些物质结构，不能直接观察到事物的本质和人们的思想意识；⑤观察法不适用于大面积调查。

三 问卷法

问卷法也称问卷调查法，它是调查者运用统一设计的问卷向被选取的调查对象了解情况或征询意见的调查方法。

问卷法可以从不同的视角进行分类。

（1）按调查对象回答问题的形式可分为：①自由叙述式，是不给被调查者提供任何答案而让其按自己的思想用文字自由地回答；②多重选择式，是让被调查者从提供的互不矛盾的答案中选择出一个或几个答案来；③是否式，是让被调查者以“是”或“否”二择一的方法回答提供的答案；④评定量表式，是让被调查者按规定的一个标准尺度对提供的答案进行评价；⑤确定顺序式，是让被调查者对提供的几种答案按一定的标准（喜欢或赞同与否等）进行顺序排列；⑥对偶比较式，是把调查项目组成两个一组让被调查者按一定的标准进行比较。

（2）按问卷发放的方式可分为：①直接问卷，是向矫正对象及有关人员直接发放的问卷，其优点是可以直接使用操作语，能够控制环境，可以增强被调查者的合作等，但如果问卷所提的问题与问卷发放者有一定的利害关系，则要回避；②间接问卷，是通过通信（电话、邮寄、微信等）或组织发放的方式进行的调查评估，这种方法简单易行，但不易控制。

（3）按同一时间被调查对象的数量可分为：①集体问卷，是把多个对象集中在一起填写问卷；②个别问卷，是请矫正对象单独填写问卷。

（4）按问卷是否署名可分为：①署名问卷，是矫正对象个人进行自我评估时要在问卷上署名，因为其分数要记入总分；②匿名问卷，是考虑到矫正对象因无须在问卷上署名而可以将自己的真实意图尽情回答出来。对评估者来说，署名还是匿名要看怎样做有利于评估的有效性和公正性。

（5）按问卷题目的性质可分为：①封闭式问卷，采用的是限定型问题，如选择题、评定量表题、序列题等，被调查者只需要在限定的答案内做出选择即可，此类问卷匿名程度高，也便于量化；②开放式问卷，采用的是不限定型问题，被调查者可以按自己的想法自由作答，能够比较深入、广泛与具体地收集到所要调查的材料；③半封闭式问卷，是将封闭式问卷和开放式问卷结合起来使用，以求扬长避短，发挥各自的优势。

问卷法的优点在于：①标准统一，形式规范，易于比较；②抽样的范围大、对象多；③操作简单易行；④资料或数据便于统计处理，易于得出结论；⑤费用低，速度快，节省时间和人力。

问卷法的缺点在于：①缺乏弹性。问卷一旦使用，题目不能修改；结构性问卷不能使人对问题展开回答。②缺乏深度。难以直接深入地了解被调查者尤其是个体的具体、全面的想法及其原因。③缺乏个性。结果往往相近或千篇一律，没有考虑到特殊人群的特殊情况。④确证困难。被调查者因自我防卫、理解和记忆错误等各种原因可能对问题做出虚假或错误的回答。

四　访谈法

访谈法是指调查者和调查对象通过有目的的谈话收集研究资料的方法。

访谈法也可以从不同的角度进行分类。

（1）按双方接触的方式可分为：①直接访谈，是面对面的访谈；②间接访谈，是通过电话、微信等手段进行的访谈。

（2）按访谈对象的数量可分为：①集体访谈，是同时对多个对象的访谈，亦称座谈会、讨论会或评议会；②个别访谈，是一对一的访问、交谈。

（3）按访谈结构的控制程度可分为：①结构访谈（亦称标准化访谈），是在访谈前拟订好访谈问卷或调查表的访谈，如对调查对象的需求调查、就业动机调查、心理测试、家庭经济情况调查等，访谈结果便于量化分析，但访谈过程较为刻板；②非结构访谈，指在访谈前只确定访谈的主题或方向，没有拟订具体问题，访谈时可以根据具体情况灵活处理，充分运用调查者的谈话技巧，倾听调查对象的述说，或者激发其表达和倾诉共同探讨的问题，以便了解他人期望，但结果不易量化分析；③半结构访谈，是将结构访谈与非结构访谈相结合，即访谈内容事先不完全决定，但先决定主题，细节内容允许访谈者视情况而做弹性处理。

（4）依据访谈时间或次数可分为：①一次性访谈，是在一个时段内针对同样的问题对每位访谈对象只进行一次访谈，它可以在较短时间内获取大量信息，但所获得的信息为静态信息；②重复性访谈，指在较长时间内对同一组访谈对象进行多次访谈，它可以获取动态信息，有助于了解事物变化的内在过程和规律，但其运用周期较长而常常受到限制。

（5）按访谈内容的作用方向可分为：①导出访谈，从受访人那里引导出情况或意见；②注入访谈，访员把情况和意见告知受访人；③商讨访谈，既有导出又有注入，商讨的内容以受访人为中心时为当事人本位访谈，以问题事件为中心时为问题本位访谈。

访谈法的优点在于：访谈法与问卷法相比，不仅适用面大，可以针对各类人员，而且调查人员可以既问，又听，还看，将观察与问卷的一些特点和方法有机地结合在一起，特别是可以在交谈双方相互作用的过程中使交谈的问题不断地深入、具体；访谈法可以结合平时工作经常性地使用，并使交谈本身成为矫正过程。

访谈法的缺点在于：①访谈法费时、费力；②对访谈结果只能从经验或逻辑上进行处理，从感性的、现象的水平上来认识对象；③难以量化；④容易受交谈双方交谈态度与交谈能力的影响。

五　心理测验法

心理测验法是采用标准化的心理测验量表或精密的测验仪器，来测量被试对象有关的心理品质的研究方法。常用的心理测验量表主要有以下四种。

1. 智力测验

它的功能是测量人的一般智力水平。一个罪犯智力水平如何，影响他对事物和问题的认识能力，进而影响其改造进程。罪犯是否有智力障碍，需要通过智力测验来鉴别。对罪犯进行智力测验比较适用的是韦克斯勒智力测验量表。

2. 特殊能力测验

它偏重测量个人的特殊潜在能力。常用的如音乐、绘画、机械技巧，以及文书才能测验，而这些测验在罪犯心理临床上应用得较少。

3. 人格测验

它主要用于测验人的性格、气质、兴趣、态度、品德、情绪、动机、信念等方面的个性心理特征。常用的人格测验有：①气质测验量表，用于测定罪犯的神经和气质类型；②行为类型问卷，是从外部行为和人的情绪体验上进行自我观测评定的性格量表，目的是发现 A 型行为（如：情绪不稳定、社会适应性差、急躁、外倾、人际关系不融洽等）；③艾森克人格问卷（EPQ），可用于成年犯和 15 岁以下的少年犯，主要用来检验罪犯的内外向（E）、情绪稳定性（N）、倔强性（P）三个个性维度；④卡特尔 16 项人格因素量表（16PF），能较好地反映人格的复杂层面及其组合，信息量较大，有利于发现罪犯的心理缺陷，了解罪犯心理健康方面的问题，可用于对入监罪犯的诊断；⑤明尼苏达多项人格测验（MMPI），共包含疑病、抑郁、歇斯底里等 10 种临床症状量表，用以做精神诊断鉴定和预测罪犯刑满释放后的行为倾向。

4. 心理健康状况测验

它主要有：①症状自评量表（SCL－90），包含个体心理健康等十个方面的内容，涉及思维、情感、行为、人际关系、生活习惯等方面的偏离和异常，用来检测一定时间内罪犯心理健康的综合症状，可作为进一步检查的基础；②焦虑自评量表（SAS），能够反映 20 种焦虑症状，可在咨询门诊中了解罪犯的焦虑症状；③抑郁自评量表（SDS）和抑郁状态问卷（DSI），用于衡量罪犯抑郁症状的轻重程度及其在矫正中的变化。以上量表各有其特定的功能和价值，使用时要注意其针对性，慎重选择。[①]

① 马立骥主编《罪犯心理与矫正》，北京：中国政法大学出版社，2009，第 230～231 页。

第三章
社区矫正社会调查评估

社区矫正社会调查评估作为社区矫正的一项前置程序，目的是要为人民法院对拟判决对象做出是否适用社区矫正的裁决提供参照，因此它是一项具有制度性、原则性和专业性的评估活动。随着时代的变迁，社区矫正社会调查评估的主体从单一性走向多元化，调查评估的对象和内容更加清晰，调查评估的程序更加规范，对调查评估人员的素质要求更加严格。

第一节　社区矫正社会调查评估的含义、意义和制度

社区矫正社会调查评估是由司法行政机关依法定职权开展的受托行为，是一项制度性和专业性都很强的工作。开展社区矫正社会调查评估活动，有利于法官在审理案件时客观、公正地做出使用监禁刑或非监禁刑的决定，而且其是司法现代化理念在刑罚适用时的具体体现。

一　社区矫正社会调查评估的含义

社区矫正社会调查评估又可简称为“社区矫正社会调查”，因“调查”中必然包含“评估”，故“评估”两字时常被忽略。社区矫正社会调查评估有广义和狭义之分。

广义的社区矫正社会调查评估包括裁决前社会调查评估和裁决后社会调查评估。裁决前社会调查评估主要包括量刑前调查评估、假释前调查评

估和暂予监外执行前调查评估三类。裁决后社会调查评估是指被决定执行的社区矫正人员在交付执行后，矫正工作者为了对其制定出更有针对性的个性化的矫正方案而开展的社会调查评估，它是在裁决后执行过程中个性化矫正方案制定前需要开展的社会调查评估程序。

狭义的社区矫正社会调查评估，仅指社区矫正裁决前社会调查评估，又可称为社区矫正庭前调查评估、判决前人格调查评估、审前社会调查评估、社区矫正适用前社会调查评估。我国早期的社区矫正社会调查评估被称为“判决前人格调查评估”（Pre-sentence Investigation），它是从法院裁判的角度来做出定义的，指在法院判刑前，由专门机构对犯罪人的犯罪背景、一贯表现等进行专门调查，并对其人身危险性和再犯可能性进行系统的评估，然后将调查与评估报告提交法院，供法院在量刑时参考。[①] 目前，我国各省区市在其制定的“社区矫正（审前）社会调查（评估）实施办法”中，都对狭义的社区矫正社会调查评估有一个界定，各界定的说法大同小异。我们可以将它综合界定为：社区矫正社会调查评估是指县级司法行政机关根据人民法院、人民检察院、公安机关（包括看守所）、监狱的委托，对拟适用或建议适用社区矫正的被告人、犯罪嫌疑人、罪犯对其所居住社区的影响情况进行调查了解，为其依法适用社区矫正提供参考意见的调查评估活动。换言之，社区矫正社会调查评估是指人民法院、人民检察院、公安机关、监狱管理机关在拟对被告人（罪犯）实行非监禁刑罚执行措施前，委托被告人（罪犯）居住地司法行政机关对被告人（罪犯）的居住情况、家庭成员和主要社会关系、犯罪行为影响等进行调查核实，提出评估意见以供法院量刑时参考的一种辅助性司法活动。

二 社区矫正社会调查评估的意义

实行社区矫正社会调查评估，对深化我国社区矫正改革，切实保障被调查对象的合法权利，维护社区居民权益，实现司法公正和构建和谐社会都有着重要意义。

---

① 冯卫国：《行刑社会化论纲》，博士学位论文，北京大学，2002，第109页。

1. 社会调查评估是能否采用社区矫正的重要依据

目前社会调查评估报告是调查人员对被告人（罪犯）的生活环境、社区评价等的一种事后了解，但它的内容、形式都符合“书证”的特征，至少可以作为法官在量刑时的一种酌情考虑因素。而量刑的种类和轻重又是决定其是否采用社区矫正的重要依据。

2. 社会调查评估可以更好地保护各方合法权益

将作为社区矫正对象的罪犯置于社区中进行管制，可能会引起部分民众的恐慌。通过对罪犯进行细致的社会调查评估，确信其能够遵纪守法、服从监管、不再犯罪，并在征求和综合社区居民群众、村（居）委会、派出所、学校、单位意见的基础上得出科学的建议，能较好地保护各方合法权益，化解社会矛盾，维护社会稳定，构建和谐社会。

3. 社会调查评估可以提高各法律部门的工作效率

在实行判处或决定采用社区矫正的案件中，司法机关根据委托进行社会调查评估，法院依据调查意见书进行合法判决，检察院对调查活动进行监督，各部门衔接配合，联动办案，提高了各部门的工作效率，确保案件判决的公正度、合法性，从而维护法律尊严，切实保障被调查对象的合法权利。①

因此，做好社会调查评估，有利于量刑的精准、科学、规范，有利于社区矫正工作的顺利实施，其是一项承上启下的工作。当然，实行社区矫正社会调查评估工作不能流于形式，不能在司法机关对矫正对象的社会调查评估还没完成前，法院就已对案件采取审判。为了真正发挥社会调查评估结果的作用，凡是司法机关建议不予实行社区矫正的，人民法院刑事审判庭没有采信的，可以提交审委会审定，以有效杜绝司法腐败和暗箱操作等违法现象的滋生。

三　社区矫正社会调查评估的制度

社区矫正社会调查评估是国家司法部门负责实施的一项具有政策性和制度性的调查评估活动，不同于学者为学术研究和决策咨询而开展的相关社会调查评估活动。

① 鲁小锋：《社区矫正社会调查评估制度研究》，硕士学位论文，湖南大学，2013，第5~6页。

（一）国外社区矫正社会调查评估制度

在国外，社区矫正社会调查评估制度也被称为量刑前调查报告制度，是根据法官要求而由缓刑官准备并向法庭提交的包含有关犯罪、犯罪人和量刑建议等内容的书面报告。

一般认为，现代审前社会调查评估制度始于19世纪40年代的美国缓刑资格调查制度。当时的调查主要是针对犯罪人能否适用缓刑的问题。20世纪30年代，缓刑资格调查才逐渐演变成为量刑提供“量刑前调查报告”，从而形成了现代意义上的审前社会调查制度。

目前，世界上许多西方发达国家为保障社区矫正能够有效实施，都建立了判决前的调查评估机制，以书面形式形成判决前的报告，作为法院的判决依据，并且已经形成了刑事诉讼的一项制度。例如英国，其《刑事法院权力（判决）法2000》，第36条明确规定“社区刑判决的程序要求：判决前报告”，且根据第36条第1款和第2款规定，社区刑判决前报告应包括：一罪情况（视情况而定）或数罪资料，包括一切加重或减轻的情节。[①] 除非根据案件的情况，法院认为不必要得到判决前报告便可进行判决之外，否则，在定罪之前或量刑听证之前，法院必须获得判决前报告，并以判决前报告作为决定犯罪人是否适用社区矫正的依据。美国一审法院在判决前，除要求犯罪的事实清楚、证据确凿充分外，还要求社区矫正工作者做出判决前的评估报告。[②] 因此，判决前的调查已经成了一项规范的准司法活动，社区矫正工作者已不仅仅是刑事执法人员，而且参与司法活动。这就需要社区矫正工作者对犯罪嫌疑人的个人情况和在社区中的有关情况进行比较详细的了解，并且分析这些情况与犯罪之间的关系，同时做出对犯罪嫌疑人的判决建议，包括应在监狱服刑还是在社区服刑。

（二）我国社区矫正社会调查评估制度

1. 我国社区矫正社会调查评估的法律依据

我国也很早就有量刑前调查评估的实践，我国的量刑前调查肇始于未

---

① 刘强主编《各国（地区）社区矫正法规选编及评价》，北京：中国人民公安大学出版社，2004，第138页。

② 但未丽：《社区矫正：立论基础与制度构建》，北京：中国人民公安大学出版社，2008，第249页。

成年人刑事案件。在未成年人量刑前调查制度方面，1984 年联合国通过的《少年司法最低限度标准规则》（即《北京规则》）明确规定了对未成年人犯罪审前调查的必要，并以此作为判决和量刑的基础。2003 年，最高人民法院、最高人民检察院、公安部、司法部联合发布的《关于开展社区矫正试点工作的通知》（司发〔2003〕12 号）中明确规定："人民法院在判处非监禁刑、减刑、假释工作中，可以征求社区矫正组织的意见，并在宣判、宣告后，将判决书、裁定书抄送有关社区矫正组织。"2011 年，我国《刑法修正案（八）》规定：人民法院应将"没有再犯罪的危险"和"对所居住社区没有重大不良影响"作为缓刑的条件，假释"应当考虑其假释后对所居住社区的影响"，这就蕴含了社会调查评估的法律基础问题。2012 年公布实施的《社区矫正实施办法》规定了对拟适用社区矫正的被告人、罪犯，在拟适用社区矫正前，需要调查其对所居住社区影响的，可以委托县级司法行政机关进行调查评估。2012 年修订后的《刑事诉讼法》（2013 年 1 月 1 日实施）第 268 条也明文规定：办理未成年人刑事案件可以根据情况进行调查。从这些规定看，社区矫正社会调查的法律基础已经具备。

2. 我国地方社区矫正社会调查评估政策的出台

社区矫正在我国试点已有 15 年（2003～2018 年），并取得了重大成果。北京、浙江、上海、福建、山东等地也在社区矫正实践中探索出了一些切实有效的社会调查方法，并形成了一批地方性的规范性文件。2007 年，北京市丰台区法院和司法局联合出台了《关于对拟适用缓刑被告人进行社会调查的意见》；湖北省出台了《湖北省适用非监禁刑审前社会调查实施办法（试行）》。2010 年，四川省眉山市下发了《社区矫正判前调查评估工作实施意见（试行）》。2011 年，福建省出台了《关于适用非监禁刑审前社会调查的实施办法（试行）》；浙江省出台了《浙江省社区矫正审前社会调查实施办法（试行）》；贵州省贵阳市施行了《贵阳市非监禁刑审前调查评估办法（试行）》。2012 年，宁夏回族自治区出台了《宁夏回族自治区社区矫正人员适用前社会调查评估暂行办法（试行）》；四川省实施了《四川省社区矫正社会调查评估办法（试行）》；安徽省出台了《社区矫正调查评估暂行办法》。2013 年，云南省出台了《云南省社区矫正调查评估办法》，陕西省渭南市出台了《渭南市社区矫正社会调查评估办法》；广西壮族自治区桂林市雁山区出台了《社区矫正社会调查评估暂行指导意见》。2014 年，山东省印发了《山东省社区矫正调查评估工作规范（暂行）》；贵州省贵阳市白云区施行了《贵阳市白云区司法局社区矫正社会调查评估实施办法（试行）》。这些地方性政策法规，都是根据《中华人民共和国刑法》《中华人民共和国刑事诉讼法》《社区矫正实施办法》等有关规定，并结合各地的实际制定出来的，一般对于社会调查评估的概念性质及原则、调查评估对象及内容、调查评估程序及方式、调查评估工作纪律及法律责任等内容都做了比较明确的规定。

第二节　社区矫正社会调查评估的主体、对象与内容

在我国，社区矫正社会调查评估的主体由过去的人民法院转向由法院委托的社会矫正机关组织专业调查人员来进行。国家和地方对需要调查的对象和调查的内容都做了明确的规定。

一　社区矫正社会调查评估主体

在未开展社区矫正之前，社会调查评估基本由人民法院的审判人员（法官）来完成。如我国 1991 年试行的《关于办理少年刑事案件的若干规定（试行）》指出：开庭审判前，审判人员应当认真阅卷，进行必要的调查和家访。部分谨慎的法官会到犯罪对象所在村组（社区），向当地派出所、单位所在人员、村（居）委会人员、邻居进行访问，考量判处缓刑后犯罪对象是否会对社区产生不利影响。但这种做法存在明显的弊端：一是社会调查工作是一项系统的、专业的、复杂的工作，需要调查人员具备相关的知识技能，需要花费大量的时间、精力、物力，如果所有案件全部依靠法官判决前亲自深入实地调查完成，无疑会对他们的身心、精力、工作构成巨大的压力和挑战；二是容易滋生司法腐败。虽然法官这种自己调查、自己判决的做法是出于谨慎、认真角度的考虑，法律也赋予了法官调查的权力，但法官这种既当运动员又当裁判员的做法容易使人产生联想，给法官暗箱操作、枉法裁判提供了空间，也与司法中立精神严重相悖。

自从2011年我国社区矫正法律制度确立以后，社会调查评估主体走向了多元化。目前我国社区矫正社会调查评估机构主要是县（市、区）司法行政机关，被告人、犯罪嫌疑人、罪犯居住地的县级司法行政机关负责实施社会调查评估工作，在接到委托函后应及时组成社区矫正社会调查评估小组，开展社会调查评估工作。社会调查评估小组成员应不少于两名工作人员，其中应当有一名具有公务员身份的社区矫正执法人员。社会调查评估小组成员应当严格执行回避制度；应当严格遵守廉洁从政若干规定，不得徇私舞弊，不得索贿受贿，违反规定的，依照有关法律法规给予相应处罚，构成犯罪的，依法移送司法机关。参与社会调查的工作人员应注意工作方式方法，保守工作秘密，保护当事人隐私。

司法行政机关的基层基础机构——社区矫正机构，完全可以把调查工作作为其一项基本职责，完善相关工作细则，配备相关工作人员，全面开展调查工作。在具体调查过程中，社区矫正机构可以依托相关行政资源，发挥其按行政层级划分的司法资源优势。其工作人员熟悉情况，便于深入实地开展调查，能够在相关人员配合下获取较为真实和详细的调查报告。

被告人（罪犯）居住地的公安机关、村（居）民委员会等有关单位、社会团体和个人应积极协助司法行政机关开展社会调查工作。人民检察院对开展社会调查评估工作以及对社会调查评估结果的使用情况依法实施法律监督。公安机关协助司法行政机关开展调查评估工作。

人民法院、公安机关、监狱管理机关参考调查评估结果，依法做出适用或者不适用社区矫正的判决、裁定、决定。

《四川省社区矫正社会调查评估办法（试行）》还规定：被告人由人民法院委托社会调查评估，罪犯由监狱、看守所委托社会调查评估。人民法院委托调查评估被告人的，应附人民检察院的起诉书副本；监狱、看守所委托调查评估罪犯的，应附罪犯的姓名、性别、年龄、家庭住址、罪名、原判刑期、主要犯罪事实、服刑期间的奖惩情况、改造表现、刑满日期等。

二　社区矫正社会调查评估对象

社区矫正社会调查评估对象是指需要调查的对象，针对不同的调查对象应当由相关机构或者组织采取不同的措施。

我国社区矫正社会调查评估对象主要包括以下几类人员：一是拟判处管制、宣告缓刑、单处剥夺政治权利并在社会上服刑的被告人；二是拟裁定假释对象；三是拟决定暂予监外执行的罪犯。

《山东省社区矫正调查评估工作规范（暂行）》规定：对于下列情形，委托机关可以委托被告人、犯罪嫌疑人、罪犯居住地县级司法行政机关进行调查评估：①人民检察院拟对犯罪嫌疑人提出可能适用社区矫正量刑建议的；②人民法院拟对被告人判处管制、宣告缓刑的；③人民法院拟对被告人适用禁止令的；④人民法院、公安机关、监狱拟对被告人、罪犯决定或者提请暂予监外执行的。

浙江和宁夏在各自的社区矫正社会调查政策中，提出社区矫正审前社会调查对象应当符合下列条件：①拟判处管制、宣告缓刑或拟裁定假释、暂予监外执行的被告人或罪犯；②具有本区户籍；③将在本省（区）执行社区矫正。

患严重疾病、短期内有死亡危险的被告人或罪犯被决定或者提请暂予监外执行的，怀孕或者正在哺乳自己婴儿的妇女被决定暂予监外执行的，可以不实行社会调查评估。

三　社区矫正社会调查评估内容

根据《社区矫正实施办法》第 4 条规定：“人民法院、人民检察院、公安机关、监狱对拟适用社区矫正的被告人、罪犯，需要调查其对所居住社区影响的，可以委托县级司法行政机关进行调查评估。受委托的司法行政机关应当根据委托机关的要求，对被告人或者罪犯的居所情况、家庭和社会关系、一贯表现、犯罪行为的后果和影响、居住地村（居）民委员会和被害人意见、拟禁止的事项等进行调查了解，形成评估意见，及时提交委托机关。”由此而言，矫正前社会调查的内容主要包括如下方面。

（1）与犯罪行为有关的调查。主要是对被告人或者犯罪人的犯罪主观方面、犯罪客观方面、是否有排除社会危害性行为、认罪悔罪的表现、犯罪前后的表现等方面进行详细的调查。

（2）社会调查。主要是对被告人或者犯罪人的个人基本情况、经济状况、家庭情况、社会关系、所居住社区环境、工作学习情况、人际关系等社会方面的调查。

（3）健康调查。主要是对被告人或者犯罪人身体健康、心理健康进行的调查。

从我国各省区市的社区矫正社会调查评估政策来看，社会调查评估的内容主要有以下方面。

（1）基本情况，包括姓名、身份证号、年龄、职业、单位、受教育程度等情况。

（2）家庭情况或家庭背景，包括固定居所、家庭成员、婚姻及经济状况、与家庭成员融洽度、家庭是否有重大变故等情况。

（3）个性特点，包括生理（身体健康）状况、心理（能力、气质）特征、性格类型、爱好特长等情况。

（4）犯罪以前表现，包括工作或学习表现、业余生活、社会交往、遵纪守法情况、与邻里相处是否融洽、是否有不良行为或恶习等情况。

（5）悔罪表现，包括对犯罪行为的认识、悔罪态度；附加刑及附带民事赔偿履行情况和履行能力等。

（6）社会反响或犯罪行为评价，包括被害人或其亲属态度、社会公众态度；调查对象适用社区矫正后可能对所居住村（社区）的影响等情况。

（7）监管条件评价，包括工作单位（就读学校）、村（居）民委员会及家庭等对其的管束能力，辖区公安派出所意见等情况。

委托机关可以委托被告人、犯罪嫌疑人、罪犯居住地县级司法行政机关通过走访以下单位和个人开展调查评估工作来获取所需要的调查内容：①被告人、犯罪嫌疑人、罪犯家庭及成员；②居住地村（居）民委员会及村（居）民；③工作单位（就读学校）及同事（同学）；④居住地公安派出所；⑤受害人或者其亲属；⑥其他单位和个人。

四　对未成年人的特殊规定

未成年被告人或罪犯，是指被告人或罪犯实施所涉嫌犯罪行为时已满十四周岁、未满十八周岁的人。

《山东省社区矫正调查评估工作规范（暂行）》和《云南省社区矫正调查评估办法》还对未成年的被告人、犯罪嫌疑人、罪犯进行社会调查评估做了以下特殊规定。

（1）应当严格执行《中华人民共和国未成年人保护法》的有关规定。

（2）应当遵循教育挽救为主与惩罚改造为辅，专门机关与社会力量相协调的原则。

（3）可以邀请共青团、妇联、教育部门、未成年人保护组织等部门的工作人员参加。

（4）应当依法保护涉案未成年人的名誉和隐私，不得向社会公开涉案未成年人的姓名、住所、照片、图像及可能推断出该未成年人的资料，严格控制知情范围。

当然，对未成年人的调查工作，可以由具有专业知识的社会人士主导，吸收其所在学校老师、其家长、社会志愿者参与。

第三节　社区矫正社会调查评估的原则、程序与保障机制

社区矫正社会调查评估是一项非常严肃的工作，需要制定和遵守与此相关的原则。调查评估又是一项专业性很强的工作，必须按照专业、合理的程序去操作，必须挑选综合素质过硬的调查人员，才能得到科学、准确的调查结果。

一　社区矫正社会调查评估的原则

1. 客观性原则

它要求调查工作者必须实事求是地开展调查工作，客观地调查和分析问题，不能带有个人感情，对与案件有关的全部事实都要进行周密的调查，形成系统化的调查评估报告。只有经过全面、客观的调查，才能制定出有针对性的矫正方案，才能维护当事人的权益和法律的公平公正。

2. 科学性原则

它要求调查工作者必须针对相关问题做出科学的、合理的、完整的周密计划。在调查前，调查人员必须对相关案件进行研究、了解、分析，做出初步判断，然后根据相关实际制订出工作计划，包括调查时间、地点、

人物、参与者，并进行问卷设计，必须做到计划周密完整。在调查中，调查人员下到被调查者所在社区（村、组），协调各种关系，在社区干部、邻居、亲朋好友的密切配合下，就调查前拟定的计划逐步实施。在调查问题时，可以适当扩大受调查对象的范围，以求“兼听则明”；对受访者亲朋的意见要审慎对待，避免“偏听则暗”。在调查后续工作中，必须认真总结调查结果，根据所取得的内容做出总结报告，以形成符合相关需要的文字资料，及时向相关部门反馈遇到的突发问题。

3. 经济性原则

它要求调查工作者多利用已有的社区基层组织结构和管理体系，减少不必要的开支；尽量节约成本开支，使有限的资源用到实处。在社区矫正社会调查评估过程中会涉及调查工作者的工资报酬、食宿费用、车船费用、陪访者人员报酬、工作计划花费、意外支出等，必须做到以较小的投入，获得较大的社会效益。要充分利用现有资源，让更多的社会志愿者参与到社区矫正社会调查的开展和实践之中。要充分利用社区组织力量积极宣传，让更多非营利性组织、公益机构、志愿者组织、大中专院校、当地受访百姓参与到社区矫正社会调查中来，充分发挥这些组织、人员的优势，为社区矫正社会调查评估工作顺利开展和完成做出应有的贡献。

4. 时间性原则

它要求调查工作者注重时间性，根据调查评估的时间期限合理地布置和完善调查任务，要将必不可少的调查评估工作放在前头，确保社区矫正社会调查评估工作准时顺利完成。

5. 保密性原则

鉴于社区矫正社会调查评估是一项较为特殊的工作，它要求调查工作者要认真做好保密工作，以免产生不必要的麻烦。保密对社会调查评估工作具有重要的价值：一是要减少被访者因接受调查而带来的耻辱感、羞愧感和歧视；二是与被访者培养信任关系；三是确保被访者在调查时做出透露隐私权的决定。如果因泄密而侵犯了对方的合法权利，调查工作者及相关机构工作者要承担相应的法律责任。

除了以上五项原则外，调查工作者还需要遵守回避原则、两人办案等其他原则。比如规定调查工作评估小组不得少于两人，其中应当有一名具有公务员身份的社区矫正执法工作人员。[①]

总之，开展社区矫正社会调查评估工作，应当以事实为依据，以法律为准绳，依法全面调查，客观公正评估。

二　社区矫正社会调查评估的程序

1. 备好调查规范文本

在资料收集前，要明确调查的规范文本，即法院用的《调查委托函》，司法局用的《指定调查函》《社区矫正工作机构审核意见》《审前调查材料目录》《审前调查材料送达回证》，司法所用的《审前调查表》《调查笔录》《调查评价报告》等，材料要规范完整，内容统一，使调查评估内容更具体、更具有可操作性，便于司法工作人员规范调查，客观评估。

《社区矫正社会调查评估委托函》是委托机关向被告人或罪犯居住地县级司法行政机关（社区矫正机构）发出的，用以表达委托该县级司法行政机关（社区矫正机构）对被告人或罪犯对所居住社区的影响进行调查评估的意愿的一种公文形式。目前，各地使用“社会调查评估委托函”的格式和要求还不统一。

有的格式比较简单。如：

社会调查评估委托函

__________县（市、区）司法局：

根据《中华人民共和国刑法》、《中华人民共和国刑事诉讼法》和《社区矫正实施办法》等有关法律法规，特委托你局对被告人（罪犯）________有情况进行社会调查。请你单位于________年____月____日前将调查情况回复我单位。

特此委托。

联系人：__________　　联系电话：__________

委托机关：（盖章）

年　　月　　日

有的格式兼有函和表格。如：

---

① 鲁小锋：《社区矫正社会调查评估制度研究》，硕士学位论文，湖南大学，2013，第6~9页。

委托调查函

__________区司法局：

根据《××省（市、区）社区矫正适用前社会调查评估暂行办法（试行）》相关规定，现委托你局对被告人（罪犯）实施社区矫正适用前进行社会调查评估。

特此函告（盖章）

年　　月　　日

<table>
<tr><td>委托单位</td><td></td><td colspan="3">受委托单位</td><td colspan="4"></td></tr>
<tr><td>委托时间</td><td colspan="8"></td></tr>
<tr><td>委托事项</td><td colspan="8">对被告人（罪犯）________实施社区矫正适用前进行社会调查评估</td></tr>
<tr><td rowspan="5">调查对象
基本情况</td><td>案由</td><td colspan="7"></td></tr>
<tr><td>姓名</td><td></td><td>性别</td><td></td><td>出生年月</td><td></td><td>籍贯</td><td></td></tr>
<tr><td>户籍所在地</td><td colspan="3"></td><td>联系电话</td><td colspan="3"></td></tr>
<tr><td>经常居住地</td><td colspan="3"></td><td>职业</td><td colspan="3"></td></tr>
<tr><td>婚姻状况</td><td colspan="3"></td><td>经济状况</td><td colspan="3"></td></tr>
<tr><td>其他需要
说明事项</td><td colspan="4">委托单位联系人：</td><td colspan="4">联系电话：</td></tr>
</table>

有的对不同部门有不同格式。如：

H省实行社区矫正社会调查评估委托函（存根）

[编号（20××）×号]

__________县（市、区）人民检察院、司法局：

根据省高级人民法院、省人民检察院、省公安厅、省司法厅下发的《H省实行社区矫正社会调查评估暂行办法》，拟对你辖区________乡镇（街道）________村（居）委________组被告人（罪犯）是否实行社区矫正进行社会调查评估。特委托________县（市、区）司法局对该被告人（罪犯）进行调查评估后提出书面的社会调查评估报告，并于______月______日前送达____________________。

联系人：　　　　　　　　联系电话：

委托机关：（盖章）

年　　月　　日

有的格式突出调查对象的个人情况。如：

××人民法院（检察院、公安机关、监狱）调查评估函

×院（检、公、监）函［201×］第××号

××县（市、区）司法局：

被告人（罪犯、犯罪嫌疑人）×××，性别×，籍贯×××××，居住地×××××××。为确保准确适用刑罚，根据有关规定，现委托你局调查评估其对居住社区的影响。

附件：1. ××××

2. ××××

邮寄地址：××××××

联系人：×××　　　联系电话：×××××××××××

（单位盖章）

201×年××月××日

2. 发送《社会调查评估委托函》

委托机关（人民法院、人民检察院、公安机关、监狱）拟对被告人或罪犯依法适用社区矫正的，应及时向被告人或罪犯居住地县级司法行政机关（社区矫正机构）发出《社会调查评估委托函》。委托机关在发出《社会调查评估委托函》之前，应当核实被告人或罪犯的实际居住地；不能确定居住地的，委托机关可以向被告人或罪犯的户籍所在地县级司法行政机关（社区矫正机构）发出《社会调查评估委托函》。人民法院、人民检察院发出《社会调查评估委托函》时，应当附带起诉书（副本）或自诉状复印件或一审判决书等相关材料；公安机关、监狱委托时，应当附带罪犯原刑事裁判书、最后一次减刑裁定书（复印件）、服刑期间改造表现鉴定和病残鉴定等相关材料。委托机关提供材料不齐备的，社区矫正机构应当及时告知委托机关，委托机关应当补齐材料。《社会调查评估委托函》应当注明委托机关地址及联系人、联系方式，附被告人、犯罪嫌疑人、罪犯及受害人居住地址、家庭成员、联系方式等。

3. 成立调查评估小组

司法行政机关（社区矫正机构）接到人民法院（检察院、辩护人）要求进行社区矫正调查评估的《社会调查评估委托函》和相关材料后，应当

及时成立调查评估小组开展调查，有的省份规定也可以指定司法所开展调查。社会调查评估小组成员不少于两名工作人员，其中应当有一名具有公务员身份的社区矫正执法人员。

县级司法机关接到法院《社会调查评估委托函》以后，应向参与社会调查评估的机构和人员发出要求立即开展调查工作的通知书，即《调查评估通知书》，格式如下。

××县（市、区）司法局

调查评估通知书

×司调通［201×］××号

××××：

201×年××月××日，本县（市、区）司法局接收××法院（检察院、公安局、监狱）委托函，调查评估被告人（犯罪嫌疑人、罪犯）×××对所居住社区的影响。经初步核实，×××居住在本县（市、区）××乡镇（街道）××村（居）。

接通知后，请立即展开调查，调查评估表、调查笔录等材料务于201×年××月××日报县（市、区）司法局。

附件：1. ×××××

2. ×××××

（单位盖章）

201×年××月××日

注：此件一式两份，一份送调查人员或司法所，一份由县级司法行政机关存档。

4. 制定周密的调查方案

调查评估工作小组开始着手进行资料整理和分析，研究、熟悉被调查人案情、调查的事项等内容，并根据实际情况制定调查方案，调查方案应报社区矫正机构负责人审批后实施。同时向相关单位和社区发出实地调查时间安排表和需要调查资料清单。

5. 开展实地调查评估

实地调查评估包括与有关人员的访谈及现场勘查，旨在了解被评估对象的状况，调查评估工作应由被调查人所在地公安派出所、司法所参加并出具书面意见。在这个阶段主要通过多样化、表格化、简单化和实用化的工作底稿将调查的内容程序化、规范化、书面化。

（1）做好社会调查笔录。社会调查评估人员在调查取证的过程中，应根据被调查人的口述做好调查记录。社会调查笔录格式也有多种。

有单一调查人的调查笔录。如：

时间：______年______月______日______时______分至______时______分

地点：________________

调查人：________________

被调查人：____________记录人：________

调查事项：________________

我们是______县（市、区）司法局社区矫正工作人员（出示证件），受______的委托，依法对被告人（罪犯）____________拟实行社区矫正进行社会调查评估，请予以配合。

问：请问你的姓名、民族、出生年月、工作单位、职务、家庭住址、联系电话，以及与被告人的关系？

答：____

____。

问：____

____？

答：____

____。

被调查人：（阅读并签名）____________

第（　）页，共（　）页。

有多位调查人的调查笔录。如：

时间：____________地点：____________

调查人姓名：____________单位：____________

调查人姓名：____________单位：____________

调查人姓名：____________单位：____________

被调查人姓名：____________

身份证号码：________________________

地址或单位：____________联系电话：____________

在场人：____________地址或单位：____________

我们是____________（司法局/司法所）工作人员，现就有关事项向你进行调查核实，希望你如实反映情况。

笔录内容：____。

被调查人签名：（盖章）____________

日期：____________

有调查对象的走访笔录。如：

时间：____________地点：____________________

谈话人：____________记录人：________________

被谈话人信息

姓名：____________性别：________年龄：________文化：________

家庭住址：____________________________电话：____________________

我们是××司法所的工作人员，今天我们来家访，主要是了解你近来的思想状况、行为表现、是否存在生活工作等方面的困难，问你的有关问题请你如实回答。

问：近期你从事什么工作？汇报一下你的工作情况。

答：____。

问：最近有没有外出及重新违法犯罪行为？

答：____。

问：最近家庭情况怎么样？有没有家庭变故？

答：____。

问：汇报一下你近期的思想情况。

答：____。

问：根据《社区矫正实施办法》要求，每周电话汇报一次，每月来所报到书面汇报一次，每月组织的集体教育和社区组织的公益劳动，你都能做到和参加吗？

答：____。

问：你还有什么要补充说明的吗？所讲的是否属实？

答：____。

被谈话人签名：

调查笔录内容：＿＿＿＿＿＿＿＿＿＿＿＿＿＿＿＿＿＿＿＿＿＿＿＿＿＿

＿＿＿＿＿＿＿＿＿＿＿＿＿＿＿＿＿＿＿＿＿＿＿＿＿＿＿＿＿＿＿＿

＿＿＿＿＿＿＿＿＿＿＿＿＿＿＿＿＿＿＿＿＿＿＿＿＿＿＿＿＿＿＿＿。

被调查人：（阅读并签名）＿＿＿＿＿＿＿＿

第（　）页，共（　）页。

实施社区矫正社会调查评估时，应当使用统一格式的《社会调查评估委托函》，现场做好笔录，并经被调查人核实无误后，在调查笔录上签字确认，如被调查人拒绝签字的，调查人员应当注明；调取的材料应当由提供单位加盖公章确认。必要时，在调查过程中可以录音、录像。

（2）填好社会调查评估分值表。《四川省社区矫正社会调查评估办法（试行）》规定：社会调查评估实行百分制量化评估。在80分以上的，调查评估小组可以提出适宜纳入社区矫正的意见；评估分值在60～80分的，由调查评估小组报县（市、区）司法行政机关负责人审定后，提出是否纳入社区矫正的建议或意见；对60分以下的，调查评估小组可以提出不适宜纳入社区矫正的意见。受委托的司法行政机关应及时将评估意见书，提交委托机关并抄送同级人民检察院。[①] 社会调查评估分值表有关于罪犯和被告人的如表3－1、表3－2所示。

表3－1　罪犯社会调查评估分值表

姓名：　　性别：　　年龄：　　身份证号：　　年　　月　　日

序号	调查内容	标准分值（分）	评估分值（分）	备注
1	罪犯是否认罪悔罪	20		
2	罪犯有无父母	4		
3	罪犯有无配偶	4		
4	罪犯家庭是否和睦	5		
5	罪犯家庭有无责任感	5		

① 《四川省社区矫正社会调查评估办法（试行）》，http://www.jingyan.gov.cn/fzjy/Show.aspx?id=542，最后访问日期：2019年4月8日。

续表

序号	调查内容		标准分值（分）	评估分值（分）	备注
6	罪犯家庭对其有无约束力		5		
7	罪犯家庭有无固定居所		5		
8	罪犯家庭有无稳定的收入和经济来源		4		
9	罪犯家庭居住地治安环境是否良好		4		
10	罪犯家庭成员中有无恶习和违法犯罪记录		4		
11	罪犯家属意见	签字： 年　月　日	5		
12	被害人及家属意见	签字： 年　月　日	5		
13	村、街道意见	（公章） 年　月　日	10		
14	辖区公安派出所意见	（公章） 年　月　日	10		
15	辖区司法所意见	（公章） 年　月　日	10		
合计			100		

注：有 1 ~ 9 项所列情形的，无第 10 项所列情形的，得满分，反之不得分；对于 11 ~ 15 项，意见为“同意纳入”的，得满分，反之不得分。

资料来源：《罪犯社会调查评估分值表》，https：//wenku. baidu. com/view/986515aa26fff705cc170ac7. html? from = search，最后访问日期：2019 年 4 月 8 日。

表 3 - 2　被告人社会调查评估分值表

姓名：　　性别：　　年龄：　　身份证号：　　年　月　日

序号	调查内容	标准分值（分）	评估分值（分）	备注
1	被告人是否迷恋网络游戏	2		
2	被告人有无吸毒、赌博、嗜酒等恶性	2		
3	被告人是否易冲动，有无暴力倾向	2		
4	被告人性格是否孤僻，是否有较重的报复心理	2		
5	被告人在个人成长中有无重大挫折	2		

续表

序号	调查内容		标准分值（分）	评估分值（分）	备注
6	被告人在个人成长中是否缺少关爱		2		
7	被告人是否与有劣迹的人员交往过密		2		
8	被告人家庭成员中有无不良恶习和违法犯罪记录		4		
9	被告人生活作风是否正派		2		
10	被告人是否认罪悔罪		10		
11	被告人有无父母		3		
12	被告人有无配偶		3		
13	被告人家庭是否和睦		4		
14	被告人家庭有无责任感		4		
15	被告人家庭对其有无约束力		4		
16	被告人家庭有无固定居所		4		
17	被告人家庭有无稳定的收入和经济来源		4		
18	被告人家庭居住地有无良好的治安环境		4		
19	被告人家属意见	签字： 年　月　日	5		
20	被害人及家属意见	签字： 年　月　日	5		
21	村、街道意见	（公章） 年　月　日	10		
22	辖区公安派出所意见	（公章） 年　月　日	10		
23	辖区司法所意见	（公章） 年　月　日	10		
合计			100		

注：无 1 ~ 8 项所列情形的，有 9 ~ 18 项所列情形的，得满分，反之不得分；对于 19 ~ 23 项，意见为“同意纳人”的，得满分，反之不得分。

资料来源：《被告人调查评估分值表》，https：//wenku.baidu.com/view/d795df95aeaad1f346933fc4.html? from = search，最后访问日期：2019 年 4 月 8 日。

6. 撰写调查评估报告

评估小组在对调查获取的各项资料进行整理、加工、分析、讨论后，应按照具体的评估标准进行综合评估。县级司法行政机关在评估小组社会调查完成后，应及时组织召开会议，听取调查评估小组意见，进行集体研究分析，并征求公安机关、检察机关、社区组织意见，必要时可征求专家意见，形成书面的社区矫正社会调查评估报告或调查报告意见书，提出是否适用社区矫正的建议（建议实行社区矫正、建议慎用社区矫正或建议不予实行社区矫正，以及拟服刑地点和禁止事项等），并详细阐明建议的依据，报社区矫正机构主要负责人审批后，反馈给人民法院。制作并使用调查评估报告或调查报告意见书是调查程序的最后阶段。调查评估报告或调查报告意见书作为法院审判机关是否做出矫正判决或裁定的重要依据，必须具有较高的可信度和科学性，因此必须严格按照报告书的格式书写，撰写人员必须坚持公正、公开的原则，客观、全面地反映调查的情况，写出有分量、有价值的调查报告。

（1）调查评估意见书。调查评估意见书是根据《社区矫正实施办法》第4条设计。受委托的司法行政机关根据委托机关的要求，对被告人或者罪犯的居所情况、家庭和社会关系、一贯表现、犯罪行为的后果和影响、居住地村（居）民委员会和被害人意见、拟禁止的事项等委托事项进行调查了解，形成评估意见，送委托机关。对未成年人适用社区矫正进行调查评估的，评估意见书应当注意保密，除办案机关或有关单位根据国家规定进行查询外，不对外公开。①

调查评估意见书有司法部的格式，也有各省的格式。

司法部的调查评估意见书格式如下：

调查评估意见书

（　）字号

__________人民法院（人民检察院、公安局、监狱）：

受你单位委托，我局于______年______月______日至______年______月______日对被告人（罪犯）____________进行了调查评估，有关情况如下：____________

① 《司法部关于印发和使用〈社区矫正执法文书格式〉的通知》，载李怀胜主编《社区矫正工作实操指引》，北京：中国法制出版社，2012，第250页。

____

____。

综合以上情况，评估意见为________________________________。

（公章）

年　　月　　日

某省的调查评估意见书格式如下：

××县（市、区）司法局

调查评估意见书

×司评字［201×］第××号

×××人民法院（人民检察院、公安机关、监狱）：

201×年××月××日，我局收悉你单位〔×院（检、公、监）函［201×］第××号〕委托函。201×年××月××日至201×年××月××日，我局调查评估了被告人（犯罪嫌疑人、罪犯）×××对所居住社区的影响，调查结果为××××。

附件：××县（市、区）司法局调查评估表

（单位盖章）

年　　月　　日

（2）审前社会调查评估报告。

湖南省适用社区矫正社会调查评估报告

编　　号：________________

委托单位：________________

评估对象：________________

调查人员：________________

湖南省社区矫正试点工作领导小组办公室制

姓名		性别		年龄		籍贯		文化程度	
身份证号				经常居住地					
联系方式				户籍所在地					
居所情况									
家庭成员和主要社会关系									

续表

一贯表现	
犯罪行为及后果和影响	
再犯罪风险	
生活来源及监管条件	
被害人意见	被害人：（签字） 年　月　日
村（居）民委员会意见	村（居）民委员会：（签章） 年　月　日
司法所意见	司法所：（签章） 年　月　日
县级司法局意见	县级司法局：（签章） 年　月　日

注：此表一式三份：一份反馈给委托机关，一份抄送县级人民检察院，一份由县级司法行政机关存档。

资料来源：《湖南省适用社区矫正社会调查评估报告》，https://wenku.baidu.com/view/65f46d07227916888486d74e.html? from = search，最后访问日期：2019 年 4 月 8 日。

审前社会调查评估报告

被告人姓名　×××

调查单位　县司法局　司法所

填表日期　年　月　日

河北省社区矫正试行工作领导小组办公室制

调查人员	姓名	×××		单位职务			×××司法所	
	姓名	×××		单位职务			×××司法所	
	姓名	×××		单位职务			×××镇政府	
被告人	姓名	×××	性别	男	民族	汉	出生年月	
	曾用名（别名）		籍贯				职业	农民
	身份证号码						案由	
	家庭住址						联系电话	
	经常居住地						联系电话	

续表

<table>
<tr><td colspan="6">家庭情况（主要直系亲属）</td></tr>
<tr><td>姓名</td><td>与被告人关系</td><td>年龄</td><td>职业</td><td>联系电话</td><td>住址</td></tr>
<tr><td>×××</td><td>父亲</td><td></td><td></td><td></td><td></td></tr>
<tr><td>×××</td><td>母亲</td><td></td><td></td><td></td><td></td></tr>
<tr><td>×××</td><td>妻子</td><td></td><td></td><td></td><td></td></tr>
<tr><td>×××</td><td>儿子</td><td></td><td></td><td></td><td></td></tr>
<tr><td></td><td></td><td></td><td></td><td></td><td></td></tr>
<tr><td>个人情况</td><td colspan="5">×××目前独自在家，在石材厂打零工谋生，无其他不良嗜好</td></tr>
<tr><td>家庭状况</td><td colspan="5">父母已过世，有一个十五岁的儿子外出打工，自打架后妻子就外出了，目前没有任何消息</td></tr>
<tr><td>悔罪表现</td><td colspan="5">积极通过家属及其他人员向被害人赔礼道歉，能够深刻认识到自己所犯的罪行及所造成的社会危害性，认罪伏法，积极改造，争取宽大处理，表示以后会克制不良冲动情绪，认真工作，改善生活条件</td></tr>
<tr><td>社矫条件</td><td colspan="5">1. 亲属愿意作为其社区矫正监护人，尽到监管义务
2. 村级组织表示愿意接受该人员作为社区矫正服刑人员在村里进行改造</td></tr>
<tr><td>综合评估意见</td><td colspan="5">根据调查了解×××个人情况、家庭状况、悔罪表现以及社区矫正条件等情况，经综合分析，提出如下意见：
1. ×××因误会引发过激行为，致其妻子、岳母、胞弟受伤，但无其他不良表现，并且现在能认识到冲动行为的危害性，积极改正。目前其在石板材厂打零工，能够维持生活，邻里关系和睦，悔罪表现良好，其近亲属和村级帮教组织都愿意作为监护人行使监督权利
2. 鉴于上述情况，我们认为×××适用社区矫正
社会调查人员签名：
年　月　日</td></tr>
<tr><td>乡镇（街道）司法所意见</td><td colspan="5">根据社会调查人员对×××个人表现、家庭状况、悔罪表现、社区矫正条件等情况做出的调查走访反馈意见，认为×××现实表现良好，悔罪态度端正，适用社区矫正条件较为成熟，建议人民法院采用社区服刑方式
乡镇（街道）司法所负责人签名：
单位盖章
年　月　日</td></tr>
<tr><td>县（市、区）司法局意见</td><td colspan="5">县（市、区）司法局负责人签名：
单位盖章
年　月　日</td></tr>
</table>

资料来源：《河北省社区矫正审前社会调查评估报告》，http://www.docin.com/p-1457003944.html，最后访问日期：2019年4月8日。

（3）审前社会调查评估表。社区矫正审前社会调查评估表又称社区矫正适用前社会调查表，相当于调查评估报告。

浙江省社区矫正审前社会调查表

调查对象姓名：________________

调　查　单　位：________________

填　表　日　期：________________

××司法厅监制

填表说明

1. 家庭背景栏填写：调查对象家庭成员及与调查对象相处情况、家庭经济状况（住房条件、经济债务、家庭负担等）、未成年对象情况（对家人的态度、父母是否离异、父母监护情况）。

2. 个性特点栏填写：调查对象的生理情况（健康状况、影响健康的突出问题）、性格类型（内向型、外向型、独立型、顺从型）、心理特征、爱好特长等。

3. 犯罪前表现栏填写：调查对象工作或学习表现（单位、学校里的一贯表现）、业余生活情况、邻里关系（与邻里是否和睦）、社会交往情况（交友范围、经常出入的活动场所）、违纪违法情况（是否受到治安处罚、学校记过处分或党纪处分等）等。

4. 悔罪表现栏填写：调查对象对犯罪行为的认识、悔过态度；附加刑及附带民事赔偿履行情况和履行能力等。

5. 社会反响栏填写：被害人或其亲属的态度、社会公众的态度，调查对象所在村（居、社区）群众或单位职工对调查对象的评价，对调查对象实行社区矫正的意见。

6. 监管条件栏填写：调查对象家庭成员的态度（对调查对象犯罪危害性的认识、配合政法部门工作的态度、是否有具体的帮教措施、调查对象能否服从家庭管教等）、经济生活状况及环境是否有利于实施社区矫正、村（居、社区）或学校（单位）等组织对调查对象实行社区矫正的意见及帮教能力等。

7. 辖区公安派出所意见栏填写：调查对象实行社区矫正是否具备监管条件等。

8. 司法所意见栏填写：对调查情况签署意见。

9. 县级司法行政机关意见栏填写：对司法所调查情况签署意见。

<table>
<tr><td rowspan="2">调查人员</td><td>姓名</td><td colspan="4"></td><td colspan="3">单位职务</td><td colspan="2"></td></tr>
<tr><td>姓名</td><td colspan="4"></td><td colspan="3">单位职务</td><td colspan="2"></td></tr>
<tr><td rowspan="5">调查对象</td><td>姓名</td><td></td><td colspan="2">性别</td><td></td><td>民族</td><td colspan="2"></td><td>出生年月</td><td></td></tr>
<tr><td>曾用名</td><td></td><td colspan="3" rowspan="2">身份证号码</td><td colspan="3" rowspan="2"></td><td rowspan="2">籍贯</td><td rowspan="2"></td></tr>
<tr><td>别名</td><td></td></tr>
<tr><td>家庭住址</td><td colspan="3"></td><td>联系电话</td><td colspan="3"></td><td>职业</td><td></td></tr>
<tr><td>经常居住地</td><td colspan="3"></td><td>联系电话</td><td colspan="3"></td><td>案由</td><td></td></tr>
<tr><td rowspan="6">家庭背景</td><td rowspan="3">家庭成员</td><td colspan="2">关系</td><td>姓名</td><td>年龄</td><td colspan="2">职业</td><td colspan="2">住址</td><td>联系方式</td></tr>
<tr><td colspan="2"></td><td></td><td></td><td colspan="2"></td><td colspan="2"></td><td></td></tr>
<tr><td colspan="2"></td><td></td><td></td><td colspan="2"></td><td colspan="2"></td><td></td></tr>
<tr><td>家庭成员与调查对象相处情况</td><td colspan="9"></td></tr>
<tr><td>家庭经济状况</td><td colspan="9"></td></tr>
<tr><td>未成年对象的情况</td><td colspan="9"></td></tr>
<tr><td rowspan="4">个性特点</td><td>生理状况</td><td colspan="9"></td></tr>
<tr><td>心理特征</td><td colspan="9"></td></tr>
<tr><td>性格类型</td><td colspan="9"></td></tr>
<tr><td>爱好特长</td><td colspan="9"></td></tr>
<tr><td rowspan="5">犯罪前表现</td><td>工作（学习）表现</td><td colspan="9"></td></tr>
<tr><td>业余生活情况</td><td colspan="9"></td></tr>
<tr><td>邻里关系</td><td colspan="9"></td></tr>
<tr><td>社会交往情况</td><td colspan="9"></td></tr>
<tr><td>违纪违法情况</td><td colspan="9"></td></tr>
<tr><td rowspan="4">悔罪表现</td><td>对犯罪行为的认识</td><td colspan="9"></td></tr>
<tr><td>悔过态度</td><td colspan="9"></td></tr>
<tr><td>附加刑履行情况及履行能力</td><td colspan="9"></td></tr>
<tr><td>附带民事赔偿履行情况及履行能力</td><td colspan="9"></td></tr>
</table>

续表

<table>
<tr><td rowspan="2">社会反响</td><td>被害人或其亲属态度</td><td></td></tr>
<tr><td>社会公众态度</td><td></td></tr>
<tr><td rowspan="3">监管条件</td><td>家庭成员态度</td><td></td></tr>
<tr><td>生活环境</td><td></td></tr>
<tr><td>村（居、社区）
基层组织意见</td><td>负责人签名：
（盖章）
年　　月　　日</td></tr>
<tr><td>公安派出所意见</td><td colspan="2">负责人签名：
（盖章）
年　　月　　日</td></tr>
<tr><td>司法所意见</td><td colspan="2">负责人签名：
（盖章）
年　　月　　日</td></tr>
<tr><td>县级司法行政机关意见</td><td colspan="2">负责人签名：
（盖章）
年　　月　　日</td></tr>
</table>

资料来源：《浙江省社区矫正审前社会调查表》，https://wenku.baidu.com/view/4a9fa1609b6648d7c1c74651.html?from=search，最后访问日期：2019 年 4 月 8 日。

7. 调查报告送达、补正与采信

调查评估结果形成书面意见后，受委托的县级司法行政机关应当及时做好文书的送达工作。对于外地委托调查的，可采用挂号邮寄方式进行；对于本地法院委托调查的，可以安排专门人员送达委托机关，及时将调查评估报告抄送本地同级人民检察院监所检察科。委托机关对县级司法行政机关提交的调查评估报告应依法及时审查，并作为对被告人、罪犯是否实行社区矫正的重要参考。委托机关对调查报告有疑问的，可与负责调查工作的县级司法行政机关协商后，由司法行政机关另行派员进行复核或者补充调查，县级司法行政机关应在 3 个工作日内完成核查或者补充调查工作。必要时，委托机关可直接派人员进行核查。人民法院、公安机关、监狱管理机关应在判决（裁定）后 5 个工作日内，将是否采信调查评估报告函告受委托的县级司法行政机关及其同级人民检察院，不予采信的，应说明理由。人民法院收到受委托调查评估的县（市、区）司法局发送的社区矫正社会调查报告后，需要将对被告人（罪犯）的判决（裁定）结果连同说明采纳或未采纳调查报告中对被告人（罪犯）实行或不实行社区矫正的建议的理由一齐寄回给县（市、区）司法局。也就是说，人民法院在判决后，应当按要求及时向受委托司法局送达回执，告知其调查评估意见的采信情况。

湖南省实行社区矫正社会调查评估报告回执单

________县（市、区）司法局：

你局于________月______日送达的社区矫正社会调查评估报告（编号：×××司法局［20××］×号）已收悉，建议给予被告人（罪犯）________（实行、不实行）社区矫正。本案已于______月______日判决（裁定）被告人（罪犯）______________ ______。其理由是：____。

（此处可加页）

委托机关：（盖章）

年　　月　　日

抄送：县（市、区）人民检察院

资料来源：《湖南省实行社区矫正社会调查评估报告回执单》，http://www.csymsq.com/dywlkj_infodetail.asp? id =1663，最后访问日期：2018 年 12 月 1 日。

在社区矫正社会调查评估工作中，如有以下几种情形之一的应按以下程序进行：①公安机关、检察机关、司法行政机关对调查评估意见发生分歧达不成一致意见的；②被调查人系国家工作人员职务犯罪或涉及事项系国家工作人员职务犯罪的；③被调查人系涉及黑恶势力犯罪的；④被调查人经调查评估后评估结果难以确定的；⑤被调查人涉及的事项在当地有重大社会影响的；⑥其他认为需要提交评审程序的事项。上述六种情形，调查评估组应将相关材料提交社区矫正主管机构进行案件评估争议讨论，社区矫正主管机构应召集公安机关、检察机关、司法行政机关负责社区矫正的职能部门负责人参加，对调查评估事项进行讨论协商，如认为有必要的应当报上一级社区矫正主管机构审定。

委托机关、受委托机关应建立社区矫正社会调查评估档案并及时整理归档。受委托机关应将社区矫正社会调查评估工作中取得的原始资料存档备查。

三　社区矫正社会调查评估的保障机制

社会调查评估人员必须依据客观事实，遵守法律规定，遵循公正原则，严守工作纪律。

（一）工作纪律

第一，委托机关应当派人员或者采取邮政特快专递等方式送达委托函等材料，不得由被告人、犯罪嫌疑人、罪犯及其亲属、诉讼代理人等利害关系人转交。县级司法行政机关不得接收委托机关以外的其他单位和个人转递的委托调查函等材料。

第二，委托机关和调查评估人员应当严格保守工作秘密，不得向调查人员、被告人、犯罪嫌疑人、罪犯及其亲属、亲友、委托人、诉讼代理人等利害关系人透露拟判决、裁定、决定及调查评估意见等相关信息。

第三，调查评估人员应当严格执行回避制度，如与被告人、犯罪嫌疑人、罪犯或者走访对象有亲属关系、利害关系及其他关系，可能影响调查结果真实性、公正性的，应当回避。回避由县级司法行政机关决定。

第四，调查评估人员应当严格遵守廉洁从政若干规定，不得违反规定会见当事人及其亲属、诉讼代理人或者其他利害关系人等，不得接受其吃请、馈赠或者其他消费活动。

（二）法律监督

第一，县级司法行政机关向委托机关送达社区矫正适用前社会调查评估报告时，应当同时抄送给本地同级检察机关。

第二，检察机关对社区矫正适用前社会调查评估报告有异议的，应当及时向委托机关和负责调查评估工作的司法行政机关提出书面意见。委托机关、司法行政机关应当及时给予答复。

第三，检察机关发现社区矫正适用前社会调查过程中存在违纪违法行为或者调查评估报告严重失实的，应及时提出书面纠正意见，有关部门应当予以纠正。

（三）法律责任

调查评估人员在实施调查评估活动中有弄虚作假、玩忽职守、徇私舞弊、滥用职权等违法违纪行为的，应当追究其相应责任，并视情节轻重，依据有关规定给予其纪律处分；构成违法犯罪的，应当依法追究其刑事责任。对伪造、变更的调查材料，县级司法行政机关应另行指派调查人员重新调查。

第四章
社区矫正对象需要评估

社区矫正对象需要评估是指从矫正的目的出发，对社区矫正对象的个人需要进行的系统性评价和诊断性分析。掌握社区矫正对象需要评估的内涵、价值、特点、内容、类型和量表，可以了解社区矫正对象的真实需要，从而更好地引导社区矫正工作努力的方向，使矫正工作者能够有针对性地开展工作，提高社区矫正服务的实施效果。

第一节　社区矫正对象需要评估概述

社区矫正对象需要评估是对社区矫正对象的个人需要进行的系统性评价，对于预防社区矫正对象重新犯罪、有针对性地对社区矫正对象开展帮扶活动和教育矫治工作具有重要的意义。社区矫正对象需要评估包括对基本生活需要和非基本生活需要的评估。

一　社区矫正对象需要评估的含义

所谓需要，是指人体组织系统中的一种缺乏、不平衡的状态，是人对某种目标的渴求或欲望。需要能够推动人以一定的方式进行积极的活动，需要被人体会得越强烈，所引起的活动就越有力、越有效。

社区矫正对象需要评估是指对社区矫正对象的个人需要进行的系统性评价。该项评估是一个信息收集和分析的过程，是对社区矫正对象的基本权利需要及其满足情况的判定过程，其结果是对社区矫正对象需要的确定。此项评估的实质是对社区矫正对象的需要及其价值后果的价值判断，其目的在于提高社区矫正的质量，改善社区矫正的管理水平，完善社区矫正制度。

需要评估与风险评估有所不同。风险评估的目的主要是加强对服刑人员重新犯罪的控制，根据服刑人员风险程度的差异，采取有区别的监督考察和管理，从而确保社区安全和社会秩序的稳定。而需要评估的目的主要是帮助社区矫正对象更好地适应社会和融入社会，成为良好的守法公民。需要评估不能代替风险评估，但根据需要评估开展工作同样有利于对服刑人员重新犯罪的控制。因此可以说，需要评估是对社区矫正工作更高层次的要求。①

二　社区矫正对象需要评估的必要性

在社区矫正工作中，对社区矫正服刑人员进行需要评估具有重要的作用。

首先，需要评估是为了预防社区矫正对象发生新的危害行为。需要是产生行为的原始动力，是促使个人进行活动的积极性源泉。当个人的某种需要得不到满足时，就会诱发行为动机，引起满足需要的个人行为。当社区矫正对象的迫切需要无法通过正当的方法或活动来满足时，他们就有可能采用非法手段去满足，而这类满足需要的非法手段往往就是违法犯罪行为。因此进行需要评估，了解社区矫正对象的迫切需要，并根据具体情况给予其切实有效的帮助，是预防社区矫正对象进行新的违法犯罪行为的重要措施。

其次，需要评估是为了对社区矫正对象开展有效的帮扶。我国社区矫正制度的重大转变和重要发展，就是树立了对确有需要的社区矫正对象进行帮困扶助的理念，并建立了相应的工作制度。而要切实有效地做好帮困扶助工作，就必须准确了解社区矫正对象存在的迫切需要，否则，仅有良好的愿望是难以做好帮困扶助工作的。科学的需要评估工作有可能更全面、更准确地了解社区矫正对象的需要信息，从而为矫正工作者做好社区矫正对象帮困扶助工作提供重要的支持，能够帮助他们更加有效地开展社

---

① 刘强主编《社区矫正评论》（第1卷），北京：中国法制出版社，2011，第124页。

区矫正对象帮困扶助工作，更好地满足社区矫正对象的迫切需要。

最后，需要评估是为了对社区矫正对象有效开展教育矫治工作。社区矫正对象需要评估的结果，也为有效开展教育矫治工作提供了很好的参考信息，能够指引矫正工作者为社区矫正对象开展更有针对性的教育矫治工作，提高教育矫治工作的实效性。如果不考虑社区矫正对象的实际需要而盲目地、机械地开展教育矫正工作，不仅会造成极大的资源浪费，甚至有可能会引起社区矫正对象的厌烦等心理，产生和矫正工作者的预期相反的结果。[①]

三 社区矫正对象需要评估的特点

社区矫正中的需要评估，是对社区矫正对象的个人需要进行的系统性评价。社区矫正对象需要评估具有下列特点。

（一）诊断性

诊断性指通过系统性评价以准确了解社区矫正对象需要的内容及其强弱程度。需要评估与风险评估的预测性不同，它不是预测社区矫正对象在未来可能会产生什么样的需要，而是关注目前社区矫正对象的需要情况，了解他们存在哪些方面的需要，这些需要的迫切程度如何，从而对社区矫正对象的需要情况做出全面准确的判断。

（二）系统性

系统性指通过使用多种方法以对社区矫正对象的需要进行全面评价。从评价方法来看，可以使用各种不同的方法，包括较为简单的观察法、谈话法、调查法等，以及较为复杂的量表法等。从评价内容来看，涉及社区矫正对象本身及其很多相关的需要，包括基本生活需要、心理方面的需要、疾病治疗方面的需要、改进人际交往的需要等。只有运用多种有效的方法对社区矫正对象进行全面系统的评估，才能得出较为准确的评估结论。

（三）指向性

指向性指以社区矫正对象目前具有的需要作为评估对象。需要评估是

① 吴宗宪：《论社区矫正中的个案管理》，载赵秉志主编《刑事法治发展研究报告（2010—2011年卷）》，北京：中国人民公安大学出版社，2012，第515页。

围绕社区矫正对象的不同需要开展的评估工作。社区矫正对象的需要有不同的表现形态，一些需要是直接的，表现为缺乏某些资源等；另外一些需要是间接的，表现为存在应当解决或者消除的问题或者困难等，如吸毒成瘾的社区矫正对象需要解决毒瘾问题，于是就产生了治疗方面的需要。

（四）动态性

动态性指需要评估应根据有关情况的变化而不断调整。社区矫正对象的需要也是会发生变化的，一些迫切需要得到满足后，就有可能产生新的迫切需要。社区矫正工作者应当通过需要评估，及时了解社区矫正对象需要变化的情况，以便不断调整帮困扶助工作的内容，从而更好地满足社区矫正对象的迫切需要。①

四　社区矫正对象需要评估的内容

（一）马斯洛需要层次理论的启示

美国心理学家马斯洛在《人的动机理论》中提出了著名的需要层次理论。他认为人的需要是有层次的，并把人的需要从低级到高级分为生理需要、安全需要、社会需要、尊重需要、自我实现需要五个层次。

一是生理需要。它是人类维持自身生存的最原始、最基本的需要，包括饥、渴、衣、住、行、性等方面的要求。如果这些需要得不到满足，那么人类的生存就成了问题，同时其他需要也会受到影响。因此，生理需要是推动人们行动的最强大的动力。

二是安全需要。当一个人的生理需要获得满足以后，其就希望满足安全需要。例如，人们要求摆脱失业的威胁，解除对年老、生病、职业危害、意外事故等的担心，以及希望摆脱严酷的监督和避免不公正的待遇等。

三是社会需要，又称社交需要、感情需要、归属与爱的需要。它包括：友爱的需要，即人们一般都有社会交往的欲望，希望得到别人的理解和支持，希望同伴之间、同事之间关系融洽，保持友谊与忠诚，希望得到信任和爱情，希望爱别人，也渴望接受别人的爱；归属的需要，即人们都

---

① 吴宗宪：《论社区矫正中的个案管理》，载赵秉志主编《刑事法治发展研究报告（2010—2011年卷）》，北京：中国人民公安大学出版社，2012，第514～515页。

有一种归属于一个群体的感情，希望成为群体中的一员并得到关心和照顾，从而使自己不至于感到孤独。

四是尊重需要。它可分为：内部需要（自尊），指一个人希望在各种不同情境中有实力、能胜任、充满信心、能独立自主；外部需要（受尊重），指一个人希望自己有权力、声誉、地位和威望，希望受到别人的尊重、信赖和得到别人的高度评价。尊重需要一旦得到满足，就可以成为持久的激励力量，可以增加人们的自我观念，使其对自己充满信心，对社会满腔热情，体验到自己活着的价值。

五是自我实现需要。它是指一个人希望充分发挥个人的潜力，实现个人的理想和抱负，是人的需要层次结构最高层次的需要。这种需要包括：胜任感，表现为人总是希望干称职的工作，喜欢带有挑战性的工作，把工作当成一种创造性活动，为出色地完成任务而废寝忘食地工作；成就感，表现为希望进行创造性的活动并取得成功，如画家努力完成好自己的绘画，工程师力求生产出新产品等，这些都是在成就感的推动下而产生的。自我实现的需要是努力挖掘自己的潜力，使自己越来越成为自己所期望的人物。

社区矫正对象也是人，同样具备生理需要、安全需要、社会需要、尊重需要、自我实现需要这五个层次的基本需要。社区矫正对象之所以犯罪，可能与他们存在着多种自己无法恰当处理的问题有关。随着他们被判处具有社区矫正性质的刑事制裁，他们存在的种种问题不一定会及时得到解决。而且，随着在社区服刑的进行，他们有可能在服刑过程中会遇到新的、自己难以克服的问题。如果这些问题得不到及时解决，有可能导致他们重新走上犯罪的道路。因此，为了预防他们重新犯罪，需要对社区矫正对象给予适当的帮助，如帮助其解决就业、生活、法律、心理等方面遇到的困难和问题，以利于他们顺利地适应社会生活。社区矫正体现了人性关爱的理念，在很大程度上满足了罪犯的需求和情感。社区矫正是在社区环境中对罪犯进行监管和矫治，罪犯并不脱离正常的社会生活，满足了罪犯渴望自由的需求。社区矫正使罪犯保持健全的家庭生活和稳定的婚姻关系，从而使其情感需求得到了满足，促使罪犯更加珍惜家庭的温馨，承担起自己对家庭应负的责任，从而加速罪犯的自我改造。

尊重和维护矫正对象的合法权益，保障他们的生命健康安全，不虐待、不歧视矫正对象等，都是最基本的人道主义，也是改造矫正对象的最基础的条件。社区矫正工作者应采取有效的措施，帮助矫正对象满足其基本物质生活条件及治病的需要。在此基础上，再通过社区矫正活动提升他们人格需要的层次，帮助其进入自我实现的需要层次，使其重新得到社会的承认、尊重和接纳，进而达到跟其他社会成员一样的程度，实现个性的全面发展。

（二）社区矫正对象需要评估的内容

1. 基本生活需要

基本生活需要，是指为了维持社区矫正对象最低限度的正常生活而产生的需要。我国是一个发展中国家，很多社会保障制度还不完善，不少社会保障措施不能落实，而且存在巨大的地区差别。对于很多社区矫正对象而言，维持最低限度的正常生活，仍然面临不少问题和困难。因此，社区矫正机构应当首先关注社区矫正对象的基本生活需要，通过需要评估，了解他们是否存在迫切的基本生活需要。

基本生活需要主要包括四个方面：第一，食。这涉及社区矫正对象是否有足够伙食的问题，或者涉及社区矫正对象是否有满足正常营养所需要的经济能力的问题。第二，衣。这涉及社区矫正对象是否有衣穿的问题。这个问题也会延伸到冬季取暖和夏季降温的问题，如北方寒冷的冬季家中是否有取暖设备或者能否交纳取暖费用；南方炎热的夏季家中是否有降温设备等。第三，住。这涉及社区矫正对象是否有可以住宿的地方。第四，行。这涉及社区矫正对象能否解决日常生活必需的交通问题，如交通工具、交通费用等。

2. 非基本生活需要

社区矫正对象的非基本生活需要主要有以下方面。

（1）心理健康的需要。一些社区矫正对象存在心理健康问题，需要通过心理健康教育、心理咨询、心理辅导、心理治疗等方式加以解决。例如，矫正工作者需要通过心理健康教育让他们掌握心理健康知识和维护心理健康的技能；让他们了解和学会情绪调控方法，增强维护心绪稳定性的能力等。

（2）戒除瘾癖的需要。一些社区矫正对象已形成了不良嗜好或瘾癖，制约了他们对社会生活的顺利适应，甚至有可能直接引起新的违法犯罪行为。矫正工作者需要对他们开展相应的治疗，以帮助他们缓解和消除这些方面的问题。

（3）就业就学的需要。一些社区矫正对象面临着以后的生活和发展问题，特别是面临就业、就学等方面的问题。矫正工作者需要协助他们有业可就，能够自食其力；使他们有学可上，为他们将来获得更好的工作和生活奠定必要的基础。

（4）个人理财的需要。一些社区矫正对象已有了一定的工作和收入，矫正工作者应教育他们掌握一些个人理财知识，帮助他们学会必要的理财方法，起码可以使他们量入为出，避免由于理财不当而陷入经济危机和引发新的违法犯罪行为。

（5）生活管理的需要。一些社区矫正对象在生活方式上存在着人际交往问题、闲暇管理问题、不良习惯问题、紧急求助问题等，若不能很好地加以解决，不仅会影响他们在社区矫正中的行为表现，甚至有可能促使他们进行新的违法犯罪行为。因此，矫正工作者必须评估他们在生活方式方面可能存在的问题，并切实帮助他们解决这些方面的问题。[①]

第二节　社区矫正对象的权利保障和犯罪性需要评估

在社区矫正对象的需要中，既有合理合法的需要，又有悖理违法的需要。前者是社区矫正对象的权利需要，是于己于社会有益的、应受法律保护的需要；后者是社区矫正对象的畸形需要，是于己于社会有害的、不受法律保护的需要。前者需要的满足，可以激发社区矫正对象改过自新，重新回归社会；后者需要的满足，会将社区矫正对象引向堕落，带来继续犯罪的风险。因此，社区矫正需要评估包括社区矫正对象权利需要评估和社区矫正对象犯罪性需要评估两种不同性质的需要评估。

① 吴宗宪：《论社区矫正中的个案管理》，载赵秉志主编《刑事法治发展研究报告（2010—2011 年卷）》，北京：中国人民公安大学出版社，2012，第 515 ~518 页。

一　社区矫正对象的权利保障评估

权利既是人的一种需要，也是人满足需要的必要条件。社区矫正对象的权利，是指社区矫正对象在公民基本权利的基础上依法应当享有的基本权利。因此，是否维护了社区矫正对象的合法权利，也是社区矫正工作评估的重要内容。

（一）社区矫正对象应当享有的权利

社区矫正对象是一个特殊的群体，因其触犯了刑法，作为犯罪人的身份，其部分权利依法受到一定的限制。但他们作为中国公民，根据《宪法》和相关法律法规，仍然享有与之身份相称的权利。

社区矫正对象的基本权利有以下方面。

1. 人身权利

人身权利是指公民的生命权以及与生命权直接相关的其他无直接财产内容的权利，主要有以下方面。

（1）人格尊严权。社区矫正对象的人格不受侮辱，其人格尊严应该得到国家和社会的保护。

（2）身体自由与迁移自由权。社区矫正对象因解除了人身监禁并接受开放式的教育改造，其身体自由与迁移自由得到了很大程度的实现，但仍要受到一定的限制。根据《社区矫正实施办法》第 13 条、14 条规定：社区矫正人员未经批准，不得离开所居住的市、县（旗），不得变更居住的县（市、区、旗）；社区矫正人员离开所居住市、县（旗）不得超过一个月；确因治疗、护理的特殊要求，需要转院或者离开居住区域的，应报告司法所，并经公安机关批准。

（3）信仰权。社区矫正对象享有信仰和不信仰宗教的自由，社区矫正机关对有宗教信仰的社区矫正对象应酌情给予便利，方便其参加合法的宗教活动。

（4）婚姻家庭权。社区矫正对象享有婚姻自由的权利，包括结婚自由和离婚自由，如不服人民法院的离婚判决，可以上诉或申诉。

（5）通信权。社区矫正对象的通信权和与外接触的权利因监督管理的需要而受到一些限制，但较监狱服刑人员有着更大的自由。

（6）隐私权。社区矫正对象的隐私权包括通信自由、住宅隐私、身份隐私等方面。社区矫正机构既要保护他们的隐私权不受随意侵犯，又要对他们的基本情况（如姓名、肖像、住址、电话号码、人际关系、个人财产状况等）享有一定的知情权以利于监管。

（7）安全权。社区矫正对象的人身健康受自己支配，享有不受非法搜查、拘禁、酷刑、不人道的惩罚、奴役以及其他不法侵害的权利。

（8）受教育权。社区矫正对象的受教育权主要有：获得完成九年制义务教育的权利，获得学业证书、学位证书的权利和合理利用图书馆、博物馆、科技馆、体育馆等社会公共文化体育设施的权利等。

2. 政治权利

政治权利是指公民以国家主人的身份参与国家政治生活的权利。没有被剥夺政治权利的社区矫正对象应当依法享有政治权利。

（1）选举权。没有被剥夺政治权利的社区矫正对象可以行使选举权利。我国法律也没有明确否认社区矫正对象的被选举的权利，假若社区矫正对象获得了法律规定的当选票数，在法理上应该承认其当选。

（2）表达自由权。社区矫正对象可以有条件地行使言论、出版、集会、结社、游行、示威6项自由的权利。未剥夺政治权利的缓刑和假释人员，享有言论、出版和结社自由，但集会、游行和示威自由则处于限制状态；被判处管制或暂予监外执行的社区矫正对象，其表达自由权的行使和实现需要执法机关的批准；被判处剥夺政治权利的社区矫正对象，不享有出版、集会、结社、游行、示威自由的权利，而言论自由权处于一种不全面状态。[①]

（3）知情权。社区矫正对象有权知道社区矫正机构等国家机关行政管理、刑罚执行方面的各项事务、职责、权力、程序及与此相关的各项政策规定，有权了解自己参与的教育改造、公益劳动等矫正项目各方面的情况，有权获取对自身或者他人奖惩、评估、处遇等问题的处理结果的原因信息等。

（4）诉愿权。诉愿权包括批评、建议、控告、检举和申诉权以及取得

---

① 朱菊华：《社区服刑人员的基本权利》，《社会工作上半月（实务）》2009年第5期。

国家赔偿权。我国《宪法》第 41 条规定：公民（包括社区矫正对象）对于任何国家机关和国家工作人员“有提出批评和建议的权利”；对国家机关及其工作人员的违法失职行为，有“向国家机关提出申诉、控告或检举的权利”。根据《国家赔偿法》的规定，国家机关和国家机关工作人员行使职权时侵犯了公民（包括社区矫正对象）的人身权、财产权等合法权益，造成损害的，受害人有依法取得国家赔偿的权利。

3. 社会经济权利

社会经济权利主要包括财产权、劳动权、生活保障和维持健康权。

（1）财产权。不论社区矫正对象因何种原因犯罪，其私人财产权应当受到宪法和法律的严格保护，监管机关不得侵占、破坏或非法没收社区矫正对象的私人财产。

（2）劳动权。根据《宪法》《劳动法》及其他相关法律，社区服刑人员的劳动权大致分为参加劳动的权利、获得劳动报酬的权利、休息权、获得劳动安全卫生保护的权利、享受社会保险的权利、享受劳动福利的权利、参加工会和职工民主管理的权利、接受职业培训的权利、决定劳动法律关系存续的权利九个方面。《企业法人法定代表人登记管理规定》规定，社区服刑人员不具有担任法定代表人的资格；《公司法》规定，特定的社区服刑人员不具有担任公司董事、经理和监事的资格；“两部两院”《关于依法加强对管制、剥夺政治权利、缓刑、假释和监外执行服刑人监督考察工作的通知》规定，社区服刑人员的外出经商权受到限制；《个体工商户条例》规定，社区服刑人员享有个体工商业经营的资格。

（3）生活保障和维持健康权。社区矫正对象在被矫治期间，有权获得维持健康所需的住宿、衣食、生理和心理的医疗基本条件，社区矫正机关负有保障义务。

4. 法律救助权利

法律援助是指为了保障经济困难的公民和特殊案件的当事人平等地获得法律服务和法律保护，依照法律、行政法规获得的咨询、代理、刑事辩护等无偿法律服务。社区矫正对象作为公民应当享有申请法律援助的权利，而且由于社区矫正对象的特殊身份，依法保护其合法权益更加必要，即便是在刑事诉讼中，只要符合条件，社区矫正对象作为当事人就可以申请法律援助。[1]

（二）社区矫正对象权利保障评估

权利保障是指排除对权利行使的障碍，建立使权利最终实现的制度化保护。保护社区矫正对象的基本权利，有利于确保社区矫正机构严格执法，有利于调动社区矫正对象的积极性，有利于完善社区矫正对象的权利保障制度。但在社区矫正实践中，确实还存在着一些被忽视甚至侵害社区矫正对象基本权利的负面因素，其严重影响了社区矫正工作的质量。因此，将是否重视和保护社区矫正对象的基本权利作为评估社区矫正机构和社区矫正工作者的矫正质量的重要指标是很有必要的。当然在评估的过程中，不一定要将社区矫正对象的以上所有权利都纳入评估的指标内容中，而是选取社区矫正对象的某些权利将其纳入评估指标中。广州市广大社会工作服务中心组织的评估团队在对广州市荔湾区 YS 社会服务中心承接的社区矫正专项项目进行评估时，涉及了该社会服务机构对社区矫正对象的权利保障的评估指标（见表 4－1）。

表 4－1　社区矫正对象权利保障评估

单位：分

评估内容	评估指标	评估标准	评估方法	分值	得分
权利保障	知情权	制定有服务项目基本情况的说明文件，包括机构及承办项目的服务资质、发展历史、服务项目等基本情况的书面资料	文件查阅	2	
		备有申请接受服务和退出服务的政策和程序的资料手册	文件查阅	1	
		资料手册便于服务对象、职员及其他关注人士阅览（设置有资料取阅台）	文件查阅 实地观察	1	
		制定有服务手册、服务程序指引（规定有申请受理的期限，在规定的期限内予已服务申请者答复，如果服务单位转介服务申请者，服务单位应向该申请人交代转介原因）	文件查阅	1	
	安全权	有消防平面图和逃生指示图供服务对象及职员查阅	文件查阅 实地观察	2	
		制定有人身安全防范及处理机制和意外受伤事件的处理机制	文件查阅	1	

[1] 林政：《论社区矫正对象的权利保障》，硕士学位论文，苏州大学，2010，第 12～18 页。

续表

评估内容	评估指标	评估标准	评估方法	分值	得分
权利保障	参与权	制定有服务对象及职员在服务程序、服务内容的参与机制	文件查阅	2	
		服务对象在设定服务程序、服务内容等方面有参与的相关记录	文件查阅	1	
	隐私权	有隐私保护制度措施	文件查阅	4	
		泄密后的预案及处理措施	文件查阅	2	
	申诉权	申诉制度及程序（需上墙或公示）	文件查阅	2	
		申诉能及时回馈、记录	文件查阅	1	

二　社区矫正对象的犯罪性需要评估

根据矫正需要原则，矫正要考虑罪犯的犯罪性需要，并且以犯罪性需要为根据安排矫正项目。所谓矫正需要原则，是指矫正要考虑服刑人员的“矫正需要”，“矫正需要”不同，矫正内容与方式应当有所不同，矫正项目也不同。[①] 矫正需要考虑导致罪犯危险的原因，因此，社区矫正需要评估实质是犯罪性需要评估。

（一）社区矫正对象的犯罪性需要

犯罪性需要是指罪犯（包括社区矫正对象）因对犯罪生活的依赖或者对犯罪行为的习惯而形成的需要，是与罪犯的重新犯罪行为相关的需要。

参照美国学者扎耶克（Gary Zajec）的观点，我们可以将社区矫正对象犯罪性需要的形成基础大致概括为以下八个方面。[②]

1. 反社会人格

反社会人格的特点是其内心体验及外在行为与社会常情及道德规范背道而驰。社区矫正对象的反社会人格主要表现在以下方面。一是视犯罪为理所当然，做错了事不觉得惭愧。如宣称“每个人都做了，这是问题所在”，“被定罪、被判刑的人又不是我一个，犯罪有什么了不起的”。二是对犯罪造成

① 翟中东：《社区性刑罚的崛起与社区矫正的新模式——国际的视角》，北京：中国政法大学出版社，2013，第 272 页。

② Gary Zajec, *Understanding and Implementing Correctional Options That Work: Principles of Effective Intervention* (Camp Hill: Pennsylvania Department of Corrections, 2004).

的危害结果不以为然，侵犯了他人或集体的利益不觉得内疚。如宣称“没有人受到伤害”，“他们的安全已经得到了保证”。三是否定道义责任。如宣称“我已经受到了惩罚”。四是自以为了不起，敢做别人不敢做的大事。五是对他人有敌意，视对方的一举一动都有挑衅色彩。

2. 犯罪性思维

有的社区矫正对象认为犯罪具有刺激性与挑战性，具有挑战司法机关的心理要求；有的社区矫正对象心存侥幸心理，如宣称“我非常精明，他们抓不住我”。

3. 反社会关系网

有的社区矫正对象在人际交往中，往往倾向于与有前科劣迹的人交往，结交的朋友多是具有反社会或者反社会倾向的人。如宣称“我的朋友认识那小子”。

4. 个人决策与解决问题能力差

有的社区矫正对象在生活中遇到小的困难时，不能做出明智的决策，找不到解决问题的正确方式，只好用过去惯用的犯罪方法来解决。如宣称“由于我需要送我的孩子到学校，所以我开始买卖毒品”。

5. 职业技能水平弱

一些社区矫正对象因为缺乏文化与技能，不能胜任社会上的劳动岗位，在职业竞技场上没有竞争优势，走正道行不通，于是就冒险走偏锋，把犯罪得手视为一种本事。西方研究人员对重新犯罪与就业、教育等的关系进行 r 检验，发现 $r = 0.13$，表明重新犯罪与就业、教育等的关系比较密切。[①]

6. 自我管控能力差

一些社区矫正对象不能通过自省、自觉、自律来抵御住外界的诱惑，抑制住感情的冲动，做出丧失理智的事情。他们在解释自己犯罪的原因时，所使用的主要理由便是“我太愤怒了”，“我管不了那么多了”。

7. 使用毒品

吸毒者试图通过毒品的自我陶醉，尽情享乐，仅把感官上的快乐当作一种幸福；通过品尝毒品的滋味来满足其好奇心；把吸毒看作是一种“高

① 翟中东：《矫正的变迁》，北京：中国人民公安大学出版社，2013，第 306 页。

贵的”气派来自我显示；视吸毒为吸烟、喝酒一样的消遣享乐方式；从吸毒行为中去寻求烦恼忧愁的暂时解脱；从吸毒后“飘飘欲仙”的体验追求“超凡脱俗”的境界。然而，社区矫正对象使用毒品容易导致他们重新犯罪。

8. 酒精滥用

酒精是中枢神经系统抑制剂，饮酒有药物的心理强化作用，称为精神活性物质。酒精有增加正性情绪、快感以及社会性强化作用，如“酒逢知己千杯少”；也有负强化作用，酒有解除、对抗负性情绪的作用，如“一醉解千愁”。但长期过量饮酒，尤其饮烈性酒，不仅对健康危害大，还会导致精神障碍，如加速脑部老化过程，损伤智力，使情绪不稳定，使注意力分散，导致错误的判断，做出违法的事情。很多服刑人员的犯罪都与酗酒有关，而服刑人员酗酒容易导致他们重新犯罪。

（二）美国宾夕法尼亚州的犯罪性需要评估

美国宾夕法尼亚州的犯罪性需要评估包括两部分。

1. 犯罪感程度评估

犯罪感程度评估分为5个具体项目：①对法律的态度，在守法行为上有10项；②对法院的态度，关于法院与量刑设有8项；③对警察的态度，关于警察设有7项；④对违法的容忍，关于理性认识、宽恕犯罪行为倾向有10项；⑤确认其他犯罪人的态度，关于同情或者接近其他犯罪人方面设置有7项。

犯罪感程度评估旨在判断罪犯反社会的态度或者犯罪前态度，为改变罪犯反社会的态度或者犯罪前态度的项目实施提供根据，这些项目包括转变思维方式项目，改变性格项目。

2. 愤怒/敌意评估

愤怒/敌意评估包括两个方面。

（1）测量是否具有敌意的性格。①敌意的归因，将原因归结为交往他人的数量（共7个项目）；②指责，想要指责别人的倾向（共7个项目）；③敌对的反应，对并没有惹自己的对方有愤怒反应（共7个项目）；④在较大的范围内，有假想敌意的倾向（共7个项目）。

（2）关系与敌意。①相识关系：在相识者之间产生敌意；②陌生关系：

对陌生人产生敌意；③权威关系：与权威机构的人交往容易产生敌意；④亲友关系：对亲友交往产生敌意；⑤工作关系：对工作中的同事产生敌意。

上述评估能够帮助人们了解罪犯与他人的敌意深浅程度，为适用能够消除敌意与反社会态度的项目寻找根据，如“愤怒管理”项目、“暴力预防”项目、“思维改变”项目。例如，罪犯在危险评估中分值高，而“愤怒/敌意评估”中分值也高，则可以使用暴力预防措施（见表4－2）。[①]

表4－2　愤怒/敌意评估指标

评估	矫治方案
LSI－R：20分低中度危险	1. 需要实施暴力预防方案
CSS－M：20分中度问题	2. 在方案没有到位前需要监督行为人的行为
对违反的容忍	3. 攻击行为可能源于最近心理创伤事件，而不是愤怒
HIQ 53分	4. 可以考虑思维转变项目，关注对犯罪的态度转变
有指责他人的倾向	
有假想敌意的倾向	
监狱中的表现：最近有攻击倾向	
犯罪性质：夜盗	
临床印象：语言具有侵犯性，与他人交往状况不好	

第三节　社区矫正对象需要评估量表

社区矫正对象需要评估的方法很多，既有较为简单的观察法（通过观察社区矫正对象的言行等评估其需要）、谈话法（通过与社区矫正对象交谈评估其需要）、调查法（通过多方面了解社区矫正对象的情况评估其需要）等；也可以使用较为复杂的量表法（通过设计有一定结构的、较为严密的量表评估社区矫正对象的需要）等。在需要评估方法中，量表法具有代表性。在深入调查研究的基础上研制的评估量表，是开展需要评估的最为有效的工具和方法之一，外国研究者和中国研究者都进行了这方面的尝

① 翟中东：《国际视域下的重新犯罪防治政策》，北京：北京大学出版社，2010，第259～260页。

试，可以作为未来进一步完善需要评估量表的参考。

一　西方社区矫正对象需要评估的样本

（一）加拿大的样本

加拿大的样本将确定罪犯的矫正需要作为干预前提，要求在罪犯进入矫正机构时就对罪犯的矫正需要进行评估。矫正对象需要评估的领域包括：就业问题、婚姻与家庭问题、交往问题、滥用毒品问题、对社区的要求问题、个人情感问题、态度问题。[①] 加拿大社区矫正对象需要评估指标如表4－3所示。

表4－3　加拿大社区矫正对象需要评估指标

序号	具体内容	指标	三选一
一	就业方面需要	1. 罪犯的文化程度是否低于8年级	是 不是 不知
		2. 罪犯是否有高中文凭	
		3. 罪犯是否有学习能力	
		4. 罪犯是否有身体上的缺陷	
		5. 罪犯是否对自己的工作不满意	
		6. 罪犯的工作史是否稳定	
		7. 罪犯在工作岗位是否可信，如雇主是否依赖罪犯	
		8. 罪犯是否很难满足工作的要求	
		9. 罪犯是否在工作中很难与人交往	
二	婚姻与家庭方面需要	1. 罪犯是否在孩提阶段有过滥性生活	是 不是 不知
		2. 罪犯的婚姻关系是否不稳定	
		3. 罪犯是否虐待配偶	
		4. 罪犯是不是配偶虐待的受害人	
		5. 罪犯是否因为儿童时的受虐而不可自拔	
		6. 罪犯是否为人父母不大合格	
		7. 罪犯的家庭关系是不是不好	

① 翟中东：《国际视域下的重新犯罪防治政策》，北京：北京大学出版社，2010，第244～250页。

续表

序号	具体内容	指标	三选一
三	社会交往方面需要	1. 罪犯是不是不愿意与他人交往，比较孤立	是 不是 不知
		2. 罪犯是否有很多罪犯朋友或者熟人	
		3. 罪犯是否与酗酒者、使用毒品者有比较密切的交往	
		4. 是否可以使用“利用”描述罪犯与他人的关系	
		5. 罪犯是否很容易被他人影响	
		6. 罪犯是不是那种不愿意提出个人主张或者拒绝他人要求的人	
四	滥用毒品方面需要	1. 罪犯的生活史是否表明，其使用毒品影响到了自己的婚姻、就业、守法、身体、经济等	是 不是 不知
		2. 罪犯的生活史是否表明，其使用酒精影响到了自己的婚姻、就业、守法、身体、经济等	
五	对社区方面需要	1. 罪犯监禁前是否有住所	是 不是 不知
		2. 罪犯的自我表现是否很差，如外表不适当、举止不当	
		3. 罪犯的健康状况是否很差	
		4. 罪犯是否有理财能力差的问题，如乱付账单等	
		5. 罪犯是否对有组织的活动，如体育运动、志愿者活动不感兴趣	
		6. 罪犯是否缺乏有效利用社会服务的能力	
六	情感方面需要	1. 罪犯解决问题的能力是否很弱，如不能意识到发生问题，或者能够意识到但不知如何解决	是 不是 不知
		2. 罪犯是否不能确定现实的、长期的目标	
		3. 罪犯是否不懂同情他人，如不能理解他人的感受	
		4. 罪犯是否容易陷入冲动，如寻求刺激	
		5. 罪犯控制自己的愤怒是否很困难	
		6. 罪犯是否不能很好地处理压抑与挫折	
		7. 罪犯是否有不当的性史，如未满法定年龄有性伴侣、有过性攻击、有过性暴力、对孩子有性行为	
		8. 罪犯是否有性无能等性退化问题	
		9. 罪犯是否存在智力问题，如大脑受过伤，IQ 低等	
		10. 罪犯是否曾经被诊断有过精神疾病	
		11. 罪犯是否有过自杀或者自伤史	
		12. 罪犯是否有饮食生活上的混乱问题	

续表

序号	具体内容	指标	三选一
七	态度方面需要	1. 罪犯是否表现出反社会的态度，如对他人财产不尊重、支持个人之间的暴力	是 不是 不知
		2. 罪犯是否支持男性支配女性的观点，是否支持不平等的观念	
		3. 罪犯是否认为种族存在优劣，支持对所谓劣等种族歧视的观点与行动	
		4. 罪犯是否不能为一个长期目标努力	

（二）美国印第安纳州的样本

美国印第安纳州矫正局所使用的罪犯需要评估工具是一个独立的量表，这个需要评估量表的适用对象是在社区中服刑的罪犯。该量表没有设置矫正项目，给人以精炼的感觉（见表4－4）。①

表4－4　成人罪犯需要评估工具（Proposed Adult Needs Assessment Instrument）

单位：分

接受社区矫正者的姓名	原因	因素分	与犯罪行为的关系	总分
1. 专业技能/职业能力				
0　有较高的技能，能够满足社会的要求				
1　技能水平需提高				
2　技能水平急切需要提高				
2. 就业/自立的途径				
0　有业可就，工作一年以上				
1　工作不满意，自立难度大				
2　无业可就				
3. 使用的东西				
0　没有受到异议				
1　具有一定的不良性				
2　具有严重的不良性				

① 翟中东：《国际视域下的重新犯罪防治政策》，北京：北京大学出版社，2010，第257～259页。

续表

接受社区矫正者的姓名	原因	因素分	与犯罪行为的关系	总分
4. 情绪稳定状态				
0　没有问题				
1　有些问题				
2　有严重的问题				
5. 钱物管理				
0　没有问题				
1　有些问题				
2　问题很大，入不敷出，有坏账、破产问题				
6. 家庭/婚姻关系				
0　稳定				
1　有些紧张				
2　非常紧张				
7. 交往关系				
0　没有不良交往				
1　偶尔与不良人员有交往				
2　经常与不良人员有交往				
8. 健康状况				
0　健康				
1　有点健康问题				
2　健康问题很严重				
其他________________________________				
与犯罪行为的关系				
0　没有关系				
1　有点关系				
2　有直接关系				

（三）美国威斯康星州当事人需要评估量表

美国威斯康星州当事人需要评估量表如表 4－5 所示。

表 4 – 5　威斯康星州当事人需要评估量表

单位：分

项目	得分
1. 情绪和心理稳定性 0 = 没有情绪不稳定或者心理不稳定的症状 2 = 有一定的情绪不稳定或者心理不稳定的症状，但是并不影响正常功能 3 = 情绪不稳定或者心理不稳定的症状影响正常功能，或者让法庭或假释委员会规定条件 8 = 情绪不稳定或者心理不稳定的症状严重，需要持续治疗，或者对他人和自己有爆发性的、威胁性的、潜在的危险	
2. 家庭关系 0 = 具有稳定的、支持性的家庭关系 3 = 有一些问题或者紧张，但是能够改善 7 = 有严重问题或者紧张	
3. 交往 0 = 没有不良交往 2 = 偶尔进行不良交往 4 = 经常进行不良交往 6 = 全部交往都是不良的	
4. 吸毒 0 = 功能没有遭到破坏 2 = 偶尔吸毒，功能遭到一定破坏，法庭或者假释委员会附加了一些条件 7 = 经常吸毒，功能遭到严重破坏，需要治疗	
5. 酗酒 0 = 功能没有遭到破坏 2 = 偶尔酗酒，功能遭到一定损害，法庭或者假释委员会附加了一些条件 7 = 经常酗酒，功能遭到严重损害，需要治疗	
6. 就业 0 = 就业情况令人满意，没有报告说遇到困难；或者是家庭主妇、学生、退休人员、残疾人 2 = 没有就业 4 = 就业情况不能令人满意，或者虽然失业但是有适当工作技能和就业动机 5 = 失业而且实际上也不可能就业；缺乏就业动机，需要培训	
7. 学业或者职业技能与培训 0 = 有适当的技能，能够处理日常事务 2 = 技能较差，导致轻微的适应问题 6 = 没有什么技能或者技能很差，导致严重的适应问题	
8. 财务管理 0 = 目前没有困难 1 = 偶然会遇到困难或者有轻微困难 5 = 经常有困难或者有严重困难	

续表

项目	得分
9. 态度 0 = 没有什么困难，愿意转变 2 = 经常会遇到困难，不合作，依赖别人 4 = 经常充满敌意，消极，有犯罪倾向	
10. 住所 0 = 有稳定的生活住所 2 = 有适当的生活住所，例如，暂时性的庇护所 4 = 居无定所	
11. 心理能力（智力） 0 = 能够独立地进行心理活动 1 = 需要一些帮助，能够进行适当的适应活动 3 = 有严重心理缺陷，限制了正常的心理功能	
12. 健康 0 = 身体健康，偶尔有不适 1 = 身体有障碍或者疾病，身体功能经常受到干扰 2 = 有严重身体障碍或者患有慢性疾病，需要经常接受医治	
13. 性行为 0 = 没有明显功能失调 2 = 偶尔有问题或者感受到轻微的问题 6 = 经常有问题或者有严重问题	
14. 官员对于需要的印象 0 = 低度 3 = 中等 5 = 高度	
总分	
评分等级： 26 分或更高：高度（Max） 13～25 分：中等（Med） 12 分或更低：最低（Min）	

吴宗宪：《论社区矫正中的个案管理》，载赵秉志主编《刑事法治发展研究报告（2010—2011年卷）》，北京：中国人民公安大学出版社，2012，第 515 页。

二　国内社区矫正对象需要评估量表

目前，中国国内的社区矫正实践和研究已经有了比较大的发展，已经有了专门制作的需要评估量表。GZ 市社区矫正工作领导小组办公室制作的《GZ 市社区服刑人员工作档案》中，就有一份社区服刑人员需要评估问卷范本颇具代表性。

社区服刑人员需要评估问卷

社区服刑人员姓名：________ 性别：______ 年龄：______

罪名：________________罪 服刑类别：□缓刑 □假释 □管制 □监外执行

社区矫正期限：________________________

所属区（县级市）及街道（镇）：________区________街道（镇）

填表日期：__________ 司法所电话：__________

犯罪历史	是 否	1. 是否有过犯罪前科	1.1 涉及罪名：________
	是 否	2. 是否曾经有过 2 次或以上的犯罪记录	2.1 次数：________ 2.2 犯罪类型：________
	是 否	3. 是否曾经有过 3 次或以上的犯罪记录	3.1 次数：________ 3.2 犯罪类型：________
	是 否	4. 目前的刑期是不是基于对 3 种或以上罪名的指控	4.1 次数：________ 4.2 罪名：________
	是 否	5. 你第一次被逮捕时是否还未成年	5.1 被逮捕时年龄：____岁
	是 否	6. 成年后，是否曾经被判处过监禁刑	
	是 否	7. 在以前的服刑期间是否曾经有过或曾经想过从服刑地（包括监狱、看守所、中途宿舍和社区）逃走	
	是 否	8. 在以前的监狱、看守所或中途宿舍期间，是否曾经因为违反服刑机构的相关规定而被处罚	8.1 受处罚次数：________ 8.2 违反行为：________
	是 否	9. 在以前的社区服刑期间是否受到过处罚	9.1 处罚：□新的违法行为 □违规行为 □罚金 □训诫
	是 否	10. 是否有暴力行为（包括言语暴力）的正式记录	10.1 请列明：________
目前服刑情况	是 否	1. 目前服刑，是否因犯暴力相关的罪行	1.1 罪名：________ 1.2 刑期：________ 1.3 已服刑：________月
	是 否	2. 在目前社区服刑期间，是否有新的违法行为	次数：________
	是 否	3. 在目前社区服刑期间，是否有违反社区矫正纪律的行为	次数：________
	是 否	4. 在目前社区服刑期间，是否受到训诫	次数：________
	是 否	5. 在目前社区服刑期间，是否被处以罚金	次数：________

续表

<table>
<tr><td rowspan="14">教育／工作经历</td><td colspan="4">就业情况</td></tr>
<tr><td>是 否</td><td colspan="2">1. 是否目前正处于失业状态中</td><td></td></tr>
<tr><td>是 否</td><td colspan="2">2. 在过去一年的时间里，是否经常失业（在过去一年的时间里，就业时间少于50%）</td><td></td></tr>
<tr><td>是 否</td><td colspan="2">3. 是否从来没有在一份工作上做满过一年</td><td></td></tr>
<tr><td>是 否</td><td colspan="2">4. 是否曾经有被辞退或被开除的工作经历</td><td></td></tr>
<tr><td colspan="4">教育情况</td></tr>
<tr><td>是 否</td><td colspan="2">5. 是否所接受到的正规教育年限低于9年（未取得初中毕业证书）</td><td></td></tr>
<tr><td>是 否</td><td colspan="2">6. 所接受到的正规教育年限低于12年（未取得高中、技校或职校毕业证书）</td><td></td></tr>
<tr><td>是 否</td><td colspan="2">7. 是否有被退学或者休学的经历</td><td>7.1 是否现在正在上学
□是　□否</td></tr>
<tr><td colspan="4">如果社区矫正人员现在既未上学，也未有工作，则以下三题均为“0”；
如果社区矫正人员为家庭主妇或退休领取养老金的人员，请仅回答8.2题；
如果社区矫正人员现在在上学或在工作，请回答以下三题</td></tr>
<tr><td colspan="2">正在读书请回答此列（8.1～10.1）</td><td colspan="2">正在工作请回答此列（8.2～10.2）</td></tr>
<tr><td>0 很差
1 一般
2 较好
3 很好</td><td>8.1 在学校表现如何</td><td>0 很差
1 一般
2 较好
3 很好</td><td>8.2 在工作中表现如何</td></tr>
<tr><td>0 很差
1 一般
2 较好
3 很好</td><td>9.1 在学校与同学相处如何</td><td>0 很差
1 一般
2 较好
3 很好</td><td>9.2 在工作中与同事相处如何</td></tr>
<tr><td>0 很差
1 一般
2 较好
3 很好</td><td>10.1 对老师的感觉如何</td><td>0 很差
1 一般
2 较好
3 很好</td><td>10.2 对上司感觉如何</td></tr>
<tr><td>经济状况</td><td>是 否</td><td colspan="2">1. 目前你是否遇到一些经济困难（包括家庭经济困难）</td><td></td></tr>
</table>

续表

<table>
<tr><td>经济状况</td><td>是 否</td><td colspan="2">2. 你（或家庭）是否正在接受社会救助金</td><td>2.1 如有接受社会救助金（请单选）
□失业救济 □残疾人救济
□低保 □其他：________</td></tr>
<tr><td rowspan="7">家庭和婚姻状况</td><td>是 否</td><td colspan="2">1. 你对目前的家庭或婚姻状态是否满意</td><td>1.1 你目前处于何种状态（请选择）
□单身 □恋爱 □已婚
□再婚 □离异 □丧偶</td></tr>
<tr><td colspan="4">如果社区矫正人员处于未婚（单身、恋爱）状态，请回答2.1题；
如果社区矫正人员处于婚姻（已婚、再婚、离异或丧偶）状态，请回答2.2题</td></tr>
<tr><td colspan="2">处于未婚状态请回答此列（2.1～2.1a）</td><td colspan="2">处于婚姻状态请回答此列（2.2～2.2a）</td></tr>
<tr><td>0 很差
1 一般
2 较好
3 很好</td><td>2.1 与父母的关系如何</td><td>0 很差
1 一般
2 较好
3 很好</td><td>2.2 与配偶的关系如何</td></tr>
<tr><td></td><td>2.1a 父母是否离异（请单选）
□是 □否</td><td>0 很差
1 一般
2 较好
3 很好</td><td>2.2a 与子女的关系如何</td></tr>
<tr><td>0 很差
1 一般
2 较好
3 很好</td><td colspan="2">3. 与其他亲戚的关系如何</td><td></td></tr>
<tr><td>是 否</td><td colspan="2">4. 家人和亲戚中是否有人有犯罪记录</td><td>4.1 家人/亲戚中有犯罪记录者与你的关系：______
4.2 何时犯罪：________</td></tr>
<tr><td rowspan="3">居住环境</td><td>是 否</td><td colspan="2">1. 是否喜欢现在所居住的地方</td><td>1.1 具体居住类型（请单选）
□单独租住房屋 □与其他人共同租住 □与父母同住 □与其他亲戚同住
□自置物业 □宿舍
□其他：__________</td></tr>
<tr><td>是 否</td><td colspan="2">2. 在过去的一年里，是否有过3次或3次以上的搬家</td><td></td></tr>
<tr><td>是 否</td><td colspan="2">3. 目前是否居住在犯罪频发类型的社区</td><td></td></tr>
</table>

续表

休闲和娱乐	是 否	1. 在过去的一年，是否有加入任何正式注册的社会组织、团体、协会、学会或宗教组织（包括学校内建立的团体组织）	
	0 很差 1 一般 2 较好 3 很好	2. 利用自己的空闲时间情况如何	
同辈群体	是 否	1. 是否感觉自己是一个社会孤独者，没有什么朋友	
	是 否	2. 在你所认识的邻居、同学或其他熟人中，是否有一些人有犯罪行为或有犯罪记录	
	是 否	3. 在与你关系要好的朋友中，是否有一些人有犯罪行为或有犯罪记录	
	是 否	4. 在你所认识的邻居、同学或其他熟人中，是否很少有人能够真正做到遵纪守法（无犯罪记录）	
	是 否	5. 在与你关系要好的朋友中，是否很少有人能够真正做到遵纪守法（无犯罪记录）	
毒品、酒精和药物依赖	是 否	1. 是否曾经有酗酒的历史	
	是 否	2. 是否曾经有使用毒品的历史	2.1 何种毒品：________
	是 否	a. 是否曾经有长期使用某种药物的历史	a.1 何种药物：________
	是 否	3. 现在（指过去一年）是否有酗酒	
	是 否	4. 现在（指过去一年）是否有使用毒品	4.1 何种毒品：________
	是 否	b. 现在（指过去一年）是否经常使用药物	b.1 何种药物：________
	以下 5～9 题基于社区矫正人员过去一年的情况，如果社区矫正人员在过去一年中都停止酗酒、使用毒品和药物，则以下 5～9 题不适用，请都评定为“否”		
	是 否	5. 是否认为你的酗酒、吸毒或药物问题曾经、正在或将会导致你的违法行为	
	是 否	6. 家人或其他最关心你、有重要关系的人对于你酗酒、吸毒或药物问题是否有反对和抱怨	
	是 否	7. 是否因为酗酒、吸毒和药物导致你在学校、工作上出现问题	
	是 否	8. 是否因为酗酒、吸毒和药物，你曾经出现过医疗健康问题	
	是 否	9. 是否因为酗酒、吸毒和药物，而出现过一些其他问题	请列明：________

续表

<table>
<tr><td rowspan="5">情绪/精神状态</td><td>是 否</td><td colspan="2">1. 是否曾经或目前出现了失眠、担心、沉默或自我贬低的情况</td><td></td></tr>
<tr><td>是 否</td><td colspan="2">2. 是否曾经或目前出现了严重的精神焦虑、紧张、幻听或幻想症状</td><td></td></tr>
<tr><td>是 否</td><td colspan="2">3. 是否过去曾经接受过精神健康治疗</td><td></td></tr>
<tr><td>是 否</td><td colspan="2">4. 是否目前正在接受精神健康治疗</td><td></td></tr>
<tr><td>是 否</td><td colspan="2">5. 是否有其他心理疾病症状</td><td>请列明：________</td></tr>
<tr><td rowspan="4">罪行态度取向</td><td colspan="2">3 不认罪
2 他人责任更大
1 已经过去了
0 深刻忏悔</td><td>1. 对所犯罪行如何看待和感知</td><td></td></tr>
<tr><td>是 否</td><td colspan="2">2. 是否愿意过一种没有犯罪的生活</td><td></td></tr>
<tr><td>是 否</td><td colspan="2">3. 是否认为目前的刑罚是不合理且不公正的</td><td></td></tr>
<tr><td>是 否</td><td colspan="2">4. 是否认为目前所受到的监管是不合理且不公正的</td><td></td></tr>
<tr><td rowspan="5">社会排斥感知</td><td>是 否</td><td colspan="2">1. 是否在工作中感受到被排斥</td><td></td></tr>
<tr><td>是 否</td><td colspan="2">2. 是否在寻求社会帮助和得到社会福利时感受到被排斥</td><td></td></tr>
<tr><td>是 否</td><td colspan="2">3. 是否在家庭中感到家庭成员的排斥</td><td></td></tr>
<tr><td>是 否</td><td colspan="2">4. 是否在同龄人中感到同辈群体的排斥</td><td></td></tr>
<tr><td>是 否</td><td colspan="2">5. 是否在社区中感到社区居民的排斥</td><td></td></tr>
<tr><td>人生规划</td><td>是 否</td><td colspan="2">是否对将来的生活有自己的人生规划</td><td>是，具体谈谈你将来的人生规划________
____
否，为什么无将来的人生规划________
________</td></tr>
</table>

需要特别注明之处：

____

____

调查员签名：________（司法所加盖公章）

第五章
社区矫正风险评估

社区矫正风险评估是法律规定的机构和组织对社区矫正对象在社区服刑期间重新实施违法犯罪行为和自我伤害行为的可能性所做的评价，它是提高社区矫正效果的重要科学依据。人身属性是社区矫正风险评估的根本特征。社区矫正风险评估分为入矫前、入矫初、矫正中和解矫前四个阶段。社区矫正风险评估在西方发达国家最先开展，但我国在借鉴西方发达国家经验的同时，也开始摸索自己的社区矫正风险评估理论和实务。社区矫正风险评估的有效开展，需要把握一整套风险评估的基本要素。

第一节　社区矫正风险评估的含义、特点、目的与类型

社区矫正风险评估是针对影响服刑人员的人身风险性的各类因素进行的一种综合性评价，具有属人性、多变性、多元性、差异性和误差性等特点，其目的是提高社区矫正的实际效果。社区矫正风险评估依其从入矫前到解矫前的时间顺序而呈现四种类型。

一　社区矫正风险评估的含义

（一）社区矫正风险的含义

何谓风险？目前学界还是众说纷纭。说法一，风险的实质在于不确定

性。美国学者威利特认为，风险是关于不愿发生的不确定性的客观体现。这似乎是将风险视为人们无法测定的客观存在，属于宿命论的观点。说法二，风险具有可测定性。美国学者奈特认为，风险是“可测定的不确定性”。这意味着风险尽管具有不确定性，但还是可以通过一定的途径来测定的，因而风险与不确定性还是有区别的。说法三，风险与人们的主观认识有关。美国学者威廉和汉斯将风险分析者的主观因素引入风险概念，认为风险的有无、大小取决于人们的主观判断。当人们对风险有一致看法时，风险就以客观存在的状况体现出来；当人们对风险的判断有差异时，所面临的风险就会产生同样的差异。这一说法说明了风险本身存在着相对性、可变性。日本学者武井勋从三个方面对风险的定义做了综合的理解：一是与不确定性有所差异；二是客观存在性；三是可以被测算。[①]

国际标准化组织（ISO）在其2009年发布的《风险管理：原则与指南》一书中虽将风险定义为“不确定性对组织目标的影响”[②]，但为它赋予了更为丰富的内涵。一是风险的未来性。发现风险、面对风险、应对风险和赢得风险，都与未来有关。二是风险的两重性。风险是一个中性概念，兼具威胁和机会。三是风险的不确定性。不确定性是风险一词的内核，管理风险即是管理不确定性。四是风险的事件性。风险的事件是潜在的，它可能在未来某一时间点发生。五是风险的二维性。风险的评价通过发生可能性和发生后果两个维度表示，并对这两个维度进行赋值来确定它们的数值标准。六是风险的信息性。缺乏信息是不确定性的根源，若对潜在事件、后果、可能性拥有足够信息，就可变“不确定性”为“确定性”。

上述对风险含义的理解，“适用于各种类型和规模的组织”[③]。不过，社区矫正领域的风险不同于一般组织的风险，它的风险源来自“人”（社区矫正对象），甚至来自“人”的一念之间。所以，人们对社区矫正领域的风险所关注的，不在它的“未来性”，而在它的“随时性”，即随时都有可能爆发；不在它的“中性”，而在它的“威胁性”“危害性”，因为这种

① 刘正山：《房地产投资分析》，沈阳：东北财经大学出版社，2015，第229页。

② 李素鹏：《ISO风险管理标准全解》，北京：人民邮电出版社，2012，第85页。

③ 李素鹏：《ISO风险管理标准全解》，北京：人民邮电出版社，2012，第90页。

风险基本无“机会”可言；不在它的“主观性”，而在它的“潜在性”，需要时刻保持警惕。

社区矫正风险是指社区矫正对象在其非监禁人身自由的情形下存在的重新犯罪、继续危害社会的发生概率与严重程度。社区矫正对象主要存在以下风险：一是在矫正期限内不遵守社区矫正的相关规定，不接受、不服从社区矫正部门的管理，被发现有余罪、新罪而被起诉、判决，导致收监执行的风险；二是在矫正期间实施新的犯罪，危害社会的风险；三是在矫正期满后因矫正教育的效果不佳，重新犯罪的风险。[①] 社区矫正风险主要包括自杀、脱离管控区域、其他侵害行为三大类。这三类风险会不同程度地对社区矫正对象、社区居民、社区矫正工作者和社区矫正事业造成伤害，因此都需要加以防范。

（二）社区矫正风险评估的含义

所谓社区矫正风险评估，是指通过对社区矫正对象的各项危险指标进行量化测评和综合分析，对社区矫正对象的人身风险性程度进行科学的评估，并根据评估结果对社区矫正对象进行危险等级分类，为社区矫正对象分类管理、分阶段教育和日常监管等提供科学依据，从而降低其再次犯罪的可能性，使社区矫正工作更为规范化和科学化。[②] 由于这种评估的实质是对社区矫正对象人身危险性的评估，故又称为人身危险性评估。社区矫正风险评估不仅要对矫正对象的人格进行评估，还要对影响矫正对象再犯的环境因素进行评价。[③]

社区矫正风险评估是针对影响服刑人员的人身风险性的各类因素进行的一种综合性测评，它可以从以下五个方面来认识。

1. 测评矫正对象的人身风险性

社区矫正领域的人身风险性是指社区矫正对象在人格上存在的实施违法犯罪行为或者社会越轨行为的危险倾向。置身于社区环境下的矫正对象可能存在三种危险倾向：一是违反社区矫正管理规定的倾向；二是实施违

① 陈文峰：《论社区矫正对象重新犯罪风险降低之策略——基于社区矫正风险评估的角度》，载刘强、姜爱东主编《社区矫正论》（第2卷），北京：中国法制出版社，2012，第184页。

② 高艳华：《我国社区矫正风险评估制度的完善》，硕士学位论文，湖南大学，2013，第10页。

③ 狄小华：《社区矫正评估研究》，《政法学刊》2007年第6期。

法行为的倾向；三是实施犯罪的倾向。因此，测评矫正对象的人身风险性是社区矫正风险评估的实质。

2. 促进矫正对象顺利回归社会

通过科学分析矫正对象的综合信息，判断矫正对象重犯风险的概率，预测可能造成的负面影响的范围与程度，为矫正主体制定矫正方案提供依据，降低矫正对象再犯风险的可能性，提高社区矫正的质量和效果，促进矫正对象顺利回归社会是社区矫正风险评估的根本目的。

3. 为矫正主体提供决策依据

社区矫正风险评估的任务主要有三个方面：一是信息处理，即对与矫正对象有关联的全部信息进行综合分析，得出定量或定性的信息分析报告；二是判断处理，即把信息分析报告与正常标准或成功案例做比较，得出风险评估结论；三是预案处理，即以风险评估结论为依据，提交削减风险预案供矫正主体进行决策之用。

4. 重视影响矫正对象的主客观因素

人身风险性评价的特质决定了社区矫正风险评估的内容包含主观因素与客观因素。社区矫正对象的人身风险性评估虽然以其人格为基础，但其人格的形成乃至变化与其外部环境又密不可分。因此，社区矫正风险评估不仅要从主观方面对矫正对象的人格进行评价，还要从客观方面对其外部环境进行评价。社区矫正风险评估绝非简单的“主观加客观”的演算，而是涉及评估内容的划定、评估因素的选取、评估方法的选择、评估模式的建立和评估体系的规划等内容的系统工作。只有合理地界定评估因素，选择适当的评估方法，建立科学的评估体系，才可能得出准确的评估结论，更好地完成评估任务。

5. 实现刑罚预防犯罪的核心价值

犯罪预防是宏大的社会工程，刑罚预防是犯罪预防的最底线，也是犯罪预防的重要组成部分。我国社区矫正的对象包括管制、缓刑、假释、剥夺政治权利、暂予监外执行的五种罪犯。其中管制、剥夺政治权利属于非监禁性刑罚，缓刑、假释、监外执行属于监禁性刑罚的执行制度。不论是非监禁性刑罚还是监禁性刑罚的执行制度，其关键依据都是罪犯的人身风险性、社会危害性和再犯的可能性。从某种意义上说，刑罚处罚就是要降低罪犯的人身风险性，减少其社会危害性，消除其再犯、累犯的可能性。社区矫正风险评估通过对罪犯实施风险性评价，为刑罚执行提供科学依据，为刑罚执行主体提供预测帮助，从而履行其服务于刑罚执行的使命，实现其刑罚预防犯罪的核心价值。[①]

二　社区矫正风险评估的特点

在理论研究领域，风险评估主要是经济学领域的概念，如今已发展成为一种系统化的方法论，它能为组织的安全管理和政府的决策提供科学依据，是组织提高安全管理水平和事故预防技术水平的基础。但社区矫正风险评估与经济学领域的风险评估有着质的区别。经济学领域的风险评估以财产、责任、信用为内容，以风险利益为期待，具有鲜明的物质属性。社区矫正风险评估以矫正对象的行为倾向为内容，因而具有强烈的人身属性（属人性）。人身属性是社区矫正风险评估的根本特征，这一特征决定了社区矫正风险评估的特点。

（一）评估因素的属人性

社区矫正风险评估的因素既包括矫正主体和矫正对象的主观因素，也包括矫正环境和矫正措施的客观因素，主观因素与客观因素都成为社区矫正风险评估的主要内容。经济领域（如投资）风险评估与社区矫正风险评估都是主客观因素的结合，但评估因素的复合结构不同。在前者的评估中，“市场”的客观因素居于主导地位，起着决定作用，因而体现“属物性”；在后者的评估中，“人”（矫正主体和矫正对象）的主观因素处于核心地位，起着主导作用，因而体现“属人性”。

（二）评估对象的多变性

无论社区矫正风险评估还是经济领域风险评估，其评估的对象都具有动态特征。人们常说市场瞬息万变，这自然会给经济领域（如投资）的风险评估带来不确定性。但在某个市场领域的某个周期内，市场供求状况和市场含射的信息是相对稳定的，这就使市场投资风险评估有了可能，也使

① 李新春：《社区矫正风险评估问题研究》，硕士学位论文，中国政法大学，2011，第7页。

市场投资风险评估有了意义。而社区矫正风险评估的对象是人，而人的情感是易动的，任何细微的偶然的刺激，都可能引起人的情感的波动和行为的变化。因此，在社区矫正风险评估中，评估对象的因素是多变的。但这并不意味着评估对象是不可捉摸的，因为社区矫正的目的是要重塑矫正对象能为社会所接纳的相对稳定的品行。因此，评估既要考量评估对象的多变性，预防其向恶的方向转化，又要考量评估对象的相对稳定性，巩固其矫正的积极成果。

（三）评估方法的多元性

经济领域风险评估的物质属性决定了其诸多评估因素可以用货币等价值符号来表示，用数值来度量，这就决定了经济领域风险评估更适用数学方法来推导或用物理方法来演示。而社区矫正风险评估具有强烈的“属人性”，“人”这个主要的评价因素恰恰是难以用简单的数值符号来表示的，需要采用问卷调查、实地观察、文献查阅、访谈交流等多重方法进行综合评估。

（四）评估个体的差异性

评估个体差异性是社区矫正风险评估比经济领域风险评估复杂困难的关键所在。经济领域风险评估的评估因素一般具有共性，因为具有共性，所以可以引用经济学规律。但社区矫正风险评估的评估对象是“人”，是“千差万别的活人”，而不是“模具浇铸的铁人”，所以评估很难用一种“规律”或“模式”来“套用”每一个人。这就决定了社区矫正风险评估必须在适当遵循“共性”或“规律”的基础上，充分尊重评估对象的个体差异。

（五）评估结论的误差性

社区矫正风险评估是矫正主体依据评估信息对矫正对象的潜在危险所做的可能性判断，而不是必然性决断，因此评估出现误差也就难以避免。正因为社区矫正风险评估不是绝对准确，所以不能单纯依靠一份评估结论就轻易断定某个矫正对象完全具有或完全不具有再犯的可能性。实践中只能以风险评估结论为重要参考依据，同时结合矫正主体的知识水平、工作经验等确定矫正对象的危险程度，进而制定科学的矫正工作方案。①

---

① 李新春：《社区矫正风险评估问题研究》，硕士学位论文，中国政法大学，2011，第7~9页。

三 社区矫正风险评估的目的与意义

（一）社区矫正风险评估的目的

社区矫正风险评估的目的是指以观念形式存在的，通过相关机构进行的风险评估所期望达到的目标或理想结果。通过对矫正对象危险指标的测验、分析和判断，评估矫正对象的人身危险性程度，并对矫正对象进行危险等级分类，以为社区矫正对象分类管理、分阶段教育，为社区矫正工作的规范化、科学化提供根据。社区矫正风险评估的目的还可以分为直接目的和间接目的。

1. 直接目的

社区矫正风险评估的直接目的是服务于社区矫正，但在社区矫正的不同时间段又有不同的表现。在人民法院裁判前，通过风险评估以确定评估对象的条件是否适合社区矫正，严格控制社区矫正的入口，从源头上保证社区矫正的质量；在社区矫正对象接受社区矫正的过程中，需要由评估机构定期或不定期地对其进行危险性评测，根据其社会危险性及人身危险性的变化和大小，采取相应的调控措施；在社区矫正实施至法院判决的执行期限或者其他规定期限内，通过对社区矫正对象实施最终的评测，对其是否符合执行完毕的条件做出结论，防止仍具有人身危险性及社会危险性的人员脱离监管，也为符合条件的对象重返社会提供机会。

2. 间接目的

社区矫正风险评估的间接目的是维护社会安全。社区矫正风险评估能够起到预防社区矫正对象行为的潜在违法性的作用，以达到维护社会安全和稳定的目的。直接目的的达到，也会促使间接目的的实现，在把握社区矫正对象危险性的基础上采取相应的矫正措施甚至撤销社区矫正，都会有利于社会的安全和稳定。①

（二）社区矫正风险评估的意义

社区矫正风险评估的意义主要表现为以下方面。

---

① 孟伟涛、唐方恒：《论社区矫正风险评估的内涵及目的》，《法制与社会》2013 年第 25 期。

1. 风险评估是社区矫正机关对服刑人员进行分类矫正、个别化管理的前提基础

社区矫正的一个重要矫正原则就是体现刑罚的个别化，行刑个别化在社区矫正中的体现就是根据服刑人员的人身风险性大小及需要而给予其个别化的处遇。而确定服刑人员人身风险性大小的依据就来源于对服刑人员人身风险性进行科学的评估，人身风险性较大者就要采取比较严格的监管措施，人身风险性较小者就可以采取比较宽松的监管措施。

2. 风险评估是提高社区矫正效果的科学依据，也是控制社区矫正对象重新犯罪的重要手段

在社区矫正措施启动之前，对服刑人员人身风险性进行有效的测评，并有针对性地制定矫正方案，可以逐步削减他们的人身风险性。在社区矫正措施实施之后，评估若发现矫正效果明显，服刑人员的人身风险性明显减小，则矫正方案就可以继续施行并得到总结与推广；若发现矫正效果不明显，甚至人身风险性有所增大，则应该立即对该矫正方案进行调整与修正；若发现服刑人员某一方面或某些方面出现不稳定状况或有风险性倾向（如近期家庭不和、暂时失业等），则应采取及时的应对措施，将可能引发重新犯罪的苗头抑制在萌芽期。

3. 风险评估是为了保证社区矫正的客观性与科学性，避免犯主观性与盲目性的错误

我国初期的社区矫正工作，在很大程度上是凭矫正工作者的矫正经验和个人看法在进行矫正管理，这样的分类是极不科学的。当代的评估工具是在犯罪学、刑法学、心理学等多门学科的基础上建立起来的，有了这个客观的评价工具，就可以在管理中对服刑人员进行既公正又有效率的评估，从而大大提高了矫正的科学性。[①]

四　社区矫正风险评估的类型

为确保将社区矫正工作风险降到最低，最大限度地预防和减少服刑人员的重新违法犯罪，可以将以人身危险性为核心内容的社区矫正风险评估

---

① 张学超：《社区矫正实务教程》，北京：中国人民公安大学出版社，2013，第130～132页。

分为入矫前、入矫初、矫正中和解矫前四个阶段，这也是社区矫正评估的四种类型。

（一）入矫前风险评估

入矫前风险评估是指在测评对象进入社区矫正前对其人身危险性进行评估和预测。它是社区矫正机构和人民法院、监狱按法定条件，对拟判处非监禁刑的犯罪人、拟假释或被暂予监外执行的犯罪人的各种信息进行综合分析并做出评估结论，目的是为人民法院或监狱适用非监禁刑或变更刑罚执行措施提供较为科学准确的依据，并为矫正对象进入社区矫正后的分类管理、个性化教育和心理矫正等打下基础。入矫前评估的结果也是入矫后评估和解矫前评估结果对比的标准，以判定社区矫正教育效果的大小。

（二）入矫初风险评估

入矫初风险评估是指在社区矫正对象刚进入社区矫正程序后对其人身危险性进行评估。不少社区矫正机构从基本因素、个性及心理因素、社会因素和综合因素 4 个方面，对入矫的社区矫正对象进行人身危险评估。评估采取查阅案卷、心理测试、结构性谈话、综合分析等方式，对上述 4 大评估因素及其子项目评估因素进行逐项打分，并依据矫正对象的得分情况划分出高、一般、低三个危险等级。根据社区矫正对象的人身危险等级，结合其日常表现和犯罪历史，综合分析确定初次管理等级，低危险性的，适用宽管级处遇；一般危险性的，适用普通管级处遇；高危险性的，适用严管级处遇。[①]

（三）矫正中风险评估

矫正中风险评估又称入矫后中期风险评估，是指社区矫正对象进入社区矫正后对其人身危险程度和再犯可能性的测评。该评估又属于阶段矫正效果评估，主要是针对社区矫正对象采取的监管、教育和帮扶等阶段性矫正措施产生的实际效果定期进行评估，然后依据评估结果及时调整社区矫正对象的管理级别和处遇。社区矫正机构（司法所）重点从社区矫正对象

① 褚春红、陈强：《构建“四段式”社区矫正风险评估体系》，《人民调解》2013 年第 6 期。

的个体风险、矫正期间表现、矫正期间奖惩情况、矫正成效、外界综合评价等方面入手，评出“差”、“一般”和“好”三种类别。阶段矫正效果“好”的，调整到管理较宽松的等级；阶段矫正效果“一般”的，维持原来的管理等级；阶段矫正效果“差”的，调整到管理较严格的等级。[①] 因此，该评估是激发社区矫正对象主动接受社区矫正积极性的重要手段。

（四）解矫前风险评估

解矫前风险评估是指在社区矫正期限即将结束阶段，对社区矫正对象的人身危险性进行的评估，其是对社区矫正对象解除社区矫正后是否采取其他手段进一步帮教或监管的根据，也是评价整个矫正教育方案是否有效的依据。解矫前评估的结果要与入矫初评估结果和中期评估结果相对比，以确定社区矫正教育效果的大小。[②] 由于解矫前风险评估是对社区矫正对象矫正效果的末期评估，评估的结果可以反映社区矫正的总体质量，故有学者将该评估称为总体矫正质量评估。总体矫正质量评估分为“合格”和“不合格”两种类别，“合格”者将作为一般安置帮教对象；“不合格”者将作为重点安置帮教对象，并对重点安置帮教对象做好定期跟踪回访工作，防止其重新违法犯罪。[③]

第二节　国内外社区矫正风险评估的经验

社区矫正事业首先在西方发达国家建立起来，社区矫正风险评估也在西方发达国家最先开展，并积累了丰富的经验。我国政府和学者在借鉴西方发达国家社区矫正风险评估经验的同时，也结合中国的国情开始构筑自己的社区矫正风险评估理论和实务。

一　国外社区矫正风险评估的经验

西方发达国家社区矫正评估分析有两个突出特点。一是运用领域宽

① 褚春红、陈强：《构建“四段式”社区矫正风险评估体系》，《人民调解》2013 年第 6 期。
② 张建明主编《社区矫正实务》，北京：中国政法大学出版社，2010，第 102 页。
③ 褚春红、陈强：《构建“四段式”社区矫正风险评估体系》，《人民调解》2013 年第 6 期。

广。既包括对社区矫正立法、司法的评估，也包括对社区矫正项目的评估；既包括对社区矫正执行环节的评估，也包括对社区矫正运行效果的评估。二是个案运作精细。从法庭裁量社区矫正前对罪犯人格调查评估，到使用社区矫正的风险性评估，从社区矫正执行风险管理评估，到矫正过程时时评估，整体个案评估分析细致入微、周密严谨。特别是美国、英国、日本等发达国家，在社区矫正风险评估方面已相当完善。国外社区矫正风险评估的成功经验对我国来说是很好的借鉴。

美国初期的社区矫正实践，一直是以降低罪犯再犯风险为目的，但系统的危险评估技术并未运用。随着美国社区矫正的迅速发展，能用于社区矫正的社会资源已相对不足。于是，美国社区矫正工作者首先对社区矫正对象进行人身风险性评价，然后把矫正对象按照风险性程度划分不同等级，再对不同风险性等级的矫正对象合理配置相应的矫正资源，从而开创了美国社区矫正危险分类监督管理的局面。美国主要采用的是“统计式风险性评估”策略，这个策略包含三项主要内容。一是设定标准参数，即海量挑选罪犯，考察他们的个人特征和矫正情况，归纳出可能与风险性相关的“预测参数”，最后运用统计技术扬弃“预测参数”，精减为“标准参数”。二是抽样评分编组，即以“标准参数”为基准，给抽样调查的罪犯评分，根据评分结果把罪犯分类编组。三是校验分类方案，即对分类方案进行阶段性观察，如果经过实践检验肯定了这种分类方案，则开始在矫正风险评估中定期使用。《美国威斯康星危险评价工具》（The Wisconsin Risk-Assessment Instrument）是在西方国家比较有影响的风险性评估系统。这个评估系统是由贝尔德（Baird）、海因茨（Heinz）、贝莫斯（Bemus）在1979年编制的，系统量表包括11个方面的问题，每个问题有3种答案，不同答案有不同的分值，根据测试总分来划分罪犯的风险性等级。[①]

英国把社区矫正对象的人身风险性视为关键性问题，通过立法对罪犯的人身风险性预测做了明确规定。英国的《刑事法院权利法（2000）》第

① 林宇虹：《国外社区矫正人身危险性评估的简析及其借鉴》，《法制与经济》2007年第4期。

36 条明确规定："社区刑判决的程序要求：判决前报告。"[①]"判决前报告"实质上就是对罪犯人身风险性的分析预测。英国的社区矫正风险评估从时间上分为两部分内容：一是判决前报告，它是决定对罪犯是否适用社区矫正的调查报告，具体包含犯罪人情况、被害人情况、犯罪情况和量刑建议；二是判决后报告，它是在执行社区矫正时对犯罪人进行的系统评价，主要是对影响风险性的因素进行测评。英国研究人员把影响罪犯的风险性因素分为两大类：一是首要因素，它与犯罪的关系密切，主要包括反社会的观点、对被害人缺乏同情、缺乏自我控制、药物滥用等；二是次要因素，它与犯罪有一定关系，主要包括经济问题、情绪问题、住房问题、环境问题等。由此，英国根据影响人身风险性的因素制定了评价人身风险性的量表，称为"犯罪人需要评价量表"。该量表分为 10 项内容，由主持评价人员根据掌握的犯罪人的情况，在表格相应项目上打分，以总分判断犯罪人的人身风险性，然后依据其人身风险性决定采取何种等级的监督。[②]

日本在学习、模仿、消化、融合欧美诸国社区矫正制度的基础上，大胆对本土行刑制度进行探索改革，并最终形成了一套富有鲜明特色的社区矫正制度。日本的社区矫正包括缓刑、假释、保护观察、紧急更生保护、恩赦和预防犯罪活动。日本的缓刑监督和假释被称作"保护监督"，是为预防犯人再犯进行的监督。日本在 20 世纪 70 年代就开展了对缓刑者和假释者进行再犯可能性的评估，根据再犯可能性将缓刑和假释者分为两类，其中有较高再犯危险的犯人由专门监督官指导监督。日本的人身风险性评估研究有较长的历史，二战后就成立了由医学、心理学、精神病学、法学等方面的专家组成的分类调查中心，并制定了《受刑人分类调查纲要》，对犯人的犯罪特征、身体、心理、精神、家庭及原来的职业、文化水平、生活环境、悔改态度等方面的情况进行调查，按调查所得的资料确定分

---

① 刘强主编《各国（地区）社区矫正法规选编及评价》，北京：中国人民公安大学出版社，2004，第 134 页。

② 林宇虹：《国外社区矫正人身危险性评估的简析及其借鉴》，《法制与经济》2007 年第 4 期。

类，对不同类型的犯人区别处遇。[①]

二　我国各地社区矫正风险评估的经验

上海市是我国社区矫正最早试点的地区之一，在上海市 2005 年颁布的《社区服刑人员个性化教育暂行办法》中，对个性化教育工作对象的确定与个性化教育方案的制定，就与社区矫正风险评估有关。在上海市 2008 年修订的《上海市社区矫正工作指导手册》的第 5 部分中，规定了社区矫正风险评估的目的、适用范围、评估的工具、操作程序及运用。社区矫正风险评估的目的分为四个方面：一是较全面了解社区服刑人员的情况；二是着重对社区服刑人员影响社区安全的程度做出评价；三是作为确定社区服刑人员矫正级别的依据之一；四是为制定有针对性的矫正方案提供科学依据。该“风险评估”适用于社区服刑人员矫正开始后 3 个月内进行的首次评估，使用的评估工具是社区矫正风险评估初次测评表，由街道（乡镇）司法所矫正专职干部和社工对社区服刑人员进行测评。一些主观判断的项目可以征求社区民警、志愿者的测评意见，从而确定测评分值。根据测评结果确定社区服刑人员的风险等级，分为高风险度、一般风险度、低风险度 3 个等级。高风险度的适用一级矫正措施（剥夺政治权利人员除外），一般风险度的适用二级矫正措施（被测评为高风险度的剥夺政治权利人员适用部分二级矫正措施），低风险度的适用三级矫正措施（被测评为一般风险度以下的剥夺政治权利人员适用部分三级矫正措施）。[②] 上海市制定的社区矫正风险评估初次测评表包括 22 个测评项目，分为基本因素、个性及心理因素、社会因素与综合因素 4 个部分。该表的测评结果有三档，稳定、重点关注、高危控制，依次对应社区矫正风险评估初次测评表的绿色、黄色、红色进行选择打分。若测评结果是稳定，则对应绿色，得分 15 分；若测评结果是重点关注，则对应黄色，得分 10 分；若测评结果是高危控制，则对应红色，得分 5 分（见表 5－1）。[③]

① 戴艳玲：《对我国监狱设置体系改革的构想》，《中国司法》2005 年第 12 期。

② 《上海市社区矫正工作指导手册》（第五部分“评估与奖惩的运用”），http://www.taodocs.com/p-29219957.html，最后访问日期：2019 年 4 月 8 日。

③ 林荫茂等：《上海法治调研报告》，上海：上海社会科学院出版社，2008，第 404 页。

表 5－1　社区矫正风险评估初次测评表

单位：分

姓名		性别		年龄	
身体状况		文化程度		案由	
原判刑期		矫正类别		矫正起止日期	
测评结果					

	序号	项目	分值	子项目	得分
基本因素	1	犯罪时的年龄	1	初次违法犯罪 18 周岁以上（含 18 周岁）	
			2	初次违法犯罪不满 18 周岁	
	2	受教育程度	0	大专及以上	
			2	高中、初中及同等程度	
			3	小学、半文盲、文盲	
	3	就业态度和状况	0	能自食其力	
			3	不能自食其力或不愿自食其力	
	4	婚姻家庭状况	0	已婚或 25 周岁以下未婚（家庭稳定）	
			2	丧偶、离异、大龄未婚（25 周岁以上）或 25 周岁以下未婚（生活在单亲家庭）	
	5	生活来源	0	依靠自己的工作收入	
			1	低保或依靠家庭	
			3	无	
	6	固定住所	0	有	
			3	无	
个性及心理因素	7	自控能力	0	能够自我控制	
			3	自控能力较差或有事不能自控	
	8	心理健康状况	1	基本健康	
			2	存在心理问题	
			3	患有心理疾病	
	9	有精神病史或精神病遗传史	0	无	
			1	有	
	10	认罪服法态度	0	认罪服法	
			1	不认罪	

续表

	序号	项目	分值	子项目	得分
个性及心理因素	11	对现实社会的心态	0	能够正确看待社会现实	
			2	对社会不满甚至仇视	
	12	法律知识或法制观念	1	法律知识欠缺、法制观念淡薄	
			2	无法律知识和法制观念（法盲）	
社会因素	13	交友情况	0	无不良交友情况	
			3	有不良交友情况	
	14	个人成长经历	0	平稳	
			2	有挫折	
	15	家庭成员犯罪记录	0	无	
			1	有	
	16	家属配合矫正工作	0	理解支持	
			2	不配合或有抵触情绪以及无家庭支持系统	
综合因素	17	违法犯罪案由	1	其他	
			3	盗窃、抢劫、涉毒、寻衅滋事	
	18	过去受刑事处罚记录	0	无	
			2	有	
	19	过去受行政处罚记录	0	无	
			1	有（1～2次处罚记录）	
			3	有（3次及3次以上）	
	20	主观恶性程度	1	过失犯罪	
			2	故意犯罪	
	21	社区矫正类别	1	管制、监外执行	
			2	缓刑、剥权、假释	
	22	犯罪中是否使用暴力或是否惯骗（2次以上含2次）	0	否	
			2	是	
测评分值					
风险等级					
备注					

续表

说明	1. 测评分值为测评对象所有单项实际测评分值的总和； 2. 总分值为所有单项最高分值的总和，22 个小项的总分值为 50 分； 3. 计算测评分值/总分值的百分比划定风险等级：稳定≤45%；重点关注 45% ~55%；高危控制≥55%； 4. 如果测评对象具有本表未涉及但易引发重新犯罪的因素，可以在备注栏注明

测评人：＿＿＿＿＿＿＿＿　　测评日期：＿＿＿＿＿＿＿＿

北京市 2012 年 7 月 1 日起施行的《北京市社区矫正实施细则》第 21 条规定，“司法所应当在对社区矫正人员进行接收宣告之日起一个月内为其制定矫正方案，在对其被判处的刑罚种类、犯罪情况、悔罪表现、个性特征和生活环境等情况运用《北京市社区矫正人员综合状态评估指标体系》进行综合评估的基础上，制定有针对性的监管、教育和帮助措施。根据矫正方案的实施效果和社区矫正人员的现实表现、具体情况，每六个月予以调整”。[①] 北京市依据社区服刑人员的人身危险性的大小及回归社会的倾向，将社区服刑人员分为 A、B、C 三类。其中 A 类为人身危险性小、再社会化程度高的人员；B 类为人身危险性和再社会化程度一般的人员；C 类为人身危险性大、再社会化程度低的人员。根据社区服刑人员人身危险性的大小进行分类分管，即对 A 类人员实施低强度管理，对 B 类人员实施中强度管理，对 C 类人员实施高强度管理。

浙江省实施的《浙江省社区矫正实施细则（试行）》第 30 条第 1 款规定：“县级司法行政机关应当建立社区矫正人员再犯罪危险评估机制，结合矫正初期、中期和期满前等动态情况，适时对社区矫正人员再犯罪风险因素进行危险等级测试和评估，根据评估结果调整、完善矫正方案，制定落实风险防范和监管教育措施。社区矫正人员再犯罪风险评估报告等相关材料纳入其个人档案（正卷）。”[②] 浙江省提出了建立社区矫正人员再犯罪危险评估机制，省内各地方也积极探索风险评估的实践，如绍兴市实施了《社区服刑人员风险评估实施意见（试行）》，杭州市余杭区也开发了自己

① 连春亮主编《社区矫正工作规范》，北京：群众出版社，2013，第 107 页。

② 《关于印发〈浙江省社区矫正实施细则（试行）〉的通知》，http://www.zjsft.gov.cn/art/2012/9/13/art_9_6146.html，最后访问日期：2012 年 9 月 14 日。

的风险评估软件系统。

江苏省2013年实施的《江苏省社区服刑人员监督管理办法》第16条规定："三个月期满后，司法所应当在十个工作日内运用社区矫正风险评估系统对社区服刑人员进行评估，提出确定其管理等级的建议，报县级司法行政机关批准实施。"① 江苏省人大常委会2014年颁布的《江苏省社区矫正工作条例》第16条也规定："社区矫正机构应当指导司法所对社区服刑人员进行风险评估，实施分级管理。"② 各地还根据国家和省有关社区矫正政策的要求制定了具体的社区矫正风险评估体系。南京市鼓楼区的社区矫正专职工作者在审前和矫正过程中，依托风险评估体系，针对矫正对象不同的犯罪类型、家庭背景、个人心理健康状况等进行全面、动态的风险评估，根据危险性程度分为宽松、普通、严格三个管理等级，实施不同严格程度的动态管理，提高了管理的安全系数和工作效率。③

湖北省为了加强对社区矫正对象的管理，提高教育矫正质量，根据司法部《司法行政机关社区矫正工作暂行办法》，于2010年制定了《湖北省社区矫正对象风险评估办法（试行）》（鄂社区矫正办〔2010〕15号），内容涉及风险评估的指导思想、风险评估的任务与目的、风险评估的工作主体和风险评估对象、风险评估指标、风险等级、风险评估工作流程。该办法末尾还附有危险程度可能性评估量表、社区矫正对象自陈量表、症状自评量表和矫正对象风险评估综合评分表。④

广东省注重发挥司法社会工作服务机构在社区矫正风险评估中的作用。广州市尚善社会服务中心是由广州市司法局2009年主导创立的全市首个非营利司法社工组织，它的一项服务内容就是"对在押服刑人员进行释前风险评估"，而且也有一套社区矫正风险评估体系。下文是尚善社会服务中心制定的社区矫正风险评估报告表。

---

① 《江苏省社区服刑人员监督管理办法》，http：//www.dhsfj.gov.cn/jzab/zcfg/2015-11-03/116.html，最后访问日期：2015年11月8日。

② 《江苏省社区矫正工作条例》，http：//www.jssf.gov.cn/pub/jssf/xxgk/flfg/201505/t20150508_72907.html，最后访问日期：2015年5月10日。

③ 葛立刚：《南京市社区矫正"鼓楼做法"介评》，《北京人民警察学院学报》2011年第6期。

④ 连春亮主编《社区矫正工作规范》，北京：群众出版社，2013，第251～263页。

社区服刑人员评估报告

单位：分

社区服刑人员姓名：________；　性别：________；　年龄：________；

罪名：__________罪；　服刑类别：________；　社矫期限：__________

一、总分评定__________

轻　度		中　度		深　度
0	7	8	15	16
				24 +

二、社区服刑人员各项调查内容分数评定

	极低		低			中		高		极高
犯罪历史	0	1	2	3	4	5	6	7	8	9
目前服刑	0		1		2		3		4	5
教育/工作	0	1	2	3	4	5	6	7	8	9
经济	0					1				2
家庭和婚姻	0		1			2		3		4
居住	0			1			2			3
休闲/娱乐	0					1				2
同辈群体	0		1		2		3		4	5
毒品、酒精和药物	0	1	2	3	4	5	6	7	8	9
情绪/精神	0		1		2		3		4	5
罪行态度	0		1			2		3		4
社会排斥	0		1		2		3		4	5

其他需要列明的信息：

对社区服刑人员的总体评估及建议：

评估结果：

根据量表的评估结果显示，社区服刑人员的得分为__分，危险性为__度，重犯罪的可能性__。对该社区服刑人员应采取__度介入。

建议：

广州市尚善社会服务中心（加盖公章）

社工签名：______________

报告完成日期：____________

第三节 社区矫正风险评估的基本要素

社区矫正风险评估包括风险评估的指导思想与指导原则、主体与对象、内容、过程与流程、报告与结果、反馈总结与责任追究等基本要素。

一 社区矫正风险评估的指导思想与指导原则

（一）风险评估的指导思想

指导思想是指导风险评估工作的具有根本性、全局性和长远性的思想和方法，它主要表现为评估的政治方向和评估的根本方法。有的省区市在制定社区矫正风险评估政策时，专门列出评估的指导思想。如《湖北省社区矫正对象风险评估办法（试行）》将“指导思想”概括为“社区矫正对象风险评估以唯物辩证法为指导，以提高刑罚执行效果为根本出发点，客观、科学地进行评估”①。

（二）风险评估的指导原则

指导原则是指将指导思想化为更为具体的价值观念和工作方法。它要求评估着眼于我国构建社会主义和谐社会，着眼于我国司法体制和工作机制改革的大局，积极探索、建立和完善有中国特色的社会主义刑罚执行制度，大力推进社区矫正试点工作健康发展；贯彻“以人为本”和“人道主义”的刑罚理念，以事实为依据，以法律为准绳，对符合法定条件的犯罪人做出实事求是的、较为科学准确的评估和判断。一些地区制定的“社区矫正风险评估办法”，将“指导原则”放在“总则”中来阐述，有“客观公正、实事求是、实行工作责任制”②，“实事求是、突出重点、大胆评估、慎重结论”③ 等说法。

---

① 连春亮主编《社区矫正工作规范》，北京：群众出版社，2013，第251～263页。

② 《师宗县社区矫正风险评估办法》，http://www.ynf.gov.cn/ynczt_model/article.aspx? id = 1752120，最后访问日期：2018年2月10日。

③ 《旺苍县司法局关于印发〈旺苍县刑释解教人员安置帮教和社区矫正风险评估办法〉的通知》，http://www.wcsf.gov.cn/article/news_view.asp? newsid = 256，最后访问日期：2018年2月10日。

二　社区矫正风险评估的主体与对象

（一）风险评估的主体

社区矫正风险评估的主体包括组织主体和个体主体。

1. 组织主体

风险评估的组织主体是以组织单位为评估主体，包括社区矫正机关、人民法院和社区矫正工作领导小组办公室。风险评估需要社区矫正机关与人民法院协同进行。社区矫正机关是风险评估前期的工作主体，负责整个罪犯考察与信息收集、草拟风险评估报告的工作。人民法院是风险评估后期的工作主体，主要负责对风险评估报告的阅审、采信及对犯罪人的判决工作。相应的，前期的责任主体是社区矫正机关，后期的责任主体是人民法院。有的地方重点列出社区矫正工作领导小组办公室和司法所在风险评估中的职责和地位。如四川省旺苍县规定：县社区矫正工作领导小组办公室是本级刑释解教人员和社区矫正人员稳定风险评估工作的组织领导机构，负责制定本地刑释解教人员、社区矫正对象稳定风险评估工作的意见、办法和实施方案，做好对本辖区刑释解教人员、社区矫正对象稳定风险评估的指导协调、任务部署、情况汇总、分析报告、预案应对工作；乡镇（街道）司法所是稳定风险评估的实施单位，负责对刑释解教人员、社区矫正对象摸底排查、风险性评估、对象界定、确定风险等级、制定和落实管控措施和帮教计划等工作。①

2. 个体主体

风险评估的个体主体是以个体为评估主体，包括司法所社区矫正工作人员、社区矫正专职社会工作者、第三方评估专家、社会志愿者等。有的地方注重风险评估的个体主体的职责。如《湖北省社区矫正对象风险评估办法（试行）》规定："风险评估工作在县（市、区）社区矫正机构的指导下，主要由司法所社区矫正工作人员完成，社区矫正专职社会工作者，社会志

---

① 《旺苍县司法局关于印发〈旺苍县刑释解教人员安置帮教和社区矫正风险评估办法〉的通知》，http://www.wcsf.gov.cn/Article/news_view.asp? newsid = 256，最后访问日期：2018年2月10日。

愿者予以协助。”[①] 当然，风险评估还可以邀请第三方评估专家来开展。

（二）风险评估的对象

风险评估的对象是所有纳入社区矫正的社区矫正对象。应该指出的是，所有的社区矫正对象都是风险评估的潜在对象，但并非所有的社区矫正对象都一定要成为风险评估的对象，有的社区矫正对象明显没有多少人身危害性，因而可以不纳入风险评估的范围。正因为如此，一些地方在制定当地的“社区矫正风险评估办法”中特意对风险评估对象做了明确的规定。如湖北省规定：“风险评估对象为拟判处非监禁刑、拟保外就医的罪犯以及纳入社区矫正的社区服刑人员。”[②] 四川省旺苍县规定了风险评估的10类重点人员：未重新落户和去向不明、脱离管理视线的；曾参与杀人、伤害、强奸、绑架、放火、爆炸、劫持、抢劫犯罪的；曾参与集团犯罪，特别是涉及黑恶势力或有组织犯罪的；曾经两次或两次以上被处刑罚或劳教的；曾参与抢夺、诈骗、盗窃或涉毒、涉黄等其他违法犯罪活动的；无正当职业，但经济情况明显反常的；有重新违法犯罪活动迹象的；与社会黑恶势力和社会闲散人员有密切交往和联系的；租赁房屋、单身独居或居无定所的；其他可能引发社会稳定风险的刑释解教人员。但它又规定了风险评估主要针对的4类人员：矫正对象在矫正期限内，不接受、服从社区矫正的管理，违反社区矫正的相关规定，可能导致收监执行的；矫正对象在矫正期限内，可能重新实施新的犯罪，危害社会的；矫正对象在矫正期满后，没有收到矫正教育的效果，可能有重新犯罪倾向的；其他可能引发社会稳定风险的矫正对象。[③]

三　社区矫正风险评估的内容

社区矫正风险评估的内容是指与社区矫正对象的人身风险性有关的评估因素，它主要是以“指标”的形式来表达的，故也可以称之为社区矫正

① 连春亮主编《社区矫正工作规范》，北京：群众出版社，2013，第252页。

② 连春亮主编《社区矫正工作规范》，北京：群众出版社，2013，第252页。

③《旺苍县司法局关于印发〈旺苍县刑释解教人员安置帮教和社区矫正风险评估办法〉的通知》，http://www.wcsf.gov.cn/article/news_view.asp?newsid=256，最后访问日期：2018年2月10日。

风险评估的指标。评估因素的选取是评估工作非常关键的步骤，对评估因素的确定，即究竟应该选取哪些因素进行评定，直接影响到社区矫正风险评估的质量。评估内容主要包括评测对象的静态指标与动态指标、不变因素与可变因素。

（一）静态指标和动态指标

静态指标是指历史形成的难以被影响而减少风险程度的指标。它一般包括：犯罪与服刑表现记录，教育和工作背景，经济状况，家庭和婚姻状况，居住指标等。动态指标是指主观表现的容易被影响而减少风险程度的指标。它一般包括：休闲和娱乐活动情况，交友情况，酗酒和使用毒品情况，心理、情绪和人格特征，生活态度及政治倾向等。[①]

（二）不变因素和可变因素

不变因素是指不因社区矫正对象改造情况的变化而变化的因素。它一般包括：犯罪记录，犯罪类型，社区矫正对象基本情况中的个人经历，个人的某些生物学因素（如性别、神经类型等），某些心理因素（如气质、性格类型等）等。可变因素是指能及时反映社区矫正对象改造情况变化的因素。它一般包括：社区矫正对象基本情况中的法律意识，社会认知，谋生情况，家庭经济状况，思想状况，矫正效果，生活环境，社会政策，形势的变化，家庭和社会关系等。[②]

相较而言，静态指标与不变因素相近，动态指标与可变因素相近。由于静态和动态、不变与可变都是相对而言的，因此在静态指标与可变因素、动态指标与不变因素之间存在重复的内容也就不足为怪了。

四　社区矫正风险评估的过程与流程

（一）风险评估的过程

国际标准化组织（ISO）的风险评估标准指出："风险评估是风险识别、风险分析和风险评价的全过程。"[③] 这一风险评估过程在社区矫正风险

① 连春亮主编《社区矫正工作规范》，北京：群众出版社，2013，第252页。
② 张建明：《社区矫正实务》，北京：中国政法大学出版社，2010，第103页。
③ 李素鹏：《ISO风险管理标准全解》，北京：人民邮电出版社，2012，第127页。

评估领域基本上也是适用的。

1. 风险识别

风险识别是指发现、承认和描述风险的过程，它包括对风险源、风险事件、风险原因及其潜在后果的识别。对社区矫正对象再犯罪风险进行识别的过程，就是对影响其再犯罪的主客观因素及当前状况量化核算的过程，即对尚未发生的、潜在的再犯罪行为和客观存在的各种风险，按一定规则进行系统地、连续地识别和归类，并分析发生再犯罪风险事故的原因。

2. 风险分析

风险分析是指理解风险本性和确定等级的过程，它为风险评价和风险应对决策提供基础。社区矫正中的风险分析，要求管理和服务主体对于引起风险发生的因素进行充分分析并得出结论，并以此为依据来拟定风险处理方案，为风险管理决策服务。风险分析需要对再犯罪引起的损失进行衡量。再犯罪风险带来的损失可分为三类。一是直接损失，指由再犯罪行为的直接侵害导致的损失。如故意伤害罪引起的人身伤害和人员伤亡；盗窃罪引起的财产损失；妨害司法罪对社会管理秩序的破坏等。二是间接损失，指因再犯罪行为导致的既得利益的损失、为避免再犯罪进行的投入、修复被侵害法益的投入等。如职务犯罪对于公信与权威造成的损害，为社区矫正对象投入的人力、物力，对被害人身体和心理的修复，启动司法程序要投入的成本等。有时因再犯罪引起的间接损失可能会大于直接损失。三是责任损失，指由再犯罪引起的法律责任中确认的损失。如在判决书中确认的身体、精神上的损害，对公共设施、单位造成的损害，以及判决支付的赔偿金等。为了更准确地推测再犯罪风险给他人和社会带来的损失，需要以严格的数学理论作为分析工具，可采用成本－效益分析法、权衡分析法、风险效益分析法、统计型评价法和综合分析法等科学手段，在普遍估计的基础上，进行统计和计算，以得出比较科学合理的分析结果。①

3. 风险评价

风险评价是指把风险分析结果与风险准则相比，以决定风险及其大小

---

① 焦滟：《对假释制度中再犯罪风险评估的研究与思考》，硕士学位论文，西南财经大学，2014，第56～57页。

是否可接受或可容忍的过程，它有助于进行风险应对决策。社区矫正风险评价，就是要采用系统科学的方法确认矫正对象的危险性，评估危险发生的可能性以及可能导致的破坏或伤害程度，以便根据其风险的大小采取相应的应对措施。社区矫正风险评价主要有定性评价和定量评价两种方法。定性评价需要对风险准则的设定进行详细记录与说明，可通过“高、中、低”的表述方法来预测风险事件发生的可能性、后果及风险等级。而定量评价则可结合具体情形，估计出风险的后果与其可能性的实际数值，产生风险等级的数值，测定风险的可能性与后果。

（二）风险评估的工作流程

《湖北省社区矫正对象风险评估办法（试行)》将社区矫正风险评估的工作流程分为5个步骤，可供我们参考。

1. 调查情况

工作人员应通过调查全面了解测评对象的个人、家庭、生活、就业、社会关系、违法犯罪史、认罪悔罪态度及服刑表现、生活态度和政治倾向等情况，并做好记录。社区矫正风险评估的调查方式是多种多样的，包括问卷调查法、访谈法、量表法、文献法和观察法等。到底采取什么样的调查方式，需要结合实践发展情况、各地具体情况和犯罪人情况而定。

2. 测量打分

根据调查情况客观地填写他评量表，并安排社区矫正对象填写社区矫正对象自陈量表和症状自评量表。之后，对测量结果进行评分并填写矫正对象风险评估记录表。社区矫正对象测试前，工作人员要教育和引导他们积极配合，使其真实地表达自己内心的想法和反映实际情况，以减少测试的偏误。

3. 确定类别

工作人员按照“危险程度测评量表测评分数×50%+自陈量表测评分数×40%+症状自评量表测评分数×10%”的公式求得该对象测评结果的最后得分，根据最后得分来区分社区矫正对象的风险等级，然后根据高、中、低三个风险等级所规定的分数区间将其归入相应的类别，由乡镇（街道）社区矫正办公室日常工作人员集体研究审定类别，提出具有针对性的矫正意见。每个等级都划定相应的分数区间，综合测评最后得分 65 分以下为低风险等级，65～77 分为中风险等级，77 分以上为高风险等级。

4. 调整类别

由于矫正对象的情况在不断变化之中，若矫正对象的情况变化比较明显时，须重新测评一次，根据测评结果经集体研究调整类别，并将每次测评结果填入矫正对象的风险评估记录表内。

5. 评估与分类管理的衔接

对高、中、低三类矫正对象实施不同强度的监管。其中，对高风险类对象纳入分类管理的严管，对中风险类对象纳入分类管理的普管，对低风险类对象纳入分类管理的宽管。根据不同类别，采取相应的管理措施。[①]

五　社区矫正风险评估的报告与结果

（一）评估报告

社区矫正风险评估报告是指评估机构和评估专家按照评估工作制度的有关规定，在完成评估工作后向本单位或委托方提交的说明评估过程及结果的书面报告。社区矫正风险评估报告应是制式的法律文书，其要件应包括：①题目，即犯罪人社区矫正风险评估报告。②正文，包括罪犯的基本情况，罪案情节；犯罪前该犯在家庭、社会、学校的表现情况；该犯在监狱、在预审期间的表现情况；该犯的个性特征、心理特征、身体特征等信息；该犯的家庭社会关系情况。③综合分析。④结论，该犯罪人社区矫正危险程度评估，是否判处非监禁刑，并实施何种矫正项目的建议与意见。⑤落款，提出报告的社区矫正机关、报告执笔人、日期。

（二）评估结果

社区矫正风险评估结果是基于评估各方面因素、综合拟适用社区矫正对象的表现的整体考量，基于风险评估报告的意见和建议而得出的。评估结果的形式主要为：对被评估对象做出“适用社区矫正”还是“不适用社区矫正”的裁决；社区矫正适用过程中对社区矫正对象做出“继续适用社

---

① 《湖北省社区矫正对象风险评估办法（试行）》，https://wenku.baidu.com/view/448e6ae3a0116c175f0e48c6.html? from = search，最后访问日期：2019 年 4 月 10 日。

区矫正”还是“停止适用社区矫正”的选择。[①]

六　社区矫正风险评估的反馈总结与责任追究

（一）风险评估的反馈总结

社区矫正风险评估工作完成以后，还要通过监督与检查考核，把社区矫正对象的实际表现情况与风险评估报告的评估和预测进行对照。若两者相符或基本相符，则证明该风险评估是成功的或比较成功的；若两者不相符或出入很大，则证明该风险评估是较差的或失败的。为了总结风险评估的经验教训，需要建立对风险评估工作主体和责任主体的奖惩制度，以激励发扬成绩，改进工作，不断提高社区矫正风险评估的水平，不断健全和完善风险评估机制。[②]

（二）不当评估的责任追究

对于社区矫正风险的不当评估，可能会给社区矫正工作带来严重的危机，因此，需要追究不当评估者的责任。为此，四川省旺苍县将“责任追究”作为其《社区矫正风险评估办法》第5章的内容。其指出：对应当进行稳定风险评估的事项而未实施评估、评估过程中弄虚作假、未按照规定的内容和程序进行评估、评估组织实施不力等行为，按照四川省和广元市的政策规定以及县委、县政府关于维稳综治工作目标考核的要求，应严肃追究相关单位领导和责任人的责任。[③]

---

① 孟伟涛、唐方恒：《论社区矫正风险评估的内涵及目的》，《法制与社会》2013年第25期。

② 许振奇：《社区矫正风险评估机制构想》，《中国司法》2007年第3期。

③ 《旺苍县司法局关于印发〈旺苍县刑释解教人员安置帮教和社区矫正风险评估办法〉的通知》，http://www.wcsf.gov.cn/Article/news_view.asp?newsid=256，最后访问日期：2018年2月10日。

第六章
社区矫正对象再犯风险评估

再犯风险评估是再犯风险控制的前提，评估的范围、准确程度直接影响再犯风险控制的成效。欧美国家很早就构建了各类再犯风险评估的理论，并发明了几种常用工具，我国大陆和台湾地区也在社区矫正对象再犯风险评估的理论与实践方面进行了大胆借鉴与自我设想，同时还提出了社区矫正对象再犯风险评估的步骤。

第一节 何谓社区矫正对象再犯风险评估

社区矫正对象再犯风险评估是对社区矫正对象人身危险性的影响因素进行评测。世界上有不少犯罪学家对再犯风险预测做过有益的探索，提出了各自的再犯风险因子预测理论。我国有学者在综合这些预测理论的基础上，又对预测因子做了新的排序。

一 社区矫正对象再犯

（一）再犯的广义与狭义

再犯的概念既可指行为人，也可指人的行为。作为行为人的再犯，是指已犯过某种罪又犯新罪的犯罪人；作为人的行为的再犯，是指再次犯罪，即犯罪人具有两次或两次以上的犯罪行为。社区矫正对象的“再犯”，当然是指行为意义上的再次犯罪。

再犯的概念又有广义与狭义之分。不过学术界对此有不同的理解：一种理解认为，广义的再犯是指曾犯过某种罪行的人又犯新罪，狭义的再犯是指犯有某种罪行的人再犯同种或同类罪行；[①] 另一种理解认为，广义的再犯包括累犯，狭义的再犯指累犯以外的两次或两次以上犯罪的情况。[②] 社区矫正对象是指被判处管制、宣告缓刑、假释、暂予监外执行的罪犯，以及法律规定实行社区矫正的其他罪犯。在社区执行刑罚的社区矫正对象既然仍是罪犯的身份，说明他来社区矫正之前就犯过罪，那么他在社区矫正期间的犯罪都应属于再犯。社区矫正对象在社区矫正期间，无论犯什么罪，无论犯罪是否有意，无论所犯罪行是否同种同类，只要是犯罪，就是有害的，就是要极力避免的“风险”。

社区矫正对象的“再犯”是广义上的再犯。所谓社区矫正对象再犯，是指被依法判处管制、缓刑、假释、暂予监外执行的罪犯，以及法律规定实行社区矫正的其他罪犯在社区服刑期间再次触犯刑法而构成犯罪的行为。

（二）社区矫正对象再犯的特征

1. 社区服刑前和社区服刑期间都至少有一次犯罪

社区服刑前至少有一次犯罪，则社区服刑期间的犯罪才算再犯；社区服刑前虽有多次犯罪，但不能将其算作社区服刑期间的再犯。社区服刑期间的重新犯罪和累犯都是再犯的一部分。

2. 再犯的主体必须是在服刑的罪犯

社区矫正对象的“再犯”与其他犯罪人的“再犯”可能是有区别的。其他犯罪人的“再犯”，可以“不问犯罪前是否被判刑”[③]；而社区矫正对象的“再犯”，一定是经法院裁决的服刑人员，只不过有的是先前在监狱服刑，有的是直接到社区服刑（如未成年犯）。

3. 再犯的主体包括未成年犯

《刑法》第17条规定：“已满十六周岁的人犯罪，应当负刑事责任。已满十四周岁不满十六周岁的人，犯故意杀人、故意伤害致人重伤或者死亡、强奸、抢劫、贩卖毒品、放火、爆炸、投毒罪的，应当负刑事责任。已满十四周岁不满十八周岁的人犯罪，应当从轻或者减轻处罚。”《社区矫正实施办

---

① 赵汝琨执行主编《中华法学大辞典》（简明本），北京：中国检察出版社，2003，第913页。

② 周振想：《法学大辞典》，北京：团结出版社，1994，第436页。

③ 赵汝琨执行主编《中华法学大辞典》（简明本），北京：中国检察出版社，2003，第913页。

法》第23条规定："对未成年人实施社区矫正。"这就意味着已满14周岁的未成年犯可以成为社区矫正对象，其在社区矫正期间的犯罪属于再犯。不过，成年社区矫正对象的再犯，一般会终止其社区矫正；未成年社区矫正对象的再犯，仍坚持教育、感化、挽救方针，坚持教育为主、惩罚为辅的原则。

4. 前后两罪无形式限制

再犯的前罪和后罪，既可能均为故意犯罪或过失犯罪，也可能一罪是故意犯罪而另一罪是过失犯罪。

5. 前后两罪之间无时间限制

社区矫正对象在社区服刑期间或刑满释放后任何时候再犯罪的，均可构成再犯。[①]

（三）再犯与累犯的关系

累犯的概念，既可指犯罪人，即因犯罪而受过一定的刑罚处罚，刑罚执行完毕或者被赦免以后，在法定期限内又一次犯罪的犯罪人；又可指犯罪行为，即犯罪人在刑罚执行完毕或者被赦免以后又重新犯罪，是行为人在犯罪既已判决（前罪）之后又实施犯罪（后罪）。而这里的社区矫正对象的"累犯"，是就犯罪行为来说的。凡以前犯了罪并受到法院的有罪宣告后又犯罪，都是累犯。因此，实质意义的累犯与再犯的含义基本上是一致的，累犯也是一种再犯，而且是一种特殊的再犯。

但累犯与再犯还是有区别的：①再犯对于前罪没有罪过形式和刑度的要求，只要构成犯罪，无论是故意犯罪，还是过失犯罪，无论是被判处有期徒刑以上刑罚之罪，还是被判处拘役、管制或者单处附加刑，都可以构成再犯；而一般累犯要求前罪的罪过形式是故意，并且是被判处有期徒刑以上的刑罚。②再犯对于后罪没有罪过形式和刑度的要求；而一般累犯则要求后罪的罪过形式是故意，并且是应当判处有期徒刑以上的刑罚。③再犯没有前罪和后罪的时间限制，犯前罪了以后的再犯罪都应是再犯；而一般累犯则要求前罪与后罪的法定时间距离是5年，5年之后再犯的，不构成累犯。[②]

---

① 周振想：《法学大辞典》，北京：团结出版社，1994，第436页。

② 舒洪水、刘娜、李岚林：《累犯制度适用》，北京：中国人民公安大学出版社，2012，第42、44页。

（四）再犯与重新犯罪的关系

对于重新犯罪的概念，学界也是众说纷纭。有的学者从广义和狭义的角度来理解：广义的重新犯罪是指第一次实施犯罪行为后又犯新罪；狭义的重新犯罪则是指已受过刑罚处罚的犯罪行为人在刑罚执行完毕之后的一定期限内又犯新罪。[①] 有的学者从通常意义和社区矫正视角来理解：通常意义上的重新犯罪是指犯罪人在刑罚执行完毕、回归社会后，在一定时期内再次犯罪，其特征是普通公民在自由状态下犯罪；社区矫正对象的重新犯罪是指社区矫正人员在社区监管矫正期间再次犯罪，其特征是罪犯在监管状态下犯罪。[②] 相比之下，后一种理解更切合社区矫正对象重新犯罪的特点。

那么，再犯与重新犯罪这两个概念到底是什么关系呢？一般认为，再犯与重新犯罪是一个很接近的概念，只是再犯的外延比重新犯罪略窄一些。从相同之处来看：①两者在犯罪次数上具有多发性和反复性；②两者对前后犯罪的时间间隔均没有限制；③两者在犯罪的主观故意和罪种要求上也都相同。从差别之处来看：再犯要求行为人的初次犯罪必须是构成刑罚处罚并经审判机关判处刑罚的；对重新犯罪判处刑罚只是一种或然条件，并非必然条件。[③] 由于再犯与重新犯罪的含义非常接近，因而时常被人们互用。

二　社区矫正对象再犯风险

社区矫正对象的再犯风险，亦即社区矫正对象的再犯可能性，主要指社区矫正对象在社区矫正期间处在非监禁人身自由的情形下发生犯罪而继续危害社会的概率。

（一）再犯风险的类型

再犯风险存在着多因素性和不确定因素性。从实践中看，社区矫正对象主要有以下几类风险。

（1）在社区矫正期限内实施新的犯罪而危害社区的风险。

---

① 魏平雄主编《中国预防犯罪通鉴》（下卷），北京：人民法院出版社，1998，第2027～2028页。

② 许疏影：《社区矫正人员重新犯罪调查报告——以浙江省为例》，《青少年犯罪问题》2015年第1期。

③ 李学斌主编《重新犯罪控制研究》，石家庄：河北人民出版社，1999，第13页。

（2）在社区矫正期限内不接受、不服从社区矫正的管理，违反社区矫正的相关规定，导致收监执行的风险。

（3）在社区矫正期满而转入安置帮教期间再犯罪的风险。[①]

（二）影响再犯风险的因素

影响再犯风险的因素有环境因素和个体因素。环境因素是独立于个体意志之外的自然和社会状况，如自然灾害、就业率、社会保障水平、帮教政策、社会婚姻观念等。来自环境的影响犯罪率高低的各因素的聚合状态称为“社会危险性”。个体因素是依附于人身的个体状况，如生理、心理、社会属性、犯罪行为、服刑表现等。来自个体的影响犯罪可能性高低的各因素的聚合状态称为“人身危险性”。

同一环境中，有的人犯罪而有的人不犯罪，说明这些人的人身危险性程度不同。同一个人在此环境中犯罪而在彼环境中不犯罪，说明这两种环境的社会危险性程度不同。可见，一个人再犯风险的高低取决于他所在的社会的危险程度和他本人的危险程度的大小。简言之，再犯风险的概率等于再犯社会危险性程度与再犯人身危险性程度之和。不过，再犯风险仅仅指再次犯罪的可能性，而人身危险性则包括初犯风险、在囚（自杀、脱逃、狱内暴力）风险和再犯风险。同时，再犯风险是一种未然的机会，人身危险性则是一种实然的状态。再犯可能性与人身危险性的关系如表 6－1 所示。[②]

表 6－1 再犯可能性与人身危险性的关系

		再犯可能性	人身危险性
区别	基本内容	再次犯罪的概率	初次犯罪的概率、狱内越轨的概率、再次犯罪的概率
	存在时间	未来	现在
	存在状态	外在	内在
	判别依据	犯罪人	犯罪人
	影响因素	个体与环境	个体
	发生概率	0～1	0～1

① 范晓：《论刑事犯罪人社会接纳制度的构建》，载杨玉主编《海悦千流》，济南：山东大学出版社，2011，第 29 页。

② 孔一：《犯罪预防实证研究》，北京：群众出版社，2006，第 60～61 页。

续表

	再犯可能性	人身危险性
联系	再犯可能性 = 再犯社会危险性 + 再犯人身危险性	

三　社区矫正对象再犯风险评估

社区矫正对象再犯风险评估是指对影响社区矫正对象人身危险性的因素进行评测，以预测其再犯可能性的一种手段。[①]

（一）再犯风险评估的价值

在当今社会，监狱服刑仍是降低重新犯罪率的重要手段，而通过监狱关押一个犯人耗资巨大。因此，社区服刑是减少行刑成本、节约社会资源的基本途径之一。不过，社区相对自由的环境，又为服刑人员提供了重新犯罪的机会。无论是监狱和社区矫正机构提高罪犯教育矫正质量，还是监狱加大提请减刑、假释力度，都需要对罪犯的再犯风险做出科学的评估与判定。对社区矫正对象进行再犯风险评估具有以下重要意义。

第一，有利于实现监管工作的工作目标。对社区矫正对象进行再犯风险评估，不仅仅是社区矫正工作的一项重要任务，而且也是维护社会稳定和长治久安的基本要求，不仅可以预防社区矫正对象重新犯罪，还可以最大限度地减轻这类罪犯再次对社会造成的危害，体现了社区矫正制度宽严相济的刑事司法宗旨。

第二，有利于提高社区矫正的工作效率。对社区矫正对象再犯进行风险评估，是一种防患于未然的做法，有利于社区矫正工作者根据不同的情况制定具有针对性的矫正方案，使社区矫正对象获得更有效的教育改造。

（二）再犯风险评估的因子

世界各国的犯罪学家对再犯风险预测做过很多有益的探索，尽管存在地域的差异、文化传统的不同和现实制度的分殊，但仍归纳了一些共同的影响再犯的因素。学者孔一将世界各国著名再犯预测研究检选出的预测再犯因子归纳为表 6－2。

---

① 林宇虹、杨明：《社区矫正风险评估因素分析》，《法制与社会》2007 年第 6 期。

表 6－2 世界各国著名再犯预测研究检选出的预测再犯因子

序号	伯杰斯	格鲁克夫妇	希德	欧林	台大法律所	张甘妹
1	犯罪性质	勤劳习惯	遗传负因	犯罪罪名	犯罪类型	犯罪类型
2	共犯人数	犯罪程度与次数	先系之犯罪	判决刑期	判决刑期	判决刑期
3	国籍	本犯以前检举	不良的教育关系	犯罪者类型	初犯年龄	受刑轻验
4	双亲状态	收容前受刑经验	不良的学业成绩	家庭状态	婚姻状态	初犯年龄
5	婚姻状态	判决前经济责任	学徒之半废	家属的关心	犯罪时职业	配偶状况
6	犯罪类型	入狱时精神异常性	不规则的上班	社会类型	勤劳习惯	文身状况
7	社会类型	在监中违反规则频率	18 岁之前之犯罪	职业经历	不良交友关系	
8	犯罪行为	假释期间的犯罪	4 次以上前科	出狱后工作的适当性	家庭经济责任	
9	居住社区大小		特别迅速的累犯性	居住社区		
10	近邻类型		涉及其他地区之犯罪	共犯人数		
11	被捕时有无定所		性格异常	人格		
12	宽大处理与供述		饮酒嗜癖	精神病学预后		
13	收容有无经过小犯罪答辩		狱中一般行为之不良			
14	宣告刑性质与长度		36 岁之前之释放			
15	假释前实际所服刑期		释放后不良的社会关系			
16	以前犯罪记录					
17	以前职业记录					
18	机构内惩罚记录					
19	释放时年龄					
20	智力年龄					
21	性格类型及精神医学的诊断					

孔一又将上述社区矫正对象再犯风险的预测因子分为“犯罪前的基本

状况"、"犯罪行为"、"服刑状况"和"释放后状况"4个方面。但他认为，将"释放后状况"作为预测因子是不恰当的，只有共识度高的因子才更具预测力。他对表6－2所列因子进行了频数统计，并列出了"预测因子排序表"（见表6－3）。这些因子都是个体因素，而没有涉及环境变量。这些预测只能叫作再犯人身危险性评估，而不能叫作再犯预测。①

表6－3　预测因子的排序

预测因子	因子出现次数（次）	百分比（%）
1. 犯罪经历（犯罪累积次数、释放到重新犯罪的时间等）	6	100
2. 受刑经历（次数、刑种、刑期等）	6	100
3. 家庭结构与联系（父母、配偶等）	5	83
4. 职业经历（种类、连续性等）	4	67
5. 初犯年龄	3	50

第二节　国内外社区矫正对象再犯风险评估的理论与实践

重新犯罪风险评估的理论和实践，都在欧美发达国家最先产生。但是，我国大陆和台湾地区也先后在此领域做了积极的探索，初步建立了具有中国特点的社区矫正对象再犯风险评估理论，并在各地进行了有益的尝试。

一　国外社区矫正对象再犯风险评估的理论与实践

国外特别是美国、加拿大、英国等欧美国家将社区矫正人员重新犯罪风险评估置于社区矫正人员管理工作中非常重要的地位，并且研发了科学的重新犯罪风险评估工具。

（一）美国再犯风险评估的理论与工具

美国学者在再犯风险评估（预测）的理论探索中研发有假释成败预测表和重要因素表等，虽然它们不是与社区矫正对象再犯风险评估直接有关，但其提出的再犯风险评估的理论构想，对社区矫正对象再犯风险评估

① 孔一：《犯罪预防实证研究》，北京：群众出版社，2006，第58～60页。

有借鉴价值。美国比较流行的社区矫正对象再犯风险评估工具主要有艾奥瓦州社区矫正人员风险评估表、伊利诺伊州社区矫正中心罪犯评估表、俄勒冈州危险再评估工具与印第安纳州风险评估工具等。

1. 假释成败预测表

美国社会学家伯杰斯（E. W. Burgess）早在1928年就开始了假释适用的定量危险评估探索工作。他在美国伊利诺伊州对3000名接受假释的犯罪分子进行研究后，精选出21个因子作为犯罪预测因子，包括犯罪史、家庭史、婚姻状态、就业情况、犯罪性质、犯罪分子是不是共犯、犯罪发生地、逮捕时是否有居所、近邻的类型、刑期长短、假释前服刑时间、狱内被惩罚的记录、性格类型和精神医学诊断的结果等。他将这些因素确定为假释成败的预测因子，并在调查统计基础上确定出不同的分值。例如，犯罪前有稳定职业者分值 =1 分，犯罪前无业可就者分值 =0 分。他建立了假释成败预测总分值与危险程度对应表（见表6－4），根据此表，如果拟被假释的犯罪分子得分为16～21分，则其被假释后失败的可能性是1.5%，成功的可能性是98.5%；如果拟被假释的犯罪分子得分为2～4分，则其被假释后失败的可能是76.0%，成功的可能性是24.0%。伯杰斯的量表使被假释犯罪分子再犯罪可能性的定性语言转换为了定量语言。

表6－4　假释成功或者失败预测表

得分	假释成功或者失败的预测	
	假释失败可能（%）	假释成功可能（%）
16～21分	1.5	98.5
14～15分	2.2	97.8
13分	8.8	91.2
12分	15.1	84.9
11分	22.7	77.3
10分	34.1	65.9
7～9分	43.9	56.1
5～6分	67.1	32.9
2～4分	76.0	24.0

美国社会学家欧林（L. E. Ohlin）于1951年将伯杰斯的假释成败量表进行了较大力度的修改，将假释的预测因子确定为12项：犯罪罪名、判决刑期、犯罪者类型、家庭状况、家属的关心、社区的类型、犯罪时的职业、职业经历、出狱后的工作适当性、居住社区、共同犯罪人数、人格和精神诊断结果。该量表将分值与预测因子直接联系起来，并在此基础上建立了总分值与危险程度对应表。伊利诺伊州矫治局曾利用欧林的预测表，将该州的假释失败率降低了20%以上，这表明这一预测方法有较大的采用价值。①

2. 重要因素表

20世纪70年代，美国假释审核委员会委托学者制定了新的假释指导标准——“重要因素表”（有的译为“显著因素分数表”）。这个量表经过多次修订，到了1981年版本时，在可信度、效度、稳定性、简洁性上都有所提高。② 该“重要因素表”被美国假释审核委员会自1973年起采用至今，只是1976年以后的“重要因素表”指标更倾向于采用较为客观而公平的认定的因素，如个体过去犯罪情形及药物滥用等变量，而排除了受教育程度、就业情形及婚姻情况等个人变量。③

重要因素表

1. 以前犯罪情况（包括成年时期，也包括未成年时期）

   没有3分；1次2分；2次或者3次1分；4次及以上0分

2. 上次犯罪超过30日以上的情况（包括成年时期，也包括未成年时期）

   没有2分；1次或者2次1分；3次及以上0分

3. 现行犯罪的年龄，以前犯罪的年龄

   25岁以上2分；20～25岁之间1分；19岁以下0分

4. 上次犯罪情况

   没有犯罪史或者超过3年没有犯罪1分；其他情况0分

5. 接受社区执行/假释/监禁等违规情况

   接受社区执行/假释/监禁，没有违规等纪录1分；其他0分

---

① 黄兴瑞：《人身危险性的评估与控制》，北京：群众出版社，2004，第132～134页。

② 翟中东：《假释适用中的再犯罪危险评估问题》，《中国刑事法杂志》2011年第11期。

③ 黄兴瑞：《人身危险性的评估与控制》，北京：群众出版社，2004，第126页。

6. 对海洛因、鸦片依赖

没有依赖史 1 分；其他 0 分

总分 = ________ 分

分值解释：0～3 分危险性大；4～5 分危险性较大；6～7 分有一定危险性；8～10 分危险性小

3. 艾奥瓦罪犯危险评估表

艾奥瓦罪犯危险评估表是美国艾奥瓦州在社区矫正工作中创建的一种罪犯危险性评估分析表，主要从以下 13 个方面进行评估分析（见表 6－5）。

表 6－5　艾奥瓦罪犯危险评估表

被测名字：　　　　　　　　　　　登记号：

被测日期：　　　　　　　　　　　官员的名字：

犯罪性质：

序号	评估内容	计分标准	得分
1	犯罪时的年龄	28 岁及以上的 =0；27 岁及以下的 =1	
2	第一次定罪或者刑事审判时的年龄	24 岁及以上 = －2；20～23 岁 =0；19 岁及以下 =2	
3	未成年前是否实施过犯罪行为	没有 =0；1 次及以上 =2	
4	以前是否接受过保护观察或者假释	没有 =0；1 次 =2；2 次及以上 =3	
5	保护观察或者假释撤销的次数	没有 =0；1 次 =2；2 次及以上 =3	
6	犯罪类别（包括现行的、推迟的、未成年人的犯罪）	夜盗或者抢劫 =1；盗窃、伪造、诈骗 =1；诈骗 =1；攻击、携带武器、公共秩序犯罪 =1；没有 =0	
7	被判轻罪的历史	1 次/没有 =0；2 次及以上 =1	
8	性别	女性 =0；男性 =2	
9	酒精使用问题	没有使用 =0；偶尔滥用 =1；经常滥用 =2	
10	毒品使用问题	没有使用 =0；偶尔滥用 =1；经常滥用 =2	
11	在最近时期内改变地址的次数	没有 = －1；一次及以上 =1	
12	交友情况	没有不良交友 =0；偶尔与不良人员来往 =1；常常与不良人员来往 =2	
13	就业情况	在一个单位稳定地干过一年以上 = －2；没有找工作或者没有满意的工作 =0；失业状态 =2	
总分值			

续表

		风险等级	分值
1	危险评价	危险大	15～25 分
		危险一般	8～14 分
		危险小	2～7 分
		正常管理状态	-5～1 分
2	监督等级	严格管理级	
		一般管理级	
		最低管理级	
3	级别的调整	攻击型犯罪	0
		犯罪的严重性	1
		假释委员会确定的特殊条件	2

4. 伊利诺伊州社区矫正中心罪犯评估表（女性）

伊利诺伊州社区矫正中心罪犯评估表如表 6－6 所示。

表 6－6 伊利诺伊州社区矫正中心罪犯评估表（女性）

单位：分

序号	评估内容	评估标准	得分
1	现在年龄	34 岁及以上 24～33 岁 23 岁及以下	0 1 3
2	第一次被监禁 30 天以上时的年龄	28 岁及以上 23～27 岁 22 岁及以下	0 2 3
3	进入监狱的次数	2 次及以上 第 1 次进监狱	0 2
4	以前接受社区矫正没有成功完成的次数	没有 1 次及以上	0 2
5	在最近 6 个月内接收到认为违反规定的文书的数量	没有 1 次及以上	0 2
6	酒精依赖史	没有酒精依赖问题 有酒精依赖问题	1 2
7	毒品使用史	没有毒品依赖问题 有毒品依赖问题	0 4

续表

序号	评估内容	评估标准	得分
8	职业训练	完成职业技能训练 罪犯要求参加职业技能训练，但是没有完成 罪犯拒绝参加职业技能训练	0 3 4
9	接受教育	完成高中及以上的教育 罪犯要求参加高中教育，但是没有完成 罪犯拒绝参加高中教育	0 1 2
总分值			

罪犯分类等级：

注：低度监督（0～7分）；低中度监督（8～10分）；高中度监督（11～12分）；高度监督（13～26分）

5. 俄勒冈州危险再评估表

俄勒冈州的危险再评估表如表6－7所示。

表6－7　俄勒冈州的危险再评估表

最后的监督等级：

高：　　　　中等：

低：　　　　限制：

危险再评估

姓名：　　　　　　县：

单位：分

序号	评估内容	评估标准	得分
1	以前犯重罪的次数	1次及以下 2～3次 4次及以上	2 1 0
2	以前被监禁的次数（90天以上的）	没有被监禁 1～2次监禁 3次及以上	2 1 0
3	现在执行中的监督是否有过脱逃或者规则违反	没有 有	1 0
4	滥用毒品问题	没有使用/拥有毒品 偶尔 经常使用或者没有遵守治疗规则	2 1 0

续表

序号	评估内容	评估标准	得分
5	对监督规则的反应	没有问题 有点问题 不愿意遵守规则	2 1 0
6	就业情况	60% ~100% 的时间劳动 40% ~59% 的时间劳动 0 ~39% 的时间劳动	2 1 0
7	住址变迁	0 ~1 次 2 次及以上	1 0
总分值			

调整要求：

调高：

暴力犯；性犯罪者；特别的犯罪行为；新的犯罪活动；没有遵守规范；与他人厮混

调低：

遵守规范；在监禁中

调整理由：

危险档次：

高　　中　　低　　限制

调整后的档次：

---

6. 印第安纳州危险评估表

印第安纳州危险评估表如表 6 –8 所示。

表 6 –8　印第安纳州危险评估表

单位：分

序号	评估内容	评估标准	得分
1	第一次被定罪或者被判决的年龄	24 岁及以上 20 ~23 岁 19 岁及以下	0 2 3
2	以前被定罪的数量	0 次 1 次 2 次及以上	0 2 3
3	以前接受社区监督的次数	0 次 1 次及以上	0 2

续表

序号	评估内容	评估标准	得分
4	以前违反社区监督的次数	0 次 1 次及以上	0 2
5	以前犯罪的次数	0 次 1 次及以上	0 2
自上次分类以来			
6	使用违禁品	不知道 有时 严重	0 1 2
7	违反保护观察	没有 1 次及以上	0 6
8	报告的成果	接受 需要提高 不接受	0 2 4
9	遵守条件的情况	接受 需要提高 不接受	0 2 4
10	就业记录	接受 需要提高 不接受	0 2 4
11	赔偿记录	接受 需要提高 不接受	0 2 4
总分值			

调整与理由：

说明：0～10 分，低危险；11～19 分，中度危险；20 分及以上，高度危险

以上四种社区矫正再犯风险评估模式请参阅翟中东的《国际视域下的重新犯罪防治政策》。①

（二）加拿大的再犯风险评估工具

加拿大具有代表性的再犯风险评估工具主要有水平评估量表、历史因

① 翟中东：《国际视域下的重新犯罪防治政策》，北京：北京大学出版社，2010，第 162～167 页。

素评估工具、精神疾病量表、重新犯罪统计信息量表、静态－99量表等。

1. 水平评估量表

水平评估量表（LSI－R）是由加拿大的Don Andrews博士与James Bonta博士于1995年设计推出的再犯危险评估工具，主要用于评估再犯的危险性，包括动态因素和静态因素两个方面。他们筛选出了与重新犯罪有密切关系的10个因子，分别是犯罪史、教育或就业情况、财产情况、家庭情况、住宿情况、娱乐情况、交往情况、使用酒精或者毒品问题、情感问题、态度，并编制了54个题项（每项1分）进行评估，以确定被测者重新犯罪的可能。《LSI－R用户手册》将危险等级分为5级，确定了危险等级分值与重新犯罪可能性（释放1年后）的关系：测试的分数在41～47分以上，为高度危险的罪犯；34～40分，为中高度危险的罪犯；24～33分，为中度危险的罪犯；14～23分，为低中度危险的罪犯；0～13分，为低度危险的罪犯。美国宾夕法尼亚州的假释与假释监督机构将LSI－R危险标准确定为三级，分值是：高度危险的罪犯是29分及以上；中度危险的罪犯是21～28分；低度危险的罪犯是20分及以下。

2. 历史因素评估工具

历史因素评估工具（HCR－20）是由多伦多大学Webster教授等人在1997年完成的。该工具被分为3个维度和20个项目（要素）。3个维度分别是：历史变量，主要源于司法机构移送的有关材料，包括10个要素；诊断变量，主要源于与犯罪分子的谈话，包括5个要素；危险管理项目，来源于材料查阅与谈话，包括5个要素。每个要素的分值被设定为0分、1分、2分，用以区分被测者实施暴力危险程度的低、中、高。分数总值高，危险性高；分数总值低，危险性低。

3. 精神疾病量表

精神疾病量表（PCL－R）是Robert D. Hare于1985年设计、1991年公布的以人格为对象的诊断性量表，可以有效地预测重新犯罪，同时也可以为干预、矫正创造条件。该量表的项目有20个：表面有魅力、自我价值意识自大、需要刺激改变无聊的生活、病态性的撒谎、欺骗、缺乏悔改之心、浮浅的感情体验、冷酷/缺乏同情之心、寄生的生活方式、控制能力差、滥交（性）、早年就存在行为问题、缺乏长期目标、冲动、行为不负责、接受自己的行为责任失败、有很多短期的婚姻关系、未成年不轨行为突出、假释被撤销和犯罪种类多。每一项目的分值被设为 0 分、1 分、2 分。0 分 = 不符合；1 分 = 有些符合；2 分 = 完全符合，分数值在 0 ~ 40 分。分数高，重新犯罪危险性大；分数低，重新犯罪危险性小。

4. 重新犯罪统计信息量表

重新犯罪统计信息量表（SIR - R1）是 Joan Nuffield 于 1982 年设计，1996 年修订，被用来预测重新犯罪的工具。该量表有 15 个项目：现行犯罪、入狱时的年龄、以前被监禁的情况、撤销假释或者剥夺权利情况、脱逃行为、安全等级、成人后第一次被定罪时的年龄、以前因攻击行为被定罪情况、入狱时的婚姻状况、上次犯罪后的危险间隔期、从上次入狱看其依赖性因素、加重刑罚情况的数量、以前性犯罪的数量、因违反有关监督规定被定罪的情况、逮捕时的就业情况。每一个项目设有 1 ~ 9 个不等的子项，每个子项设有从 -6 ~ 7 分不等的分数。根据分值，罪犯危险被分为五种情况：-27 ~ -6 分，高度危险；-5 ~ -1 分，中高度危险；0 ~ 4 分，中度危险；5 ~ 8 分，中低度危险；9 ~ 30 分，低度危险。加拿大的一项跟踪研究表明，被认定为高度危险的罪犯的重犯率是 44%，而被确定为低度危险的罪犯的重新犯罪率是 6%。

5. 静态 -99 量表

静态 -99 量表（Static -99）是由加拿大总检察院的 R. Karl Hanson 博士与英格兰监狱局的 David Thormton 博士设计推出的，是由融性罪犯重新犯罪快速评估量表（RRASOR）与临床诊断量表（SACJ-Min）发展而来的。评估分为 10 个方面：以前的性犯罪情况、以前的服刑期限、现在的非性犯罪的定罪情况、以前的非性犯罪的定罪情况、是否实施过性暴力、与被害人是否有亲属关系、陌生的被害人情况、男性被害人情况、年龄情况和单身情况。每个方面有 2 ~ 4 个选项不等，每个选项的分数为 0 分、1 分、2 分、3 分。分值评估：0 ~ 1 分，危险程度低；2 ~ 3 分，危险程度中低；4 ~ 5 分，危险程度中高；6 分以上，危险程度高。[①]

---

① 翟中东：《国际视域下的重新犯罪防治政策》，北京：北京大学出版社，2010，第 129 ~ 138 页。

（三）英国的再犯风险评估实践

英国具有代表性的再犯风险评估工具是英格兰与威尔士所使用的“犯罪分子评估系统”，它是1999年英格兰与威尔士有关部门采用的一套由原内政部、现司法部督导有关部门研发的新的犯罪分子危险评估工具，用以评估犯罪分子的危险程度，判断其再犯罪的可能性大小。“犯罪分子评估系统”总结了英国犯罪分子再犯罪危险评估量表实施的经验，吸收了其他国家的有益经验，其突出特点很多。第一，充分考虑了影响犯罪分子再犯罪的各种因素。该评估系统使用的预测因子数量多达14个部分。第二，利用了现代科技手段。该评估系统除文字版外，还有电子版。电子版评估系统的使用，既有利于储存信息、分享信息，也大大降低了评估中的操作难度。第三，提高了该评估系统的使用范围。该评估系统不仅可以适用于假释裁决场合，而且可以适用于缓刑裁决场合、刑罚执行中的处遇调整场合。“犯罪分子评估系统”的再犯罪危险评估框架（根据第二版的设计）如下。

部分A：现行犯罪

A1 这次犯罪被独立定罪的个数。

犯罪的个数（个）	1	2~3	4+
分数（分）	0	1	2

A2 犯罪涉及以下因素。

因素	打钩（一钩一分）
使用武器	
暴力威胁	
玩弄手段	
行为表现出一定的迷恋性	
行为表现出一定的装腔作势	
背信	
对财产造成一定损害	
长时间策划	
有性的因素	

A3 现在的犯罪是不是行为模式的一部分？

否 =0　　是 =2

A4 现在的犯罪是否在以前犯罪的基础上有所发展？

否 =0　　是 =2

A5 被害人情况。

被害人总数	分数（分）
0～1人	0
2人	1
2人以上	2

是不是对同一个被害人的侵害？

否 =0　　是 =2

被害人是不是老弱病残？

否 =0　　是 =2

被害人是不是陌生人？

否 =0　　是 =2

部分B：犯罪史（以前的定罪情况）

B1 18岁以前被定罪的情况。

被定罪情况（次）	0	1～2	3+
分数（分）	0	1	2

B2 成人后被定罪的次数。

被定罪情况（次）	0	1～2	3+
分数（分）	0	1	2

B3 第一次被定罪时的年龄。

年龄（岁）	18+	14～17	<14
分数（分）	0	1	2

B4 第一次与警察打交道的年龄（包括警告）。

年龄（岁）	18 +	14 ~ 17	< 14
分数（分）	0	1	2

B5 21 岁以前被监禁的次数。

监禁刑（次）	0	1 ~ 2	3 +
分数（分）	0	1	2

B6 21 岁以后被监禁的次数。

监禁刑（次）	0	1 ~ 2	3 +
分数（分）	0	1	2

B7 是否违反保释、保护观察的监督规定？

否 =0　　是 =2

B8 是否有逃脱史？

否 =0　　是 =2

B9 在监管设施内是否具有实施暴力、攻击与破坏的历史？

否 =0　　是 =2

B10 犯罪种类。

犯罪种类	打钩
故意杀人、伤害、故意杀人预备、伤害	
其他暴力，包括攻击、持有武器	
性犯罪	
绑架	
夜盗	
盗窃	
诈骗、伪造	
其他不诚实行为	
投毒	
进口、提供与拥有毒品	
交通犯罪	

犯 3 种罪　　　0

犯 3～4 种罪　　1

犯 4 种以上罪　　2

部分 C：态度

没有问题＝0　有些问题＝1　有严重问题＝2

C1 接受或者拒绝自己的犯罪责任。

C2 犯罪的动机。

C3 对被害人的态度。

C4 对量刑与法律程序的态度。

C5 对管理人员的态度。

C6 对假释等促进罪犯重返社会的措施的态度。

C7 对自己犯罪的态度（将来）。

C8 对犯罪的一般态度（提供机会，是否任何人都会犯罪）。

C9 对社会的态度。

C10 对自己的态度（是否有信心）。

否＝0　是＝2

部分 D：住宿

没有问题＝0　有些问题＝1　有严重问题＝2

D1 罪犯住的是哪类房屋？

D2 释放后是否有确定的住所？

否＝0　是＝2

D3 住宿的适宜性如何？

D4 是否经常迁移？

否＝0　是＝2

D5 释放后所住住所是否与犯罪活动或者被害人比较接近？

否＝0　是＝2

部分 E：家庭或者婚姻关系

没有问题＝0　有些问题＝1　有严重问题＝2

E1 与家庭、孩子的关系如何？如是否能够经常关心孩子。

否 =0　　是 =2

E2 在未成年时期是否受到过虐待？

否 =0　　是 =2

E3 现在与最亲近亲属的关系如何？

E4 过去与最亲近亲属的关系情况，如数量、满意程度等。

E5 现在与配偶的感情情况。

E6 家庭暴力情况。

E7 为人父母时，与孩子的关系。

E8 亲近的家庭成员是否有犯罪记录？

否 =0　　是 =2

部分 F：所接受教育与训练情况

没有问题 =0　有些问题 =1　有严重问题 =2

F1 上学情况，是否逃过学、被学校逐出等。

否 =0　　是 =2

F2 是否未获得文凭。

否 =0　　是 =2

F3 在阅读、写作与数学学习方面是否存在问题。

否 =0　　是 =2

F4 在学习上是否有困难。

否 =0　　是 =2

F5 对学习与培训的态度。

部分 G：就业情况

G1 现在的就业情况。

就业情况	分数
在狱内全时就业	
临时就业	

续表

就业情况	分数
偶尔参加劳动	
参加政府的训练项目	
参加全日制教育	
曾经失业（6个月以下）	
曾经失业（6个月以上）	
退休	
因为能力原因未能找到工作	
其他没有找到工作的原因，如照顾家庭成员	

说明：如果罪犯符合1种以上情况，以最高分计。

G2 就业史，如工作种类、数量、离职的原因等。

G3 与工作相关的技能，如木工等。

有技能＝0　无技能＝2

G4 最近有多少个月没有工作？

月数（个）	0～17	18～21	22＋
分数（分）	2	1	0

G5 工作中与他人的关系。

G6 对就业的态度。

部分H：理财能力与收入

没有问题＝0　有些问题＝1　有严重问题＝2

H1 是否已经申请福利（入狱前）？

否＝0　是＝2

H2 是否非法收入是钱物主要来源。

否＝0　是＝2

H3 生活是否主要依靠别人的经济帮助。

否＝0　是＝2

H4 理财情况，如收支关系处理。

H5 是否存在滥用钱财问题，如赌博、滥用信用等。

否 =0　　是 =2

H6 是否对经济上需要帮助的人予以帮助，如自己的孩子、其他家庭成员。

否 =0　　是 =2

部分 I：生活方式与外在联系

没有问题 =0　有些问题 =1　有严重问题 =2

I1 是否有些孤僻，很少有亲密朋友。

否 =0　　是 =2

I2 融入社会情况，是否加入诸如体育俱乐部之类的社团组织。

否 =0　　是 =2

I3 与其他罪犯的关系。

I4 是否与其他罪犯共度过时光?

I5 是否容易受到犯罪性交往的影响?

I6 休闲活动是否与犯罪机会创造相关?

I7 是否滥用友情、欺负他人或利用他人?

I8 生活方式中的其他问题。

I9 是否行为大意，存在对刺激的需要。

否 =0　　是 =2

部分 J：酗酒

没有问题 =0　有些问题 =1　有严重问题 =2

J1 现在喝酒的频率。

J2 最近 6 个月喝醉酒的情况。

J3 通常的酗酒频率。

J4 是否与处方药品一起使用酒精。

否 =0　　是 =2

J5 是否因酗酒而身体状况很差。

否 =0　　是 =2

J6 是否家庭成员也存在酗酒问题。

否 =0　　是 =2

J7 是否由于酗酒，从事任何工作都有问题。

否 =0　　是 =2

J8 是否有其他与酗酒相关的问题，如驾驶、理财等。

否 =0　　是 =2

J9 酗酒后是否有使用暴力的记录。

否 =0　　是 =2

J10 是否有证据证明被监禁后还使用过酒品。

否 =0　　是 =2

J11 在矫治中酒瘾复发。

复发次数（次）	0～1	2	3 +
分数（分）	0	1	2

J12 对酒类的态度。

部分 K：使用毒品

Kl 使用毒品情况。

毒品种类	没有使用过	以前使用过	现在偶尔使用	现在经常使用
可卡因				
兴奋性的毒品				
幻觉性的毒品				
鸦片				
苯丙胺类毒品				
巴比妥类毒品				
大麻类毒品				
苯二氮类				
类固醇				
溶剂类				
其他				

说明：现在偶尔使用 1 分；现在经常使用 2 分。

K2 使用的主要毒品。

K3 是否曾经注射过毒品。

否 =0　　是 =2

K4 是否滥用处方药品。

否 =0　　是 =2

K5 是否经常性地与酒精一起使用药品。

否 =0　　是 =2

K6 是否因使用毒品而存在健康问题。

否 =0　　是 =2

K7 是否家庭成员与使用毒品有关。

否 =0　　是 =2

K8 是否因为使用毒品，所以从事任何职业都有问题。

否 =0　　是 =2

K9 是否有其他因使用毒品而产生的问题，如个人经济问题、驾驶问题等。

否 =0　　是 =2

K10 是否有与使用毒品相关的暴力使用史。

否 =0　　是 =2

K11 在监禁中是否使用过毒品。

否 =0　　是 =2

K12 在矫治中复发。

复发次数（次）	0~1	2	3+
分数（分）	0	1	2

K13 是否以毒品买卖为职业？

否 =0　　是 =2

K14 对使用毒品的态度。

部分 L：情感或者心理问题

没有问题 =0　有些问题 =1　有严重问题 =2

L1 有问题，如情绪不稳定、处于紧张中、容易焦虑。

L2 存在抑郁问题。

L3 在儿童时期存在问题，如破坏公物、残害动物、注意力不集中、有不良性倾向等。

L4 是否具有头脑被伤害的历史。

否 =0　　是 =2

L5 现在是否正在接受精神治疗。

否 =0　　是 =2

L6 是否曾经接受过精神治疗。

否 =0　　是 =2

L7 是否因为精神健康问题有过“静默”治疗。

否 =0　　是 =2

L8 是否在特别的医院或者地方安全机构进行过治疗。

否 =0　　是 =2

L9 是否具有自伤、自杀的想法。

否 =0　　是 =2

L10 现在的心理或者精神问题。

部分 M：相互之间的行为

没有问题 =0　　有些问题 =1　　有严重问题 =2

M1 交往技能水平。

M2 交往中的敌对态度，是否对他人总有疑心，是否有敌对态度。

否 =0　　是 =2

M3 是否有攻击性行为，有通过威胁或者暴力解决问题的倾向。

否 =0　　是 =2

M4 愤怒管理情况，是否容易生气、不能管理自己的情绪、解决问题的能力差等。

否 =0　　是 =2

M5 是否存在歧视他人的问题，如种族歧视、性歧视等。

否 =0　　是 =2

部分 N：思维形式

没有问题 =0　　有些问题 =1　　有严重问题 =2

N1 意识到问题的能力。

N2 解决问题的能力。

N3 对结果的判断与了解能力。

N4 确定目标的能力，比如确定不具有可行性的目标。

N5 解读环境，包括社会环境、人际环境。能否理解他人、体会他人的情感?

N6 是否容易冲动? 是否倾向于无计划的行动、倾向于刺激。

否 =0　　是 =2

N7 抽象思维能力，如以刻板的思维思考、看待问题。

总分数：

根据 Philip Howard 的报告，再犯罪危险评估框架第二版中的分值与重新犯罪率的关系如表 6 -9 所示。

表 6 -9　重新犯罪率的分值

Oasys 分值	再犯可能性
0 ~40 分	再犯危险性低
41 ~99 分	再犯危险性中等
100 ~168 分	再犯危险性高

根据 2006 年的报告，“犯罪分子评估系统”认定的低重新犯罪率的罪犯实际的重新犯罪率是 26%；有中度重新犯罪可能的罪犯实际的重新犯罪率是 58%；有高度重新犯罪可能的罪犯实际的重新犯罪率是 87%。Oasys 在其准确性上比 LSI - R、ACE（Assessment，Case Management and Evaluation）要有效，故被认为是世界上同类系统中最先进的系统。[①]

① 翟中东：《国际视域下的重新犯罪防治政策》，北京：北京大学出版社，2010，第 169 ~ 177 页。

（四）国外再犯风险评估的总结

1. 影响再犯风险的因素

综观国外各类再犯风险评估的理论和常见工具，影响服刑人员再犯的因素很多。①以前定罪的情况。75% 的因盗窃、夜盗而服过短期监禁刑的罪犯在释放两年内又会因实施了犯罪而被定罪。②住宿。被释放的罪犯有 42% 没有固定住所。无家可归的罪犯比有住所的罪犯的重新犯罪率高 2 倍。③教育、培训与就业。因为缺乏文化与技能，有 66% 的罪犯不能胜任 96% 的劳动岗位。④财物管理与收入。因为很多罪犯欠有债务，包括罚金和与法院相关的费用，所以他们常依靠非法收入维持生活。⑤人际关系。罪犯通常与其他家庭成员的关系很差，很少会感受到被关心。⑥生活方式与社会联系不密切，生活缺乏结构层次。经常与其他罪犯来往的人更可能重新犯罪。⑦使用毒品。在英国 Bristol 进行的一个抽样调查发现，100% 的罪犯都与毒品有关。⑧酒精滥用。⑨精神健康状况。社会隔离与排斥会增加人的紧张与危险行为，而人的紧张与危险行为会削弱人的行动策略选择的正确性。⑩思考与行为方式。很多罪犯不能彻底地考虑行为本身、行为的后果。⑪态度。刑释人员的生活态度、对他人的态度与重新犯罪密切相关。

2. 如何提高再犯风险评估的可操作性

为提高再犯风险评估的可操作性，目前的一种重要实践是筛选危险评估的预测因子：第一步，将与重新犯罪有相关关系的因素纳入分析范围；第二步，判断这些因素的权重，判断这些因素与重新犯罪的紧密程度，或者说这些因素对重新犯罪的作用程度；第三步，将重要因素筛选出来作为危险评估的预测因子。一般来说，预测因子越少，操作难度越低。①

二　我国社区矫正对象再犯风险评估的理论与实践

（一）台湾地区再犯风险评估的研究情况

在台湾地区的社区矫正对象再犯风险评估的研究中，台湾大学法学研究

---

① 翟中东：《国际视域下的重新犯罪防治政策》，北京：北京大学出版社，2010，第 178 ~ 179 页。

所的再犯预测技术较有代表性。台大法学研究所的韩忠谟、周治平、张甘妹教授于1964年发表了《再犯之社会原因的研究》，其目的在于说明犯罪者在出狱后再犯之原因，并试图发现再犯因子以做再犯预测。其研究对象是1961～1964年由台北监狱释放，且居住地在台北市台北县的100名初犯及100名累犯。调查项目共八大项，分63个细目：①犯罪经历，10个细目；②家庭生活，15个细目；③社会生活，11个细目；④职业生活，8个细目；⑤学校教育，5个细目；⑥在监时情况，6个细目；⑦出狱后情况，6个细目；⑧身体状态，2个细目。经过对63个细目的访问调查，并经推论统计处理程序后，保留了28个项目。接着，他们又参照各国学者在预测研究时采用的再犯预测因子方法对这28个细目进行再筛选，最后选出了三组因子：第一组，较偏重家庭方面的5个因子，包括婚姻状况、母亲的管教、对家庭生活的满足感、家庭经济责任、不良的交友情形；第二组，较偏重于经济条件的6个因子，包括第一次犯罪时的年龄、不良的交友关系、入狱前的职业记录、勤劳习惯、特殊技能的有无、出狱后职业的适当性；第三组，综合性的8个因子，包括犯罪类型、判决刑期、第一次犯罪的年龄、婚姻状况、家庭经济责任、不良的交友、勤劳习惯、犯罪时的职业。最后，他们将预测因子数量化，根据Burgess和Glueck量表的给分方式算出分数。依据前述方法，求出每一位调查对象在各因子上的得分及总分，再依总分大小分成若干组，分别制作五因子、六因子及八因子各类再犯预测表。[①]

我国台湾中正大学犯罪防治系的林明杰教授以加拿大的SONAR（性犯罪危险评估量表）和美国的SOTNPS（性犯罪治疗需求及进步量表）为工具，以嘉义市和高雄市地检署观护人室现有的保护管束性侵害者21人为研究对象，每三个月由两位观护人负责，让每位性侵害者填写量表一次，然后以问卷形式询问其填写量表的简易性和适合性。最后，让他们提出相关建议，以提高该量表在台湾地区适用的准确性。在林明杰教授等人的努力下，我国台湾地区制定了“台湾性犯罪静态再犯危险评估量表”，在性犯

① 黄兴瑞：《人身危险性的评估与控制》，北京：群众出版社，2004，第136～145页。

罪以及家庭暴力犯罪的防治领域获得了较好的反响。[①]

（二）大陆学者的再犯风险评估研究

我国大陆的社区矫正对象再犯风险评估研究呈现两大特征。一是少数省市，如北京、上海、江苏、浙江初步研发出了相关的重新犯罪风险评估工具。如北京市司法局与首都师范大学合作研发的“北京市社区服刑人员综合状态指标体系”，上海市司法局与华东政法大学合作研发的“重新犯罪预测量表”，上海政法学院社区矫正研究中心研发的“社区矫正服刑人员风险测评表”，江苏省司法厅研发的“江苏省社区矫正风险评估系统”，浙江省余杭区司法局与浙江警官职业学院合作研发的“社区矫正人员再犯风险评估软件系统”（CIRAI）。二是当前研究者对于社区矫正对象重新犯罪风险评估、原因分析与对策建议正从理论推导与定性分析向实际操作和定量分析转变。以前的研究比较注重经验分析和主观分析，如任华哲依据研究经验指出社区矫正对象重新犯罪的原因主要包括文化水平低、主观恶性难以确定、社区矫正执行与监督存在问题、社区环境有待完善、社会排斥等。陈文峰也指出，社区矫正对象重新犯罪的原因包括生活期望值过高、综合素质低、犯罪人格未得到有效矫正、司法行政部门权责不统一、社区矫正无直接的强制性措施、社区矫正整体质量不高等。近年来，大陆学者开始注重实际操作和定量分析，如黄兴瑞、孔一设计了“刑释人员再犯风险评估量表”，许疏影制定了“社区服刑人员再犯风险评估评估表”（修订版）。

1. 刑释人员再犯风险评估量表

黄兴瑞教授及其课题组对浙江省各大监狱系统内的刑满释放人员再犯状况进行了实地调查，并对2005年出狱后5年内再次犯罪的313名人员和没有再犯的288名人员进行了考察，最终建立了“刑释人员再犯风险评估量表”（RRAI）。该课题组将符合条件的在押人员聚集一起进行问卷式调查，对未再犯罪人员分别进行走访，从所调查出的早年家庭、学校情况（如父母关系、父亲居家情况等）、早年行为（如抽烟、吸毒、说谎等）、

① 王孟嘉：《风险社会下的再犯危险评估研究》，硕士学位论文，河南大学，2013，第28～29页。

第一次犯罪情况（如初犯年龄、犯罪动机、犯罪后悔情况等）、犯罪前一年越轨情况（如打人、偷盗、酒驾等）、第一次被逮捕前的情况（如年龄、警察殴打等）、第一次受刑情况（如罪名、刑期、扣分等）、第一次出狱时的情况（如出狱形式、文化程度、是否后悔等）、第一次出狱后的情况（如家庭关系、收支情况、估计犯罪率等）、出狱一年内的越轨情况（如醉酒、吸毒、斗殴等），以及其他情况中按显著性与相关性排序，进行预测因子的取舍与合并，筛选出预测因子制成再犯预测得分表，然后根据得分划分危险等级。该评估量表融合了犯罪学理论与国外的预测工具（如评估性犯罪的 RM－2000、评估暴力犯罪的 HCR－20），既适用于拟宣告缓刑或裁定假释的犯罪人，又可对社区矫正人员实施评估，是近年来再犯危险评估方法的一大进步。该评估量表可以直接应用于安置帮教中回归者的再犯风险评估。排除第五类、第六类因素，重新计算风险等级划分表后，可以用于审前社会调查中对拟宣告缓刑或裁定假释的罪犯再次危害社会的可能性的评估；也可以在修订后，用于社区矫正对象的再犯风险评估，以作为确定社区矫正对象管理级别和警戒等级的参考依据。①

黄兴瑞教授还编有“再犯可能性评估表”，包括以下三个部分。

（一）调查题目

1. 14 岁以前你是否主动打过别人？

A. 多次　　B. 一两次　　C. 从来没有

2. 14 岁以前你是否趁人不在拿过别人东西？

A. 多次　　B. 一两次　　C. 从来没有

3. 14 岁以前你是否借过别人东西或借钱不还？

A. 多次　　B. 一两次　　C. 从来没有

4. 14 岁以前你是否强行要过别人东西？

A. 多次　　B. 一两次　　C. 从来没有

5. 14 岁以前你是否吸过烟？

A. 多次　　B. 一两次　　C. 从来没有

① 孔一、黄兴瑞：《刑释人员再犯风险评估量表（RRAI）研究》，《中国刑事法杂志》2011 年第 10 期。

6. 14 岁以前你是否喝过酒？

A. 多次　　B. 一两次　　C. 从来没有

7. 14 岁以前你是否和父母争吵过？

A. 多次　　B. 一两次　　C. 从来没有

8. 14 岁以前你是否当面骂过老师？

A. 多次　　B. 一两次　　C. 从来没有

9. 14 岁以前你是否逃过学？

A. 多次　　B. 一两次　　C. 从来没有

10. 14 岁以前你是否离家出走过？

A. 多次　　B. 一两次　　C. 从来没有

11. 14 岁以前你是否与人发生过性关系？

A. 多次　　B. 一两次　　C. 从来没有

12. 14 岁以前你是否破坏过公物？

A. 多次　　B. 一两次　　C. 从来没有

13. 14 岁以前你是否赌过钱？

A. 多次　　B. 一两次　　C. 从来没有

14. 14 岁以前你是否编造虚假理由跟家长要过钱？

A. 多次　　B. 一两次　　C. 从来没有

15. 14 岁以前你是否说过谎？

A. 多次　　B. 一两次　　C. 从来没有

16. 你的喝酒情况是：

A. 从来不喝酒　　B. 很少喝酒

C. 经常喝酒　　D. 经常喝醉

17. 你吸毒的情况是：

A. 从来不吸　　B. 吸过一两次

C. 吸过多次

18. 你有没有文身？

A. 有　　B. 没有

19. 总的来说，你花钱有没有计划？

A. 有　　B. 没有

20. 最早的那次犯罪前，在你结交的朋友中有没有违法犯罪的？

A. 有　　B. 没有

21. 最早的那次犯罪的前一年，你做什么工作？

A. 农民　　B. 工人　　C. 做临时工

D. 做生意　　E. 职员　　F. 国家公务员

G. 学生　　H. 无业　　I. 其他（请写下来）________

22. 最早的那次你犯了什么罪？

A. 杀人　　D. 抢劫　　B. 伤害

E. 盗窃　　C. 强奸　　F. 诈骗

G. 贪污或受贿　　H. 其他（请写下来）________

23. 第一次入狱前的那次犯罪后，你对被害人的态度是：

A. 愧疚　　B. 无所谓　　C. 谴责

D. 其他（请说明）________

24. 你第一次被逮捕时的年龄是：

A. 13～18 岁　　B. 19～25 岁

C. 25 岁以上

25. 第一次服刑期间，你是否学到了有用的就业技能？

A. 是　　B. 否

26. 第一次释放前，你的管理级别是：

A. 特别宽管　　B. 一般宽管

C. 普通严管　　D. 一般严管

E. 特别严管　　F. 其他（请写下来）________

27. 你第一次出狱时的年龄（周岁）是：

A. 18 岁以下　　B. 18～25 岁

C. 25 岁以上

28. 第一次出狱时，你的婚姻状况是：

A. 未婚　　B. 在婚

C. 离婚　　D. 丧偶

（二）预测因子的总得分表：12 项预测因子的总得分

预测因子	得分	预测因子	得分	预测因子	得分
1. 早年不良行为		5. 第一次被逮捕时的年龄		9. 服刑期间是否学到就业技能	
0～2 项	44.5	14～18 岁	84.6	是	26.0
3～4 项	48.2	19～25 岁	52.9	否	64.8
5～6 项	61.1	25 岁以上	34.1	10. 释放前的管理级别	
2. 不良行为模式		6. 罪名		特别宽管	65.8
0 项	25.8	杀人	21.7	一般宽管	44.6
1～2 项	48.4	伤害	48.3	普通严管	44.6
3～4 项	60.3	强奸	37.0	一般严管	54.2
5 项	64.8	抢劫	36.1	特别严管	63.0
3. 犯罪时职业		盗窃	61.6	其他	87.6
农民	58.6	诈骗	47.7	11. 出狱时的年龄	
工人	36.9	职务犯罪	37.0	18 岁以下	85.9
做生意	44.8	其他	39.6	18～25 岁	63.1
职员	42.6	7. 前科次数		25 岁以上	37.2
公务员	38.9	1 次	43.5	12. 出狱时的婚姻状况	
学生	61.1	2 次	58.8	未婚	55.3
无业	59.1	3 次	72.1	在婚	36.2
其他	47.6	8. 刑期		离婚/丧偶	46.5
4. 对被害人的态度		5 年以下	56.6		
愧疚	41.9	5～10 年	43.8		
无所谓	63.7	10 年以上	7.4		
谴责	47.7				
其他	29.6				

（三）入矫前再犯风险评估表

入矫前之再犯可能性三级预测		入矫前之再犯可能性四级预测	
分数段（分）	再犯可能率（%）	分数段（分）	再犯可能率（%）
385～525	8.2	385～495	0
526～675	42.6	496～605	29.2
676～820	96.8	606～715	72.5
		716～825	100

该工具可以作为被暂予监外执行、被裁定假释和有监狱服刑经历的社区矫正对象的再犯风险评估工具。[①]

2. 社区矫正对象再犯风险评估软件系统

由浙江警官职业学院犯罪与矫正技术研究所和杭州市余杭区司法局合作研发的“社区矫正对象再犯风险评估软件系统”（CIRAI），是根据社区矫正对象的生活史、犯罪史、个性特征、目前身处的环境和现实表现客观确定犯罪人再犯可能性大小的计算机化的评估指标体系，即借助计算机对社区矫正对象的相关历史信息、个性特征和现时信息进行综合分析，以帮助社区矫正工作者判断服刑人员现在的人身危险性（再次危害社会的可能性）。该系统的核心功能表现在：经正确点选后，计算机能够自动给出被试者的再犯风险等级和致罪高风险因素；能够自动生成一份社区矫正对象再犯风险评估报告表。

3. 社区矫正对象再犯风险评估表

许疏影主持的“社区矫正人员重新犯罪防控——以再犯风险评估为中心”项目组制定了“社区矫正对象再犯风险评估评估表”（修订版）（CIRAI－R）。该评估表分“预测因子得分表”和“再犯风险等级划分表”两部分。

（1）预测因子得分表。预测因子得分表是由以下6个分表组成（见表6－10至表6－15）。

① 葛炳瑶主编《社区矫正导论》，杭州：浙江大学出版社，2009，第224～227页。

表 6－10　早年家庭与学业得分（0～7）

单位：分

序号	变量	属性	得分
1	父母关系	一直住在一起，从来不打架或争吵； 一直住在一起，有时会打架或争吵； 没有离婚，但长期分居； 已离婚，一直住在一起，经常会打架或争吵； 不填	0 1 2 3 4
2	父亲的教育方式	民主 专制/放任 溺爱/粗暴	0 1 2
3	母亲的教育方式	民主/专制/放任 溺爱/粗暴	0 1
4	弃学前（或毕业前），学习成绩是否很差	否 是	0 1
5	在校是否受过处分	否 是	0 1

表 6－11　早年（16 岁以前）行为得分（0～5）

单位：分

序号	变量	属性	得分
1	打人	3 次以下 4 次以上	0 1
2	偷盗	1 次以下 2～3 次 4 次以上	0 1 2
3	离家出走	没有 有 1 次 2 次及以上	0 1 2

表 6－12　第一次犯罪情况得分（0～12）

单位：分

序号	变量	属性	得分
1	第一次被逮捕时的年龄	25 岁以上	0
		21～25 岁	1
		16～20 岁	2
		16 岁以下	3
2	犯罪类型	杀人/伤害/强奸/抢劫/绑架/诈骗/其他	0
		盗窃/毒品犯罪/赌博	1
3	犯罪动机	为了钱财/满足性欲/其他	0
		为了报复/好玩/帮朋友	1
4	共犯情况	单独作案	0
		2 人作案	1
		3 人以上作案	2
5	作案起数	1 起	0
		2～3 起	1
		4～6 起	2
		7 起及以上	3
6	在审讯/看守所/监狱中被警察打的次数	没有	0
		被打过 1 次	1
		被打过 2 次及以上	2

表 6－13　第一次受刑与其他受罚情况得分（0～20/17）

单位：分

序号	变量	属性	得分
1	是否对自己犯罪感到后悔	否	0
		是	1
2	是否认为判决过重	否	0
		是	1
3	服刑期间是否有自杀行为或计划	否	0
		是	1

续表

序号	变量	属性	得分
4	服刑期间是否有脱逃行为或计划	否	0
		是	1
5	是否被严管过或行政处罚过	否	0
		是	1
6	现在的年龄	25 岁以上	0
		18 ~ 25 岁	1
		18 岁以下	2
7	是否被治安拘留过	否	0
		是	2
8	是否被强制戒毒过	否	0
		是	3
9	是否被劳动教养过	否	0
		是	3
10	被法院判刑的次数	1 次	1
		2 次	3
		3 次及以上	5

注：入矫初期评估表删除第 3、4、5 项。

表 6-14　现在的情况得分（0 ~ 24/18）

单位：分

序号	变量	属性	得分
1	婚姻状况	在婚	0
		未婚，没有谈恋爱	1
		离婚/丧偶	2
		未婚，正在谈恋爱	3
		未婚，刚跟恋爱对象分手	4
2	居住情况	固定住在一处或换过 1 次住处（有自己的房产/与亲属同住）	0
		换过 2 次住处（租房）	1
		换过 3 次及以上住处（住处无着落）	2

续表

序号	变量	属性	得分
3	是否与亲属关系较差	否	0
		是	1
4	家庭经济状况是否较差	否	0
		是	1
5	职业	社会管理者/私营企业主	0
		其他职业	1
		无业	2
6	就业情况	全年有工作	0
		有时有工作	1
		全年失业	2
7	收支是否能维持生活	否	0
		是	1
8	朋友是否主要是服刑时的狱友	否	0
		是	1
9	朋友中违法者的人数	没有	0
		有1个	1
		有2个及以上	2
10	是否见过吸毒	没有	0
		见过1次	1
		见过2次及以上	2
11	是否欠（借）钱	没有欠（借）人家钱，人家也没有欠（借）我钱	0
		人家欠（借）我钱	1
		我欠（借）人家钱	2
12	所估计的社会上的犯罪率是否超过20%	否	0
		是	1
13	所估计的国家对犯罪的处罚率是否低于25%	否	0
		是	1
14	是否有文身	否	0

续表

序号	变量	属性	得分
14	是否有文身	是	1
15	开支有无计划	有计划	0
		没有计划	1

注：1. 入矫初期评估表删除第 6、7、8、10 项；2. 居住情况属性改为：有自己的房产/与亲属同住、租住、无着落。

表 6－15　近期行为得分（0～5）

序号	变量	属性	得分
1	喝酒次数	3 次以内	0
		4 次及以上	1
2	吸毒次数	没有过	0
		有过	2
3	赌博次数	3 次以内	0
		4～5 次	1
		6 次及以上	2

注：入矫初期评估表删除本大类。

（2）再犯风险等级划分表。再犯风险等级划分如表 6－16 所示。

表 6－16　再犯风险等级划分表

风险等级	加权系数	很高	较高	中	较低	很低
占百分比（%）		10	30	35	15	10
入矫初期	2.119	[54，59]	[35，53]	[15，34]	[6，14]	[0，5]
入矫中期	1.689	[68，74]	[45，67]	[19，44]	[8，18]	[0，7]
解矫末期						

将本评估表计算机化而成的社区矫正再犯风险评估系统（CIRAI）自 2011 年 7 月以来在浙江省杭州市余杭区司法局及其下属 20 个司法所正式启用，至 2013 年 7 月 19 日，累计测试 1264 人次。其中，入矫初期评估 712 人，服刑中评估 415 人，解矫前评估 137 人。中级以上风险，共评估出 108

人次，占总评估人数的 8.54%。每月中级以上风险人员比例稳定在 9%左右。其中，入矫初期评估中级风险 59 人，占入矫初期总评估人数的 8.29%；服刑中期评估中级风险 42 人，占服刑中期总评估人数的 10.12%；解矫前评估中级风险 7 人，占解矫前总评估人数的 5.11%。通过矫正，再犯风险整体下降了 49.51%。评估为中级以上风险者并成功解矫的有 55 人，其中重新犯罪的有 3 人。采用社区矫正人员再犯风险评估评估表评定的等级与矫正工作者的经验判断有较高的吻合度（表面效度）。部分出乎意料的测试结果，提醒、帮助矫正工作者更加深入地了解服刑人员，及时发现、分析风险隐患，并做出适当反应。影响评估准确性的最主要因素是被测试的社区矫正人员隐瞒事实和虚假陈述。使用本评估系统以后，跟以前靠社区矫正工作者凭经验判断矫正人员再犯风险相比，在以下四个方面成效显著：一是有效降低了主观随意性和误判率；二是有效提高了社区矫正的针对性；三是有效减少了人工分析的难度和工作量；四是有力地促进了建立再犯风险评估和跟踪评估机制。[①]

第三节　社区矫正对象再犯风险评估的步骤

社区矫正对象再犯风险评估（预测）的过程可分为：建立实验组与控制组；收集资料；选择预测因子；预测因子的赋值；编制预测表。

一　建立实验组与控制组

再犯预测研究的核心问题是预测项目的设计和研究样本的选择。选样的实质是确定用于对照比较的实验组和控制组。实验组在初犯预测中是有犯罪经历者，在再犯预测中是重新犯罪者；控制组在初犯预测中是没有犯罪经历者，在再犯预测中是有犯罪经历但未重新犯罪者。综观各种再犯预测研究，其确定实验组和控制组的方法有如下四种。

---

① 许疏影：《社区矫正人员再犯风险评估工具实证研究》，《河南警察学院学报》2014 年第 4 期。

（一）纵向选样

1. 追踪选样

纵向选样中的追踪选样法是以某一地区监狱一定时间段内释放的全部罪犯为对象，追踪数月或数年，并将在此期间的再犯者和未再犯者自然分成实验组和控制组。由于可以认为同时释放的罪犯（入狱前、服刑中、释放后）生活于大致相同的环境之中，所以，环境的影响也基本相同——社会危险性基本相当。这时，我们就可以把人身危险性视为再犯可能性。这种方法有很高的科学性，但长时间追踪回归者相当困难，地域广阔、人口众多的地区采用此法几乎不可能。

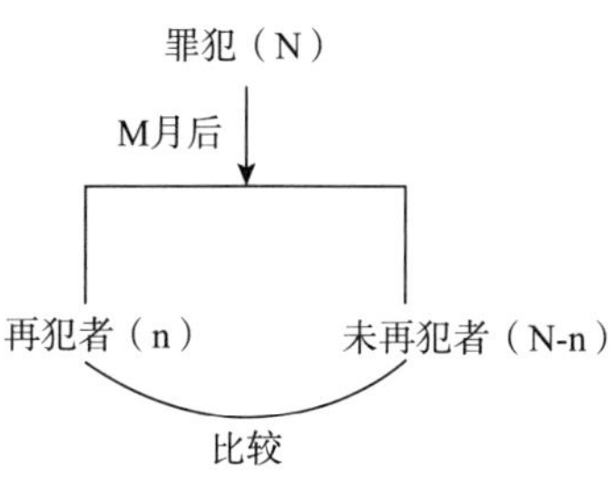

图6－1　追踪选样示意

2. 回溯选样

纵向选样中的回溯选样法是以某一地区监狱在押的再犯者为实验组，而以数月或数年前与再犯者同期释放的迄今未再犯者为控制组。由于实验组为在押罪犯，这使寻找样本的难度减少了一半。但是，建立控制组的难度大于采用追踪法的难度，这是因为它没有像追踪选样法那样事先将研究对象纳入追踪计划而使未再犯者更加难以寻找。

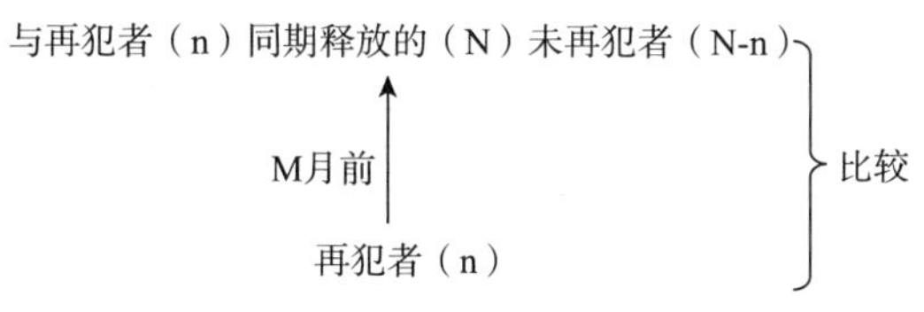

图6－2　回溯选样示意

（二）横向选样

1. 初犯同期选样

横向选样中的初犯同期选样法是以监狱在押的罪犯为研究对象，把初犯者作为控制组，把初次犯罪与初犯者犯罪同期的再犯者作为实验组。这种方法简便易行，并能使初犯者与再犯者早期犯罪时的社会环境相一致。但是，其主要缺陷在于：①与初犯者同时关押的再犯者大多是初次犯罪判刑较短的罪犯，而与再犯者初犯时期相同而今天仍在狱中服刑者多为重刑犯，因此这会造成样本的重大偏差；②再犯者初次服刑的环境与初犯者本次服刑的环境有所不同。

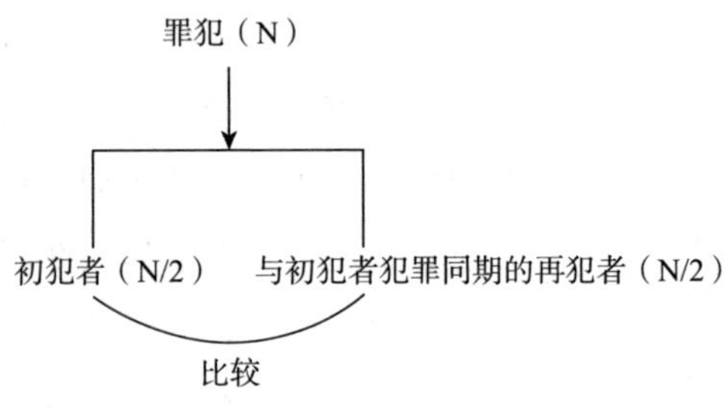

图 6－3　初犯同期选样示意

2. 初犯不同期选样

横向选样中的初犯不同期选样法是以监狱在押的罪犯为研究对象，把初犯者作为控制组，把再犯者作为实验组。黄兴瑞教授的再犯预测研究即采用了这种选样方法。这种方法最为简便易行，但其主要缺陷在于：①再犯者与初犯者初次犯罪时的环境不同；②再犯者初次服刑的环境与初犯者本次服刑的环境有所不同。

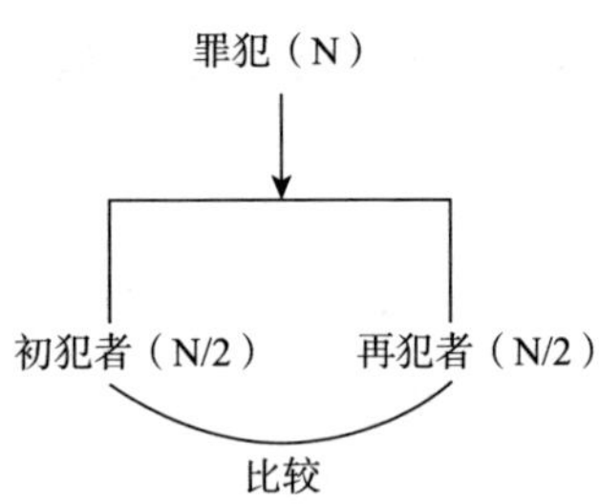

图 6－4　初犯不同期选样示意

二　收集资料

利用访谈或问卷方法收集调查对象的犯罪经历、家庭生活、教育过程、职业生涯、社会活动、刑罚处遇，以及其个人的基本信息（如性别、年龄、性格、精神状态等）等可能与再犯有关的因素。比如，台湾大学法学院张甘妹教授主持的再犯预测研究，调查项目分为犯罪经历、家庭经历、社会经历、职业经历、学校经历、狱中状况、生理与心理状态等七大类因素，共66个子项目。浙江警官职业学院院长黄兴瑞教授采用主观抽样方法对浙江的杭州市余杭区在押罪犯进行了调查，调查项目涉及可能与再犯相关的两大类因素：一是社会因素，共七大类别，61个项目；二是心理因素，共16个项目。资料的准确性是决定预测成败的重要因素。

三　选择预测因子

根据资料的性质（如变量的层次、是否为概率抽样数据、是否呈正态分布、是否为线形关系等）选择相应的检验方法，如pearson（积距）相关、spearman（等级）相关、点二列相关或 χ^2（卡方）检验。对于再犯预测来说，一般能保证样本为大样本且样本相互独立。因此，我们可以直接用 $\chi^2 = N\left(\sum \frac{f_{0_i}^2}{f_{x_i} f_{y_i}} - 1\right)$ 计算。

f_{o_i} 为实际观测数，f_{x_i}、f_{y_i} 为实际观测数所在行与列的边缘分布次数。下面以犯罪类型为例具体说明如何用 χ^2（卡方）检验筛选预测因子（见表6－17）。

表6－17　犯罪类型与是否再犯的 χ^2（卡方）检验

是否再犯 y / 类型 x	未再犯组	再犯组	f_{x_i}
初犯	73	27	100
累犯	7	23	30
再犯	14	12	26
常习犯	6	38	44
f_{y_i}	100	100	$N = 200$

注：$p < 0.01$。

$$\chi^2 = N\left(\sum \frac{f_{0_i}^2}{f_{x_i} f_{y_i}} - 1\right) = 200 \times \left(\frac{73^2}{100 \times 100} + \frac{7^2}{30 \times 100} + \cdots + \frac{38^2}{44 \times 100} - 1\right) \approx 53.0。$$

χ^2 临界值的自由度为 $(r-1)(c-1)$，r、c分别表示行数和列数。在本例中，自由度为：$(4-1) \times (2-1) = 3$。查 χ^2 分布表，$\chi^2_{(3),01} = 11.3$。$\chi^2 > \chi^2_{(3),01}$，故犯罪者类型与是否重犯有关联，或者说不同的犯罪者类型在是

否重犯上有显著差异。

张甘妹教授根据以上方法最后筛选出6个与是否再犯关系显著的预测因子：①犯罪者类型；②判决刑期；③收容前之受刑经验；④第一次犯罪年龄；⑤配偶的状态；⑥文身状况。黄兴瑞教授运用SPSS软件进行了数据统计分析，分析步骤如下。①检验再犯与初犯之间是否存在显著性差异，对定距以下变量采用 χ^2 检验方法，对定距以上变量采用平均数方差（ANOVA）分析。p值均取0.01。②对拣选出的 $p<0.01$ 的各因素，再求λ、τ或 E^2 系数来分析其预测效力。PRE值要求大于10%。③对拣选出的有高度相关性（相关系数大于0.7）的因素，根据其易获得性选择其一。如最早的一次犯罪的年龄和第一次被逮捕时的年龄有高度相关（pearson相关系数等于0.964），而第一次被逮捕时的年龄比最早的那次犯罪时的年龄更容易获得和确定，因此最后取“第一次被逮捕时的年龄”作为预测因子。最后，从61项社会因素中鉴别出与是否再犯相关的36个项目，从16项心理因素中鉴别出5个项目；再根据显著性、独立性和有效性，检选出早年不良行为、不良行为模式、犯罪时职业、对被害人的态度、第一次被逮捕时的年龄、罪名、前科次数、刑期、服刑期间是否学到就业技能、释放前的管理级别、出狱时的年龄、出狱时的婚姻状况等12项因素作为预测因子。

四　预测因子的赋值

根据所选因子与犯罪相关程度的强弱而给予预测因子适当点数，预测因子赋值点数通常以A式得分和B式得分记。A式得分以0～100计分，B式得分以0、1、2、3等计分（见表6－18）。

表6－18　早年不良行为之得分

不良行为数目	再犯组（%）(1)	初犯组（%）(2)	再犯率（%）(1)/[(1)+(2)]	A式得分(1)/[(1)+(2)]×100（分）	B式得分（分）
0～2项	35.0	43.6	44.5	44.5	0
3～4项	34.1	36.7	48.2	48.2	0
5～6项	30.9	19.7	61.1	61.1	1
N	337	330			

以此类推，计算出所有预测因子各属性对应的分数。

五　编制预测表

编制预测表就是把已经赋值的各预测因子编排进一张表格里，并给出整合总分的意义解释。它就每一个调查对象计算其预测因子所得总点数，再将全体总点数排序并划分为若干等级，以便算出每一等级对应的实验组成员占该等级成员总数的比例。这里仍以张甘妹教授的研究为例说明编制预测表的步骤。

1. 编排总得分表

首先编排总得分表，张甘妹教授研究中编排的总得分表如表6－19所示。

表6－19　6项预测因子的总得分

单位：分

预测因子	A式得分	B式得分	预测因子	A式得分	B式得分
1. 犯罪者类型			4. 第一次犯罪年龄		
初犯	27.4	0	12～18岁未满	65.7	1
累犯	75.3	1	18～25岁未满	54.7	1
再犯	45.5	0	25岁以上	38.0	0
常习犯	87.0	1	5. 配偶的状态		
2. 判决刑期			未婚	58.4	1
0.5～1年未满	47.6	0	结婚（包括同居）	33.8	0
1～2年未满	59.2	1	丧偶或离婚	60.3	1
2～3年未满	48.7	0	6. 文身状况		
3～5年未满	58.5	1	无	42.4	0
5年以上	21.9	0	有	67.1	1
3. 收容前之受刑经验					
0次	32.4	0			
1～2次	74.4	1			
3～4次	93.7	1			
5次及以上	100.0	1			

2. 依据总得分表计算出每一个样本的得分

如一个有文身的、未婚的、第一次犯罪年龄为 17 岁的、在收容前有 2 次受刑经验的、被判处 2 年零 6 个月的常习犯的 A 式和 B 式得分分别为：

A 式得分 =87.0 +48.7 +74.4 +65.7 +58.4 +67.1 =401.3 分；

B 式得分 =1 +0 +1 +1 +1 +1 =5 分。

所有有效样本的分数皆需一一计算。

3. 依据总得分表计算出的理论极差（各项最高分之和与各项最低分数之和的差）为全距，将数据区间分为 N 等份

以黄兴瑞教授研究中的 A 式得分为例：

理论极差 = 各项最高分之和 - 各项最低分之和 =825 -385 =440；

组距 = 理论极差/N，

当 N=3 时，组距 =147，区间为［385，525］［525，675］［675，825］；

当 N=4 时，组距 =110，区间为［385，495］［495，605］［605，715］［715，825］。

4. 以等分区间（分数段）和组别属性为纵横栏做交互表，计算每一交集的有效样本数

张甘妹教授研究中的四级交互表如表 6 -20 所示。

表 6 -20　四级交互情况

单位：人

A 式四级交互			B 式四级交互		
分数段	再犯组人数	未再犯组人数	分数段	再犯组人数	未再犯组人数
200 分以下	0	9	0 分	3	27
200 ~299 分	52	125	1 ~2 分	32	82
300 ~399 分	86	24	3 ~4 分	70	42
400 分及以上	19	2	5 ~6 分	52	9
合计	157	160	合计	157	160

5. 计算各分数段的再犯可能率

张甘妹教授研究中的四级再犯预测情况如表 6 -21 和表 6 -22 所示。

表 6－21　A 式四级再犯预测

单位：人，%

分数段	再犯组人数（1）	未再犯组人数（2）	再犯可能率 (1)/[(1)+(2)]
200 分以下	0	9	0
200～299 分	52	125	29.4
300～399 分	86	24	78.2
400 分及以上	19	2	90.5
合计	157	160	—

表 6－22　B 式四级再犯预测

单位：人，%

分数段	再犯组人数（1）	未再犯组人数（2）	再犯可能率 (1)/[(1)+(2)]
0 分	3	27	10.0
1～2 分	32	82	28.1
3～4 分	70	42	62.5
5～6 分	52	9	85.2
合计	157	160	—

至此，再犯预测表制作完成。成型的再犯预测表可用于临床预测，如缓刑判决评估、入狱（矫）前危险性鉴别、假释裁定评估、出狱前危险性评价等。①

① 葛炳瑶主编《社区矫正导论》，杭州：浙江大学出版社，2009，第 217～224 页。

第七章
社区矫正对象脱管风险评估

社区矫正是在社会化的环境中对罪犯执行刑罚和教育改造，因此预防社区矫正对象脱管和重新犯罪，防止他们对社会和公众再次造成危害，是社区矫正工作的首要任务。而要预防社区矫正对象脱管风险，就必须做好社区矫正对象脱管风险的评估工作，并根据评估的结果去构建严密的脱管防范机制。

第一节　社区矫正对象脱管的内涵、形式与成因

脱管有广义和狭义之分。广义的脱管可分为脱管（狭义）、漏管和虚管三种形式，还可分为显性脱管和隐性脱管两种形式。造成社区矫正对象脱管的原因是复杂的，但根本原因是交付机关和执行机关的监管不到位。

一　社区矫正对象脱管的内涵与形式

脱管是指社区矫正对象脱离矫正组织的管理，从而使矫正组织无法对其予以帮助教育的情形。换句话说，脱管是执行机关在对矫正对象的活动实行直接监管过程中的一种失管或失控现象。根据《社区矫正实施办法》的规定，司法行政机关负责指导管理、组织实施社区矫正工作，因而司法行政机关是社区矫正的执行机关。司法所是司法行政机关最基层的组织机构，又是县（区、市）司法局在乡镇（街道）的派出机构。脱管可以从不

同的角度来划分其表现形式。

（一）非法脱管与违纪脱管

根据社区矫正对象脱管的严重程度，可将脱管分为非法脱管和违纪脱管两种形式。

1. 非法脱管

非法脱管是指社区矫正对象非法脱离执行机关整个监管工作的控制范围的现象，即社区矫正对象非法脱离整个监管场所的现象。这属于逃避刑罚处罚的行为，一般都会构成脱逃罪。

2. 违纪脱管

违纪脱管是指社区矫正对象脱离执行机关和执行人员直接管理控制范围，但尚未脱离整个监管场所的现象。这属于违反监规纪律的行为，应当与脱逃相区别。

（二）脱管、漏管和虚管

根据脱管责任主体的不同，可将脱管分为脱管（狭义）、漏管和虚管三种形式。

1. 脱管（狭义）

脱管内涵的界定有一个变化的过程。在我国《刑法修正案（八）》发布之前和 2012 年《刑事诉讼法》修改之前，在社区矫正试点和试行阶段，按照当时《刑法》和《刑事诉讼法》的规定，监外执行机关是公安机关，并由罪犯居住地的公安派出所具体实施监外执行任务。所以，当时人们将脱管界定为“监外执行罪犯脱离公安机关的监督管理”①。

北京市自 2003 年开展社区矫正试点工作后，就对监外执行罪犯实行公安机关和司法行政机关双重管理的工作模式，且越来越多地由司法行政机关的社区矫正部门负责。北京市 2005 年 10 月 8 日印制的《关于防范社区服刑人员脱管和重新犯罪的若干意见（试行）》就将脱管与司法所联系起来，提出了脱管形成的三个条件：①该服刑人员已被司法所接收，且正在社区矫正期间；②该服刑人员未向司法所或派出所报告擅自离开了居住

① 《全面加大监外执行罪犯监管力度——市中级人民法院纪检组组长孙兰成就五部门专项行动答记者问》，《焦作日报》2007 年 8 月 3 日，第 4 版。

地，不知去向；③该服刑人员未按规定的日期电话报到或当面报到，司法所自服刑人员应报到的日期之日起查找满三日（含节假日），仍不知其下落。后来又有学者将公安机关和司法行政机关共同作为执行主体来界定脱管的内涵，指出："所谓脱管，是指监外执行罪犯脱离公安机关或社区矫正机构的监督管理。"① 这里，社区矫正机构主要是指司法所。

脱管是指社区矫正对象擅自脱离执行机关的监督管理。脱管的主要责任者是社区矫正对象，是其擅自脱离执行机关的监管视线而使执行机关无法实现对其监管。脱管发生在执行机关接收社区矫正对象之后，已经开始刑罚执行活动的监督管理环节。

脱管主要有两种情况。①无意识的脱管，即社区矫正对象受潜意识的驱使而出现的脱管行为，并非社区矫正对象自觉的、有目的的行为。此类脱管现象数量较多，但危险性较小。②有意识的脱管，即社区矫正对象受犯罪恶习的驱使而出现的有目的的，甚至是有预谋的自觉脱管行为。此类脱管现象数量较少，但往往很危险。

脱管的表现形式主要有：①社区矫正对象未在规定时间内到执行机关报到；②社区矫正对象未经执行机关批准，擅自离开所居住的区域或去向不明；③社区矫正对象未向执行机关报告自己的活动情况。

2. 漏管

与脱管内涵的变化相一致，漏管的内涵也有一个变化的过程。在《社区矫正实施办法》实施之前，由于将公安机关作为法定的监外执行机关，所以人们对漏管的界定也是与公安机关相联系："所谓漏管，是指监外执行罪犯因有关单位交付执行环节脱节或相关法律文书送达不到位，导致居住地公安机关对该罪犯没有列管。"② 这就是说，漏管的发生是在执行机关（公安机关），而漏管的责任主体是在交付机关——人民法院、监狱或看守所，是它们交付执行不及时或没有送达法律文书，导致公安机关对社区矫正对象的漏管。法律文书是指判决书、裁定书、决定书、执行通知书、假

① 荣彰主编《监所检察案例教程》，北京：中国检察出版社，2014，第223页。

② 林礼兴：《〈人民检察院监外执行检察办法〉解读》，载白泉民主编《监所检察"四个办法"》，北京：中国检察出版社，2008，第231页。

释证明书副本等档案材料。根据我国 2012 年实施的《社区矫正实施办法》的相关规定推断，漏管现象既可能在人民法院、公安机关、监狱与居住地的县级司法行政机关、人民检察院和公安机关之间发生，也可能在县级司法行政机关与司法所之间发生。

所谓漏管，是指居住地执行机关未将社区矫正对象列入监督管理。[①]换句话说，漏管是指社区矫正对象交付执行环节脱节，使社区矫正部门的名单里没有这个人。

漏管主要有以下 4 种表现形式。①见人不见档，是指社区矫正对象已来到执行地司法行政机关报到，但决定机关（人民法院、监狱、看守所等）未将法律文书材料送达，致使执行机关无法将其列管。②见档不见人，是指决定机关已将法律文书材料送达执行地司法行政机关，却未在《社区矫正实施办法》规定的时间内将社区矫正对象依法交付到执行地司法行政机关报到，致其漏管。③人档皆不见，是指执行地司法行政机关既未收到决定机关应送的法律文书材料，也未见社区矫正对象前来报到，致其漏管。④执行机关未见人，是指执行地司法行政机关未告知社区矫正对象在三日内到指定的司法所报到，致其漏管。从这 4 种形式来看，前三者主要是执行地司法行政机关的漏管，后者是司法所的漏管。

司法实践中对社区矫正对象的漏管现象，主要通过以下 3 个途径来发现。①检察院与司法行政机关核对人员名单时发现。检察院掌有法院判决结束后抄送过来的社区矫正对象的名单信息，每年都会不定期地与司法行政机关核对社区矫正对象名单，从而发现漏管人员。②法院自查相关人员的回执时发现没有回执，和司法行政机关联系后发现。③在镇街和相关村居工作人员、社区矫正工作者向司法所报告社区矫正对象情况时发现。由于社区矫正对象往往回到户籍所在地或者居所地进行社区矫正，所以相关村居工作人员、社区矫正工作者能够更直接地接触到此类人员，对于此类人员的个人状况也更加了解和熟悉，就更容易发现此类人员的漏管。

3. 虚管

虚管是指社区矫正对象已经被列入监督管理，但执行机关没有采取监

① 荣彰主编《监所检察案例教程》，北京：中国检察出版社，2014，第 223 页。

督管理措施或者监督管理不到位。虚管的责任主体是执行机关，是执行机关放松或放弃监管而造成矫正对象处于实际的脱管状态。

虚管的主要表现形式有两种。①列管无监管。执行机关只让社区矫正对象及时报到或给社区矫正对象建立了档案，而没有对其采取监督管理措施。②监管不到位。执行机关未为社区矫正对象制定或调整矫正方案并成立帮教小组，未掌握社区矫正对象居所变动、工作变动、家庭重大变故等情况，未组织社区矫正对象参加教育学习，社区服务未超过 8 小时，未定期走访社区矫正对象的家庭、单位、学校或社区等，未让社区矫正对象每月提交书面小结，未与社区矫正对象谈心谈话。[①]

无论是脱管、漏管，还是虚管，导致的结果都是使罪犯没能受到应有的管理与监督。

（三）显性脱管与隐性脱管

根据脱管的直接表现程度，可将脱管分为显性脱管和隐性脱管两种形式。

1. 显性脱管

显性脱管，是指社区矫正对象非常明显与直接地脱离社区矫正组织的监管范围。前面所说的“狭义脱管”和“漏管”都属于显性脱管的形式。“狭义脱管”是社区矫正对象有意而为，而且执行机关也已意识到矫正对象处于脱管状态。“漏管”意味着矫正对象压根就没有到执行机关报到，因而脱管在执行机关那里也就表现明显。

2. 隐性脱管

隐性脱管是指矫正对象虽然形式上未脱离矫正组织的管理和矫正，但实质上矫正对象的思想状况、社会交往关系、主要的行为活动已不被矫正组织所掌握，从而导致矫正组织无法有效地开展帮教活动的一种状态。

在隐性脱管状态下，矫正对象一般能够按照矫正组织要求定期向其做思想汇报和活动情况报告。矫正组织也能依矫正计划对矫正对象予以思想教育，并组织其参加社区的一些公益活动。同时，矫正对象的相关档案材料齐全。因此，隐性脱管具有形式上的合规范性。监督机关如不深入向矫正对象和矫正主体了解相关情况，仅从形式上进行审查的话，很难发现矫正对象处

---

① 潘志勇：《社区矫正“虚管”问题实证研究》，《犯罪研究》2015 年第 4 期。

于脱管状态。

在社区矫正工作实践中，隐性脱管现象主要有以下几种表现形式。

（1）矫正主体对矫正对象的思想状况摸不着。矫正对象与矫正主体进行的思想沟通大多局限于矫正主体被动地听取矫正对象的思想汇报，或者矫正对象定期上交一份书面的思想汇报，但大多汇报材料无法真实地反映矫正对象的思想动态，形式化现象严重。因此，矫正主体无法得到客观全面的信息，摸不着矫正对象的思想活动状况。

（2）矫正主体对矫正对象的行为表现看不着。矫正对象不主动向矫正组织报告自己的活动状况，只是被动接受矫正组织的询问，报告的内容与平时的活动有出入，如果矫正组织不加以主动调查，就很难掌握其活动状况，了解其社会交往关系，从而对可能发生危险的状况无法及时予以制止。

（3）矫正主体的矫正措施够不着。社区矫正工作中规定的矫正措施，由于矫正主体的矫正方法、矫正态度等方面的原因，无法真正对矫正对象起作用。[①]

隐性脱管与虚管的含义相近，都是指监管不到位。但是，隐性脱管的责任指向矫正对象，虚管的责任指向矫正主体——执行机关。

二　社区矫正对象脱管的成因

尽管我们可以从不同的角度将脱管分为不同的类型，尽管有的脱管是与社区矫正对象的主观意愿有关，但造成脱管的根本原因还是交付机关和执行机关没有尽到自己的责任。

（一）脱管的成因

1. 有关法律尚不完善

《社区矫正实施办法》规定：“社区矫正人员应当自人民法院判决、裁定生效之日或者离开监所之日起十日内到居住地县级司法行政机关报到。县级司法行政机关应当及时为其办理登记接收手续，并告知其三日内到指

① 贾忠海：《论对社区矫正中隐性脱管现象的防范对策》，载刘强主编《社区矫正评论》（第1卷），北京：中国法制出版社，2011，第229～231页。

定的司法所接受社区矫正。”这就意味着矫正对象从判决、裁定生效之日或者离开监所之日到其到达指定司法所报到，前后有多达十三天的时间处于无人监管的状态，这无形间为矫正对象脱离监管提供了时间机会。《社区矫正实施办法》又规定：“罪犯服刑地与居住地不在同一省、自治区、直辖市，需要回居住地暂予监外执行的，服刑地的省级监狱管理机关、公安机关监所管理部门应当书面通知罪犯居住地的同级监狱管理机关、公安机关监所管理部门。”这一条文对暂予监外执行的矫正对象的报到时间无任何时间要求，这也给矫正对象脱管提供了无限的机会。

2. 矫正对象认识不够

脱管是社区矫正对象心理上的渴望，其目的是摆脱监管环境，撕去其罪犯“标签”，从而隐匿罪犯的身份，以满足自身获取与正常公民同等的人身自由的愿望。尤其是职务犯罪监外执行罪犯，囿于认识上的误区，其认为只要缓刑期满，别人不知道，就可保留公职。有的矫正对象的“罪犯”身份意识不强，认为社区矫正刑罚是国家的一种宽限政策，自己在社区矫正而不用“蹲监坐牢”，就不用人管了。在他们的潜意识里，缓刑变成了“无刑”，管制变成了“无人管理”，于是对执行机关的监管行为心存抵触，不服从监管改造。有的矫正对象将监外执行等同于刑满释放，以为只要不再去犯事就好了，于是长期外出务工或经商，脱离了执行机关的管束，逐渐放松了对自己的要求，对司法行政机关的通知不予理睬，没有严格按照执行机关的要求按时报到、报告活动情况。有的矫正对象因外地躲债、重新犯罪等原因，为了逃避债权人的追债或法律的追究而逃脱，司法行政机关无法联系到其本人，所以导致脱管。

3. 执法机关执行不力

脱管是社区矫正对象自己主动脱离执行机关的监管，但也与负责监管的执法机关执行不力有关。执法机关执行不力的情况主要表现为以下两方面。

一是执法机关未尽职守。例如，司法行政机关未向报到后的社区服刑人员履行法定告知义务，致使其未按照有关规定接受监管；违反人民法院禁止令的内容，批准社区服刑人员离开所居住的市、县（旗）进入特定区域或者场所，致其脱管；未采取针对性措施及时掌握社区服刑人员活动情况，未履行法定监督管理职责，致其脱管；未对违反社区矫正有关规定的社区服刑人员依法采取警告、提请给予治安处罚、提出撤销缓刑或假释的建议、提出收监执行建议等处置措施，致其脱管；未将被法院撤销缓刑、假释裁定、暂予监外执行批准，被决定机关做出收监执行决定后逃跑的社区服刑人员的名单通知公安机关并要求公安机关进行追逃，致其脱管。公安机关接到司法行政机关发来的有关社区服刑人员逃跑的通知后没有追逃，致使应收监执行的社区服刑人员脱逃。[①]

二是执法部门之间沟通不畅。社区矫正对象因在外地犯罪而被抓捕，在外吸毒而被强制戒毒，在外地犯罪而被劳教，但因抓捕机关、戒毒所和劳教所与司法行政机关和执行机关沟通渠道不畅通，而导致其脱管。

（二）漏管的成因

漏管是由于监外罪犯交付执行或交付监管脱节，公安机关、司法机关应当掌握监外罪犯的监督管理档案而没有掌握，从而未对其实施监督管理考察，致使其脱离了相关机关的监督管理。

1. 法律文书传递不到位

按《社区矫正实施办法》规定，在人民法院判决、裁定生效起三个工作日内，就要将法律文书送达社区矫正对象居住地的县级司法行政机关，同时抄送给其居住地的县级人民检察院和公安机关。其居住地县级司法行政机关收到法律文书后，应当在三个工作日内送达回执。但在现实中，因存在法律文书送达不及时、送达不规范或者未送达、不重视回执回收等问题，导致人民法院、监狱、公安机关、司法机关、检察机关在交付执行上衔接不到位。一是人民法院、监狱、看守所未按规定及时将原判法律文书送交执行地的公安机关、检察机关和司法机关，致使矫正对象无法在司法行政机关办理入矫手续而漏管；二是执行机关在收到罪犯监外执行的有关法律文书后，未及时向检察机关报告，双方互不通气，因交接环节易出现漏洞而漏管；三是因对外地法院判处本地罪犯的情况掌握不全面，造成法律文书及相关材料送达不及时或者未送达而漏管；四是司法行政机关负责

---

① 徐盈雁、高融：《专项检察活动剑指十二种情形》，《检察日报》2015 年 4 月 17 日，第 1 ~ 2 版。

收发监外罪犯法律文书的部门不明确，有时由县级矫正办收发，有时由基层司法所直接收发，造成文书传递不畅。

2. 执法部门告知不到位

按《社区矫正实施办法》规定，对于适用社区矫正的罪犯，人民法院、公安机关、监狱在向其宣判时或者在其离开监所之前，应书面告知其到居住地县级司法行政机关报到的时间期限以及逾期报到的后果。县级司法行政机关应当告知其三日内到指定的司法所接受社区矫正。而在实践中，出现的问题主要有两种。一是决定机关（人民法院、监狱、看守所）在交付执行时，未向社区服刑人员履行法定告知义务（包括报到的具体机关、报到的时间期限和逾期报到的后果）。决定机关对于户口在外地、居住地在本地的社区服刑人员，在宣判时或者在其离开监所之前，未明确告知其参与社区矫正的具体机关，往往出现相关材料移交到户籍所在地，而社区服刑人员未去居住地司法行政机关报到的情况，致使其漏管。决定机关在宣判时或者在社区服刑人员离开监所之前，只是把社区服刑人员的材料邮寄到司法行政机关，而未明确告知其到司法行政机关报到，致使其因未在规定的时间内报到而漏管。二是因县级司法行政机关未告知社区服刑人员三日内到指定的司法所报到而发生漏管。

3. 矫正工作交接不到位

漏管的一个重要原因是执法机关之间没有将社区服刑人员进行有效交接。一是由决定机关交接不到位所致。监狱、看守所未将暂予监外执行的罪犯押送至居住地执行机关，人民法院决定暂予监外执行后，未通知相关司法行政机关到庭办理交接手续，从而产生漏管。二是由司法行政机关交接不到位所致。司法行政机关应依法接收而未接收，未及时组织查找未按规定时间报到的社区服刑人员，或接到人民法院通知后未到庭办理交接手续。这些情况都会造成漏管。

4. 检察机关监督不到位

《社区矫正实施办法》明确规定："人民检察院对社区矫正各执法环节依法实行法律监督。"在现实工作中，检察机关有时会监督不到位，究其原因，主要有两种。一是司法行政机关的问题。部分司法行政机关懒于甚至拒绝向检察机关报告社区矫正人数，导致两家单位的社区矫正登记人数不一，从而出现漏管现象。[①] 二是监督机构的问题。一方面，监督机构不健全。检察机关没有专门的检察部门和检察人员开展社区矫正的法律监督工作，导致工作措施不到位。一些检察人员只是附带兼任社区矫正法律监督工作，其法律知识、专业水平和工作能力与社区矫正监督的要求还有一定差距。另一方面，监督方式落实后，措施不力。由于社区矫正机构、矫正对象面广量大，而定期检察乃是短期行为，不能常态化、制度化，因而很难使所有的漏管问题都能及时被发现。在监督措施上，纠正违法通知书、检察建议这些监督措施都不具有相应的法律执行力，因而降低了检察监督的实际效果。[②]

（三）虚管的成因

1. 社会基础不适应

当前，我国的社区还不是一个较为完善且自治的领域，更多的居民把社区当成政府组织的一个层级，居民的社会参与性还不强。当前我国的社区矫正工作完全由司法行政机关主导，社区矫正主要表现为“司法矫正”。如果仅仅依靠司法执行机关来对矫正对象进行管理，而不去发挥社区和社会力量的监督作用，要想对矫正对象实施有效监管是很不容易的。当然，我国当前社区建设尚不发达，需要由政府主导引导，稳步推进，逐步让社区力量在社区矫正工作中发挥越来越大的作用。

2. 立法不健全

从社区服务来说，《社区矫正实施办法》规定，有劳动能力的社区矫正人员每月参加社区服务的时间应不少于八小时；司法所应当及时记录社区矫正人员参加社区服务的情况，定期对其接受矫正的表现进行考核。但该办法没有规定社区服务是有偿劳动还是无偿劳动。若是无偿劳动，则既与我国《刑法》第三十九条规定的“对于判处管制的犯罪分子，在劳动中应当同工同酬”之说相冲突，也难以调动社区服刑人员劳动的积极性。司法所也很难做到全程跟踪、监管社区矫正人员的社区服务。从检察监督来

---

① 杨兰苹：《浅论社区矫正检察制度的不足和完善》，《“决策论坛——基于公共管理学视角的决策研讨会”论文集》（下），北京，2015 年 10 月 29 日，第 211 页。

② 蔡永节：《浅谈社区矫正法律监督的完善》，《法制与经济》（中旬）2013 年第 10 期。

说，《刑法》和《刑事诉讼法》虽然赋予了检察机关对刑罚执行进行法律监督的职责，但相关规定比较原则，尤其是对社区矫正工作缺乏必要的监督方式和刚性监督惩处措施，这就使得监督容易流于形式，最终影响了监督效果。

3. 矫正力量薄弱

社区矫正工作力量薄弱，主要表现在两个方面。一是矫正队伍人手不足。司法所是社区矫正的具体实施部门，其兼有普法宣传、协助执法检查、调解、法律服务、参与综合治理等多项职能，为此有的司法所门口同时挂有数张岗位牌，无法将社区矫正工作作为主业。又因受人员、编制的限制，社区矫正工作人员少，经常身兼数职，工作时间、精力自然不能充分投入社区矫正的工作上，所以常会出现“无精力管”的现象。二是矫正队伍专业化程度不高。矫正队伍中缺少专职化的矫正工作者，他们中不少属于转岗人员，有的是为解决行政职级限制来司法所工作，并没有专业的法律知识，业务素质堪忧，所以常会出现“无能力管”的问题。有的工作人员年龄偏大，学习培训的意愿也不强，多有熬日子退休的想法，所以常会出现“无心思管”的问题。

4. 观念上不重视

由于社区矫正与我国长期以来奉行重刑主义的观念相矛盾，这使得一些社区矫正工作者不自觉地将社区矫正对象视为社会的对立面和惩罚对象，无法按照社区矫正的理念来为他们提供服务型管理。一些基层领导对社区矫正工作极端不重视，没有“社区矫正”是刑罚执行的概念，认为“社区矫正工作连公安机关都做不好，司法所的几个合同工怎么做得好”，这在主观上就放弃了社区矫正工作。[①] 一些司法所“重建档，轻监管”，认为社区矫正工作就是为矫正人员建立档案，因而对社区矫正工作重视不够，抓得不实，有的甚至认为监管帮教工作是乡村基层组织的事，所以敷衍塞责。

5. 执行环节监管不力

在基层执法力量薄弱的情况下，司法行政部门有些干警的办案理念是

---

① 潘志勇：《社区矫正“虚管”问题实证研究》，《犯罪研究》2015 年第 4 期。

“重打击、轻保护，重办案、轻执行”，对自身职责没有清晰、准确地把握，执法随意性大，对目前社区矫正执法工作的重要性及面临的严峻形势缺乏正确的认识，没有从思想上高度重视这项工作。其表现有：考察工作没有经常化、制度化；回访制度没有落实到位；外出请假等制度没有得到很好的执行；对不请假外出的矫正对象未能及时开展批评教育和采取一定措施查找。[①]

6. 矫正措施缺乏针对性

根据我国《社区矫正实施办法》规定，对未成年人的社区矫正应当与成年人分开进行。社区矫正对象为女性的，矫正小组应当有女性成员。对保外就医的社区矫正对象，应当及时掌握其身体状况、疾病治疗、复查结果等情况。但目前司法所出现的情况是：没有将未成年社区矫正对象与成年社区矫正对象分开进行，没有女性司法工作人员，对保外就医等暂予监外执行社区矫正对象的相关情况掌握不够，管理随意性大，缺乏针对性。

（四）隐性脱管的成因

目前，导致隐性脱管现象产生的原因主要有以下几个方面。

1. 人户分离

根据《社区矫正实施办法》规定，对社区矫正对象的管辖，采用其居住地司法行政机关主要管理及户籍所在地司法行政机关协助管理的制度。社区矫正对象迁居的，原居住地司法行政机关转交迁入地司法行政机关接收并管理。因户籍变动，但居住地尚未确定的，应由原户籍地司法行政机关先行接收管理，待居住地确定后，转交居住地司法行政机关接收管理。在实际操作过程中，由于对居住地的认定标准不统一等原因，导致部分矫正对象仍由户籍所在地的矫正组织进行矫正。若矫正对象的实际居住地不在户籍所在地，就会出现户籍地的矫正组织“够不着”，实际居住地的矫正组织“管不着”的奇怪现象。

2. 矫正对象不愿配合

部分矫正对象对社区矫正的目的和意义存在一些片面性的认识。有的

---

① 籍宏娟：《重视社区矫正维护社会和谐——新刑诉法社区矫正面对的问题及对策初探》，《太原日报》2014 年 9 月 12 日，第 10 版。

矫正对象只看重社区矫正工作中的救助功能，简单地将矫正组织看作是一个救助机构，一旦自身的需求得不到满足，就消极应付矫正主体对其实施的矫正工作。有的矫正对象只看重社区矫正工作承担的刑罚执行功能，认为积极配合矫正工作，会使罪犯的标签给自己求学、就业等方面带来更多歧视，于是他们不愿意主动配合矫正工作，而是敷衍了事。

3. 矫正主体存在缺陷

当前，社区矫正主体中存在的问题主要表现在两个方面。一是专业化水平不高。社区矫正工作的任务决定了矫正主体除了要有强烈的事业心之外，还要具备教育学、心理学、社会学和法学等方面的知识。但是，目前很多矫正工作者的知识结构无法适应矫正工作的需要，尤以缺乏心理学和社会工作的知识和技能为突出表现。他们无法取得矫正对象的信任，从而阻碍了矫正工作有效地开展。二是权责不明。目前国家和试点地区虽然出台了多项规定来规范社区矫正工作，但是矫正主体的权责仍然不明确，突出表现在相关规范虽然规定了矫正主体应当对矫正对象实施必要的救助，然而在实际操作过程中，能提供的救助方式和能力十分有限，权责不对等，损害了矫正主体的积极性，从而使矫正主体开展矫正工作的积极性不高。

4. 矫正措施缺乏有效性

目前的矫正措施缺乏有效性，主要表现为两个方面。一是矫正措施缺乏针对性。当前针对矫正对象制定的矫正方案几乎大同小异，没有因矫正对象家庭、受教育程度、社会交往、性格特征的不同而体现出差异性。这种计划没有抓住矫正对象的特点，必然的结果是在实践中无法操作，无法完成矫正的任务。二是缺乏相应的奖惩措施来保障。虽然根据相关法律规定，对缓刑、假释、暂予监外执行的罪犯，如果违反相关的法律达到一定的情节可以收监执行，但是对于性质较轻的矫正对象不配合的行为，如不定期向矫正主体汇报活动状况、外出不履行请假程序等，目前规定的训诫手段显然无法起到惩罚的效果。另外，也没有相应的激励机制鼓励矫正对象积极配合矫正。①

---

① 贾忠海：《论对社区矫正中隐性脱管现象的防范对策》，载刘强主编《社区矫正评论》（第1卷），北京：中国法制出版社，2011，第232～234页。

第二节 社区矫正对象脱管的危害风险

社区矫正对象脱管具有很强的危害性，它会引发矫正对象的社会危害风险，反映执行机关的道德危机，引发社会的信任危机。

一 脱管引发矫正对象的社会危害风险

（一）弱化在刑意识

刑罚执行是恢复矫正对象社会功能的重要手段之一。刑罚是一种国家强制处分，通过强制性手段，使犯罪人遭受一定的痛苦，如剥夺自由、权利等，矫正他们的犯罪意识和行为恶习。因此，对新入矫社区矫正对象，必须进行法律法规、权利义务、认罪悔罪教育，提高其在刑意识，让其自觉接受矫正。若让他们处于放任自流的脱管状态，行为不能受到足够的约束，就会弱化他们的在刑意识，不能真正使他们感受到是在接受刑罚。这样就淡化了他们对社会的负罪感，对犯罪的耻辱感，对罪行的罪责感，对法律的敬畏感，他们也就会对社区矫正采取无所谓的态度，不能很好地遵守社区矫正制度的相关规定，从而破坏刑罚的威慑力。例如，社区矫正对象韦某在缓刑执行期间，在尚未得到司法行政机关批准其外出的情况下，与其丈夫王某（同案犯，也同为社区矫正人员）擅自外出至广西北海一带养虾，未能每月向X镇司法所及时报到，并且没有参加镇司法所组织的集中教育活动。韦某一旦在广西养虾过程中出现违法犯罪的行为，相应司法行政机关就要承担脱管漏管的责任。① 当然，让服刑人员在社区矫正过程中继续保持在刑意识，不是要他们继续背着在刑包袱，让他们抬不起头来，而是要将靠刑罚执行和社会关怀结合起来，既要矫正其犯罪意识和行为恶习，又要促进其顺利回归社会。

（二）导致重新犯罪

无论哪一种形式的脱管，其共同的特点就是社区矫正对象的自由没有

---

① 章安邦：《权责失衡：中国社区矫正的当下困境——以Z省J县司法局社区矫正工作为例》，硕士学位论文，吉林大学，2014，第8～10页。

得到应有的限制，这就为其在社会上重新犯罪提供了宽松的时空条件，从而给社会和谐稳定带来很大的隐患。例如，WS 县 SM 镇社区矫正人员石某某因患有高血压、肝硬化等疾病而由 SC 省监狱管理局决定暂予监外执行，但因监管不到位而使石某某在暂予监外执行期间变更姓名从事非法经营活动。W 县司法局 BK 乡司法所原所长昝某因严重不负责任，导致罪犯朱某在假释考验期间脱管而实施了两次盗窃和一次绑架犯罪。DH 县司法局某司法所所长李某在社区矫正志愿者林某向其汇报辖区内有大量矫正对象违反规定甚至脱管后仍放任不管，致使该所监管的 3 名社区矫正对象在 CM 县两次盗窃绿化带树木，给国家造成经济损失 30 余万元。GJ 市司法局城区司法所冷某负责社区矫正工作期间，在明知辖区内的社区矫正对象雷某、范某已严重违反社区矫正规定并脱离监管的情况下，未及时书面通知两人居住地的派出所查找，也未提请有关部门给予撤销缓刑的处罚，致其再次犯罪。由于司法行政系统玩忽职守，使矫正对象处于脱管状态，就为矫正对象重新犯罪提供了可乘之机，严重威胁社会安全和稳定。

二　脱管反映执行机关的道德危机

（一）关怀意识缺失

执行机关对社区矫正对象的矫正，一方面要履行刑罚执行功能，另一方面要有关怀保护之心，让矫正对象因为执行机关和矫正工作者的帮助、保护而重新燃起生活的勇气和希望。这就要求执行机关和矫正工作者在对矫正对象进行监管的过程中了解矫正对象遇到的困难与需要。脱管意味着矫正机关、矫正工作者与矫正对象关系的疏远，由此可能引发如下弊端：①不能建立矫正工作者与矫正对象之间的和谐与信任关系，从而无法得到矫正对象的内心认同，这势必影响矫正的实际效果；②不能在矫正对象面临经济、思想或其他困境时提供适当的帮助保护，可能使其重新走上犯罪道路，令改造保护的前期工作毁于一旦。

（二）助长腐败现象

在社区矫正执行阶段，由于规章制度和监督机制存在弹性内容，可能会导致类似情况的社区矫正对象受到不一样的对待。社区矫正作为开放式的刑罚执行活动，执行中渗透的各种社会关系可能使得社区矫正的执法环境较之监禁矫正更为复杂。随着行刑权力的重新配置，社区矫正机构及其工作人员所拥有的自由裁量权日益增大，如果外部监管不到位，就容易滋生腐败，在放松对矫正工作者监督的同时也放纵了对矫正对象的监管。一些矫正对象为了达到放松监管、降低管理标准、脱管或其他不正当目的，就与社区矫正机构及其工作人员打得火热或“交往过密”，采用不正当手段对其进行拉拢腐蚀，从而将社区矫正工作人员推到了“渎职”的风口浪尖。例如，LYG 市 GY 区某司法所社工秦某，非法收受他人贿送的财物，为他人在社区矫正期间外出请假提供便利。DG 市 ZMT 镇司法分局局长黄某，串通社会人员张某向一名中国香港籍社区矫正对象索贿，并受贿人民币 10 万元，该中国香港籍社区矫正对象也因涉嫌行贿而被立案侦查。AX 县 FC 司法所所长张某，在社区矫正对象的外出请假、日常监管等工作中，收受社区矫正对象及其亲属钱物，为社区矫正对象谋取非法利益。LJ 县 GT 司法所原所长林某，接受罪犯原某贿赂，擅自允许原某在缓刑期间多次出境美国，让他的弟弟顶替其进行社区矫正活动；接受罪犯陈某礼品，对陈某未按规定进行周汇报、参加集中教育学习、义务劳动等行为视若无睹，还授意工作人员进行虚假记录，以应付上级检查。社区矫正工作者在罪犯矫正过程中收受贿赂，不仅不能矫正罪犯的犯罪心理和行为恶习，可能还会让他们更加痛恨社会，最后做出更多的更深层次的伤害民众、伤害社会的事情。

三　脱管引发社会的信任危机

（一）影响司法公信

社区矫正对象与在监狱服刑人员相比，罪犯的身份没有改变，依法接受教育改造和监督管理的义务也没有改变。从这个意义上说，如果社区矫正对象脱管、漏管和虚管现象不断发生，那么社区安全就处于不确定的状态，就会动摇公民对于法律的信任，对刑罚执行的权威性和严肃性以及司法的公信力都会产生负面影响。[①]

---

① 刘子阳、葛晓阳：《逐人过筛查明社区服刑脱漏管情况》，《法制日报》2015 年 4 月 17 日，第 5 版。

（二）易生私人刑罚

社区矫正在一定程度上体现了刑事惩罚性，这是其公正价值所在。如果让社区矫正对象处于脱管状态，就无法满足社会对于惩罚的正义需求，从而引发公民对刑罚的疑问，特别是被害人和社区会感到不满，认为这是不公正的，由此导致私人刑罚的出现。对矫正对象的监管，既是一种惩罚，也是一种保护，使其不因被害人和社区的不满而受非法侵害。矫正对象一旦脱管，也就意味着失去了执行机关的保护，增加了被害人和社会人士非法动用私刑来“伸张正义”的危险。

（三）无助预防犯罪

脱管现象的产生，容易给普通大众，特别是与罪犯相识的普通大众产生一种犯罪人可以逍遥法外的错误印象，特别是对于缓刑犯、管制犯。由于其一般所犯为轻罪，因此容易让公众产生“轻罪从无”的错误认识，令潜在犯罪人不能感受到刑罚的威慑，从而不利于社区矫正一般预防犯罪功能的实现，最终给社会安全带来更多的威胁。

（四）影响他犯改造

对罪犯的刑事惩罚必须一视同仁，体现公平公正。社区矫正的公平公正主要体现在两个方面。一是适用对象的选择上。在社区矫正适用时，对徘徊在监狱服刑和监外服刑中间地带的罪犯，法院拥有自由裁量权。而对罪犯而言，监狱服刑和监外服刑之间存在着巨大的差异，也就是说，谁都愿意在监外服刑而不愿在监狱服刑。如果法院在对社区矫正适用对象的选择上存在明显的不公平，就会使在监狱服刑的罪犯对所受刑罚不服，不利于他们在狱中的改造。二是监管对象的宽严上。同在社区服刑，如果对一部分罪犯进行严管，而对另一部分罪犯采用虚管、不管的方式，就会引起受到严管的罪犯的不满。这样会造成监管工作形同虚设，无法实现社区矫正的目的。

（五）难获社区支持

从我国公众的普遍心理预期角度看，社区矫正不只是要对矫正对象进行教育和救助，而且还应当对其实施一定的惩戒。也只有这样，才能使得社区矫正工作赢得大众的认同，为其下一步的发展营造良好的社会基础。

脱管现象的产生，必然会使公众对社区矫正作为一种刑罚执行方式进行否定性评价，对其存在的必要性和合理性产生怀疑，不利于社区矫正工作的进一步深入开展。同时，令部分人身危险性高的矫正对象脱离监管，可能会给当地社区的安宁生活造成破坏，引起社区居民的恐慌情绪，从而导致社区矫正工作无法获得社区的支持，甚至会使其面临破产的绝境。

第三节　社区矫正对象脱管风险的评估与控制

做好社区矫正对象脱管和重新犯罪的防范工作，不仅关系到社会的安全稳定，关系到人民群众对社区矫正工作的评价，而且直接关系到社区矫正工作的顺利进行。要有效开展脱管和重新犯罪的防范工作，就必须构建社区矫正对象脱管风险评价系统，同时还要构建矫正前和矫正中的脱管防范机制。

一　社区矫正对象脱管风险的评估

（一）做好审前调查评估

在决定适用社区矫正刑罚前，人民法院对可能适用非监禁刑罚的被告人，在量刑前应委托司法行政机关认真进行审前社会调查，开展调查评估，统筹考虑适用非监禁刑罚是否符合公共利益，是否会对社区的安全产生不利影响，是否可以进行有效监管，这样有利于实现社区矫正制度的功能。审前调查，可以进一步强化刑事审判的公正性，特别是矫正机关提前介入，可以使社区矫正工作向前延伸，加强矫正工作与审判工作的衔接，促使社区矫正对象更加自觉主动地服从监督管理。对拟适用社区矫正的被告人开展调查评估，可以提高矫正风险预见性，严把社区矫正“入口关”，从源头上避免社区矫正人员脱管、漏管情况的发生。同时，社区矫正机关在接受法院委托办理对拟社区矫正对象进行风险评估时，应及时联系被评估对象，询问其外地是否有经常居住地，是否在本区域内接受社区矫正，减少重复评估或者评估地与实际社区矫正执行地不一致的概率，降低因风险评估不足而带来的矫正对象脱管风险。

（二）构建脱管风险评价系统

在矫正过程中，应建立预防社区矫正对象脱管的综合评估体系。这个评估体系的指标应当包括矫正对象的心理测试、矫正对象对社区环境的影响评估、矫正对象的行为价值判断和矫正工作过程性评价等方面的内容，以此为依据，进行分类管理和个性化教育矫正方案制定，并将其作为进一步实施矫正强制措施的依据，真正实现“分级管理、分类教育、分级处罚”的目的。对脱管风险系数进行分析，可以明确重点监管对象，抓住主要矛盾，避免分散使力，从而有效防范和减少脱管现象的发生，这是一项预防矫正对象脱管的行之有效的措施。[①]

二 构建矫正前的脱管防范机制

（一）做好审前调查

对犯罪分子的不了解，是造成社区矫正机关在执行交接和实施矫正环节脱管的重要原因，因此必须做好审前调查工作。《刑法修正案（九）》明确规定，对犯罪分子判决缓刑时，应当将对所居住社区有无重大不良影响作为适用条件；对犯罪分子裁定假释时，应当考虑其假释后对居住社区的影响。审前调查制度的完善，不仅可以进一步强化刑事审判的公正性，还可以实现社区矫正工作向前延伸，加强矫正工作与审判工作的衔接，从而有效地减少脱管、漏管现象的发生。

（二）交接环节到位

规范社区矫正人员的交付、接收工作，密切人民法院、监狱、看守所和司法行政机关的工作衔接，是避免脱管、漏管的一项基础性工作。《社区矫正实施办法》确立了社区矫正人员的居住地管辖原则，规定了严格的交付、接收程序。

1. 严格履行告知和通知义务

对于适用社区矫正的罪犯，人民法院、公安机关、监狱应当核实其居住地，在向其宣判时或者在其离开监所之前，书面告知其到居住地县级司

---

① 李建中：《社区矫正对象脱管风险控制》，《法制与社会》2013 年第 26 期。

法行政机关报到的时间期限以及逾期报到的后果，并通知其居住地的县级司法行政机关。县级司法行政机关为其办理登记接收手续后，应告知其三日内到指定的司法所接受社区矫正。

2. 严格遵守交付执行程序

被判处管制、缓刑、假释的三类社区矫正对象，应当自人民法院判决、裁定生效之日或者离开监所之日起十日内自行到居住地县级司法行政机关报到。暂予监外执行的社区矫正对象，由监狱（看守所）将其押送至居住地，与县级司法行政机关办理交接手续。人民法院决定暂予监外执行的社区矫正对象，应当通知其居住地县级司法行政机关派员到庭办理交接手续。

3. 确保法律文书按时送达

决定机关应当在判决、裁定生效起三个工作日内将有关法律文书送达社区矫正对象居住地的县级司法行政机关，同时抄送其居住地县级人民检察院和公安机关。对于在外地判决的社区矫正对象，相关的法律文书可以采取特快专递邮寄，这样既能保证材料在十日内到达司法行政机关，又能在很大程度上减少材料丢失的可能性。同时，决定机关应当电话告知开展社区矫正的司法行政机关，让对方注意材料的查收和矫正对象的衔接。县级司法行政机关收到法律文书后，应当在三个工作日内送达回执，以向决定机关确证法律文书已送达，矫正对象已接收入档。

4. 强化司法行政机关监管责任

县级司法行政机关应当及时为矫正对象办理接收手续，并指定具体的司法所执行刑罚。当发现社区矫正对象未按规定时间报到时，公安机关应积极配合司法行政机关对下落不明的社区矫正对象进行查找，并通报决定机关。

5. 认真执行社区矫正宣告程序

司法所接收社区矫正对象后，应当及时向社区矫正对象宣告有关法律文书的主要内容，社区矫正期限，社区矫正对象应当遵守的规定、被禁止的事项以及违反规定的法律后果，社区矫正对象依法享有的权利和被限制行使的权利，矫正小组人员组成及其职责等有关事项。

三　构建矫正中的脱管防范机制

（一）建立社区矫正信息沟通机制

1. 搭建信息交换平台

司法行政机关和公安机关、人民检察院、人民法院之间应建立社区矫正人员的信息交换平台，实现社区矫正工作动态数据共享。如果在矫正过程中出现矫正对象违规、违法行为，公、检、法机关可以及时将矫正对象的处理情况通报给司法行政机关。这样司法行政机关对于本辖区内重新违法犯罪的矫正对象就能很好地掌握，并及时采取措施，避免脱管、漏管现象发生。

2. 建立信息员制度

为使社区矫正各个环节的工作及时联络、互通信息，可在公、检、法、司各部门中专门设定一名联络员，随时掌握社区矫正对象的动态，全方位地管理社区矫正对象。

（二）打造高素质社区矫正队伍

1. 合理构建社区矫正队伍

社区矫正队伍是指直接负责社区矫正对象管理和服务的工作人员。目前，社区矫正试点过程中出现的社区矫正队伍构建模式主要有“北京模式”和“上海模式”等。“北京模式”强调社区矫正刑罚执行性，社区矫正队伍以干警和司法人员为主导，以社会矫正力量为补充。“上海模式”突出社区矫正的刑罚执行与社会福利双重性，以司法行政机关（司法局、司法所）为执法主体，以社会工作者（上海市新航社区服务总站）为服务主体。结合现有经验模式，社区矫正队伍由社区矫正执法工作者、社区矫正社会工作者和社会矫正志愿者组成。

（1）社区矫正执法者。《社区矫正实施办法》规定，县级司法行政机关社区矫正机构对社区矫正人员进行监督管理和教育帮助；司法所承担社区矫正的日常工作。目前，对社区矫正机构有不同的理解，有的指在县（市、区）司法局单独设立的社区矫正处（科），有的指在县级司法行政机关设立的社区矫正执法大队，有的指县（市、区）司法行政机关成立或通过政府购买服务引入的社区矫正社会工作机构。《江苏省社区矫正工作条例》规定，社区矫正执法工作者由社区矫正机构和司法所的公务员担任。其承担的执法事项包括：社区服刑人员的接收；社区矫正的执行宣告和解除宣告；社区矫正监督管理事项的审批；对社区服刑人员的考核奖惩。[①]社区矫正执法工作者对社区矫正对象实行严格监管，可以有效防止脱管、漏管现象的发生。

（2）社区矫正专职工作者。社区矫正专职工作者是指具备一定专业知识，从事社区矫正对象管理和服务工作的专职工作人员。目前，社区矫正专职工作者队伍中越来越多地吸收社会工作者的加入，有的省就直接称之为社区矫正社会工作者。从来源说，社区矫正专职工作者包括县（市、区）人民政府公开招聘的社会工作者以及通过政府购买服务方式接受委托的社会组织派出的人员；从角色说，社区矫正专职工作者是在社区矫正机构组织下，协助开展社区矫正工作，主要是对矫正对象进行监督管理、教育疏导、生活救助等日常事务的管理。社区矫正专职工作者如果能尽心尽责地为矫正对象服务，解决他们所遇到的实际问题，也会抑制脱管现象的发生。

（3）社会矫正志愿者队伍。其主要由热心于社区矫正工作的离退休干警、社会团体人员、社区服务人员、矫正对象的亲属等组成，其职责是积极参与社区矫正工作，与社区矫正对象进行面对面的说教谈心，帮助他们提高改造认识，坚持走访家庭和单位，及时了解、掌握情况，并与社区矫正执法者和社区矫正专职工作者保持联系、互通信息，确保社区矫正对象安全度过矫正期，顺利回归社会。

矫正小组是组织、动员社会力量参与社区矫正工作的重要平台。司法所应当为社区矫正对象确定专门的矫正小组，由司法所工作人员担任组长，由有关部门、村（居）民委员会、社区矫正对象所在单位、就读学校、社会工作者、志愿者、家庭成员或者监护人、保证人等人员共同参与，落实社区矫正措施，避免脱管、漏管现象的发生。

---

① 《江苏省社区矫正工作条例》，《江苏法制报》2014 年 2 月 7 日，第 A06 版。

2. 提高社区矫正队伍的综合素质

为了能够更有效地进行社区矫正监管，必须进一步加强社区矫正队伍的建设，不断提高社区矫正监管水平。一是要定期组织业务培训。要加强社区矫正管理人员对《社区矫正实施办法》的学习，深刻领会其精髓，并在日常工作中能够熟练运用规定处理问题。鼓励社区矫正管理人员对犯罪学、心理学、管理学等学科进行学习，不断提升自身素质。二是要采取“走出去，请进来”的方式。平时多走出去，向兄弟单位学习借鉴他们好的经验，不断完善本区的社区矫正工作。同时，还要聘请社区矫正工作方面的专家教授进行辅导，提升综合素质，尽最大努力避免脱管、漏管现象的发生。[①]

（三）加强司法行政机关和执行机关的管理

1. 把好脱管易生环节

社区矫正对象在报到、迁居、外出请销假、走访等环节易生脱管现象，因此执行机关必须按照《社区矫正实施办法》的有关规定对这些环节进行严格监管，尤其是要加强对那些居住地不固定、外出务工，以及对社区矫正存有抵触心理的重点人员的监督，尽可能掌握他们的活动情况，减少乃至杜绝脱管、漏管现象的发生。

2. 健全监督网络

司法所应当根据社区矫正对象个人生活、工作及所处社区的实际情况，有针对性地采取实地检查、通信联络、信息化核查等措施，及时掌握社区矫正对象的活动情况。要在加强司法所和公安派出所协作的基础上，充分动员矫正对象居住地村（居）委会和热心于社区矫正工作的社区居民参与对矫正对象的监督，尤其是要争取矫正对象亲属的理解和支持，使他们能主动配合做好对矫正对象的监督帮教工作，形成专群结合的监督防范网络。要尽可能了解矫正对象的亲属、同事、朋友，以及与之经常来往人员等社会关系网络，一旦矫正对象脱管，能及时掌握其去向，为查找工作争取主动。利用现代科技改变社区矫正对象的监管模式。目前全国不少地

---

① 刘倩：《浅谈社区矫正对象的脱漏管》，http://www.hjsfj.gov.cn/30322/30323/2012/2/t20121207_1715166.html，最后访问日期：2012 年 12 月 8 日。

区的社区矫正实行了“互联网+”新模式，通过打造社区矫正信息管理平台再造社区矫正流程，或通过实行手机定位，佩戴电子腕带、智能手环、电子脚环，启用移动矫务通等科技手段，对社区矫正对象实行全天候定位跟踪、实时监控，以防脱管、漏管现象的发生。社区矫正信息管理平台的应用带来了社区矫正管理的精细化，同时也能更好地监督社区矫正工作人员，抑制虚管现象的发生。

3. 及时查找脱管人员

及时查找脱管人员是司法所的重要职责。社区矫正对象未按规定的日期电话报到或当面报到，司法所应分别与其亲属及居住地的派出所、村（居）委会、所在工作单位进行联系，了解矫正对象是否离开了居住地。经过查找仍不知矫正对象下落，司法所应立即向派出所送达脱管通知书，并配合派出所继续进行查找，同时查找情况要记录备案。确认矫正对象脱管后，司法所应及时报告县级司法行政机关，以便组织追查。

4. 实行奖惩制度

奖惩制度是保障社区矫正工作有效、健康开展的重要手段，其有效实施对促使社区矫正对象转变思想、接受监管、尽快回归社会有着非常重要的作用。社区矫正组织首先要全面掌控社区矫正对象的思想动态和接受社区矫正的实际情况，根据奖惩制度的相关规定，做到“该奖则奖，该罚则罚”，以防止脱管、漏管现象的发生。对于未按规定时间报到或者接受社区矫正期间脱离监管超过一个月的矫正对象，人民法院将依法对其做出撤销缓刑、假释的裁定；对于未经司法行政机关批准擅自离开居住的市、县（旗）脱离监管的矫正对象，批准、决定机关将依法对其做出收监执行决定。

5. 实行脱管责任倒查制度

社区矫正工作领导小组办公室（以下简称“矫正办”）要对社区矫正对象脱管或涉嫌犯罪案件进行随机抽查，发现工作人员未严格履行监管责任导致矫正对象脱管的，或者不认真落实报到、走访等制度导致对矫正对象脱管、涉嫌犯罪情况发现不及时的，或者对脱管人员不积极进行查找的，或者对矫正对象脱管、涉嫌犯罪情况隐瞒不报或不及时报告造成严重后果的，实行责任倒查制度，对相关单位给予通报批评，并由各单位按照有关党纪政纪规定追究相关责任人的责任。对于脱管原因涉及相关成员单位工作的案件，矫正办要将倒查的案件情况、发案原因及工作建议及时向相关成员单位通报，以便成员单位采取措施，进一步加强和改进工作。责任倒查工作小组对案件倒查结果要进行认真分析，形成书面报告，由矫正办报矫正工作领导小组同意后，对相关责任单位和责任人进行处理。一是对责任单位进行处理：对问题较轻的，向责任单位提出限期整改意见，督促其做好整改工作；对问题较为严重的，予以通报批评，并提出限期整改意见，同时提出处理责任人的建议。二是视情节对直接责任人和相关负责人进行处理：由社区矫正工作领导小组组织相关部门对直接责任人和相关负责人进行诫勉谈话，由责任人做出书面检查，并进行全区通报；涉嫌社区矫正工作违法违纪的行为，由其所在单位纪检监察部门查处；构成犯罪的，依法追究其相应的刑事责任。[①]

（四）加强检察机关的监督

检察机关作为法律监督机关，防止脱管现象的产生应是当前对社区矫正工作的监督重点。结合当前导致脱管现象产生的主要原因，检察机关应着力从以下几个方面加强监督。

一是加强对交接环节的法律监督。自对监外执行罪犯实施社区矫正工作以来，目前各机关之间的相互移送始终是监督的重点，也是出现脱管的起始环节。检察机关要强化对交付环节和再交付环节的法律监督，尤其对存在人户分离情况的矫正对象要重点检察，确保矫正对象能够依照社区矫正规定的管辖原则，被置于最有利于开展社区矫正工作的矫正组织之下，从源头上预防脱管现象的发生。

二是加强社区矫正执行工作的法律监督。矫正执行工作是社区矫正工作的中心环节，也是矫正工作实际效果和社会效果能否实现的关键环节。针对矫正执行环节中可能导致脱管现象产生的关键点，检察机关应在加强对矫正档案是否设立、交接手续是否齐全、矫正工作计划是否周密等形式工作监督的同时，注重深化对监外执行罪犯矫正工作实际效果方面的监

① 顾晓明等编著《规范与循证矫正：南通市崇川区社区矫正生命树的实践探索》，上海：华东理工大学出版社，2014，第36页。

督，更要注重监督矫正主体对履行矫正职责时的工作态度、方法措施和实际效果。①

三是加强对社区矫正主体的法律监督。要督促矫正机构工作人员严格按照法律法规和政策的要求办事，以体现法律的严肃性和权威性。同时要防止社区矫正机构工作人员在社区矫正过程中因滥用职权、玩忽职守以及贪污受贿而导致脱管现象的发生。

（五）实行缓刑保证金制度

缓刑保证金是指人民法院对依法可以判处缓刑的罪犯决定适用缓刑时，除依法确定一定的考验期外，还规定由犯罪分子或其亲属向人民法院交纳一定数额的款项，以保证犯罪分子在考验期间遵守监督改造的有关规定，不再违法犯罪；如违反上述保证，则将保证金上交国家。随着市场经济体制的建立，社会上出现了人、财、物的大流动。有的缓刑犯千方百计逃避监管，外出经商常年不归，造成脱管现象十分严重。为了保证缓刑的有效执行，强化监管力度，加强社会治安综合治理，迫切需要针对缓刑犯设立缓刑保证金制度。

① 刘强主编《社区矫正评论》（第1卷），北京：中国法制出版社，2011，第236页。

第八章
社区矫正对象自杀风险评估

自杀是古今中外都存在的一种社会现象，中外不少学者都关注人类自杀的成因和预防方法，形成了各种自杀理论。中外自杀理论对自杀成因和自杀预防的分析，可以为社区矫正对象自杀风险评估带来有益的启示。同时，中外学者在监狱和社区矫正对象自杀风险评估的理论设计和实际操作方面也取得了各自的成就。

第一节　西方自杀理论对社区矫正对象自杀风险评估的启示

西方学者从社会学、心理学、医学等不同领域对自杀的成因、类型和预防方面进行了理论和实务方面的研究。他们的各种自杀理论可以为社区矫正对象自杀风险评估带来有益的启示。

一　西方的自杀理论

（一）社会学家迪尔凯姆的自杀理论

法国社会学家迪尔凯姆（又译为“涂尔干”）在《自杀论——社会学研究》中将“自杀”界定为：“任何由死者自己所采取的积极或消极的行动直接或间接地引起的死亡。”① 他通过查阅欧洲国家 26000 名自杀者的档

① 〔法〕埃米尔·迪尔凯姆：《自杀论——社会学研究》，冯韵文译，北京：商务印书馆，1996，第 8 页。

案材料，包括自杀者的基本状况（性别、年龄、所在地域、婚姻状况、家庭人数、宗教信仰、疾病史等）、医学鉴定、自杀时间与方式等，来分析自杀的类型、原因和预防方法。

1. 自杀原因的类型

迪尔凯姆将人们解释自杀原因的类型分为两大类。

（1）非社会因素，包括自然、心理和体质因素等，诸如精神病、酗酒、种族、遗传、气候、季节性气温和仿效等。其中，与精神错乱或偏执狂相关的自杀有躁狂性自杀（出于幻觉或某些谵妄性观念）、忧郁性自杀（病人因极度抑郁和过分忧伤而无法正确评价自己与周围的人和事的关系）、强迫性自杀（病人思想完全被一种固定不变的死的念头所控制）和冲动性自杀（由固定不变的念头引起的突然的、一时无法抗拒的冲动）四种。[①] 不过，他推断：上述非社会因素虽然在一些特定的情况下能够起到影响自杀的效果，但都不是影响自杀的主要因素。

（2）社会因素，包括宗教信仰、家庭、政治团体、行业团体等在内的社会环境。社会环境是体现各个群体的集体行动倾向的社会潮流，正是这种集体的倾向侵入个人时，才会促使他们去自杀。[②] 因此，社会因素才是影响自杀的主要因素。他将由社会原因导致的自杀划分为四种基本类型。①利己型自杀（Egoistic Suicide）。它产生于“那些人再也看不到活下去的理由”，其根源是“社会在各方面都没有足够的整合作用使它的所有成员从属于它”。[③] 离婚者和无子女者易于自杀，盛行个人主义、个人和社会相疏离的群体和社区自杀率一般都比较高。②利他型自杀（Altruistic Suicide）。它产生于“这些人认为这种理由超出了生命本身”。疾病缠身的老年人常常为避免连累家人或社会而自杀。高度的社会整合使个性受到相当程度的压抑，个人的权利被忽视，因被期待完全服从群体的需要和利益而献身。③反

① 〔法〕埃米尔·迪尔凯姆：《自杀论——社会学研究》，冯韵文译，北京：商务印书馆，1996，第26~29页。

② 〔法〕埃米尔·迪尔凯姆：《自杀论——社会学研究》，冯韵文译，北京：商务印书馆，1996，第122、279页。

③ 〔法〕埃米尔·迪尔凯姆：《自杀论——社会学研究》，冯韵文译，北京：商务印书馆，1996，第240、355页。

常型自杀（Anomic Suicide），又译为失范型自杀。它产生于“这些人的活动失常并由此受到损害”和“社会不能影响真正的个人情欲，使情欲得不到调节和控制”。[①] 个体因失去工作、亲人死亡或失恋而深陷于痛苦之中，最终因难以控制而导致自杀。个人活动的失常和社会的混乱（失范）使个人挫折感增加和生活意义丧失，导致一些人通过自杀来寻求解脱。④宿命型自杀（Fatalistic Suicide）。它产生于“过分的限制”，即一些人无法掌握自己的命运。囚徒在狱中自杀，宗教徒为某种信仰而献身。自杀者因前途被无情地断送，情欲受到压制性戒律的粗暴抑制，遭到肉体上或精神上的虐待，面临一些无法抗拒和改变的规则的压迫而被迫自杀。[②] 迪尔凯姆又按自杀的结果将自杀分为自杀死亡（Committed Suicide）和自杀未遂（Attempted Suicide）。有意采取伤害自己生命的行动而直接导致了死亡结局的，是自杀死亡；采取伤害自己生命的行动，但没有直接导致死亡结局的，是自杀未遂。他还按自杀的行为特征将自杀分为主动自杀和被动自杀。采用主动方式结束自己生命的行为属于主动自杀，拒绝进食、放弃治疗、安乐死等属于被动自杀。

2. 预防自杀的方法

在迪尔凯姆看来，影响自杀率的自变量是“社会整合”和“社会规范”。社会整合度越低，利己型自杀率越高；社会整合度越高，利他型自杀率越高；社会规范对个人的约束力越弱，反常型自杀率越高；社会规范对个人的约束力越强，宿命型自杀率越高。[③] 不过，他将利己型自杀和反常型自杀看成是“病态”，并要人们必须予以关心。[④]

迪尔凯姆把自杀现象上升到社会层面，指出个人生活离不开社会群体，群体给予个人适度的支持会使个人生活富有意义。社会支持具体化为代表社会凝聚力的社会整合和代表社会约束力的社会规范，社会整合和社

---

① 〔法〕埃米尔·迪尔凯姆：《自杀论——社会学研究》，冯韵文译，北京：商务印书馆，1996，第240页。

② 〔法〕埃米尔·迪尔凯姆：《自杀论——社会学研究》，冯韵文译，北京：商务印书馆，1996，第258~259页。

③ 李建军：《自杀研究》，北京：社会科学文献出版社，2013，第40页。

④ 〔法〕埃米尔·迪尔凯姆：《自杀论——社会学研究》，冯韵文译，北京：商务印书馆，1996，第354~355页。

会规范只有在适度的情况下才能抑制自杀行为，不足和过度都会引起自杀。因此，预防自杀的办法就是要建立适度的社会整合和社会规范。他还提出，要对自杀者进行惩罚，应培养人们坚强的性格，恢复家庭支持功能，最终应该建立职业团体，把个人置于一定的团体之中，增强其集体归属感。①

（二）精神分析学派的自杀理论

精神分析心理学认为，自杀主要根源于人性中的死亡本能。每个人心中隐藏着的那股强烈的自我毁灭倾向或冲动，随时可能导致自杀行为的发生。

1. 弗洛伊德的自杀理论

精神分析学家弗洛伊德（S. Freud）把人类的基本欲望分为“寻求快乐”和“逃避痛苦”两种。当这种趋乐避苦的欲望受阻时，心理上就会产生挫折感，导致攻击行为。按其攻击指向的不同，可将攻击行为分为两种：一是攻击他人，轻者如嘲笑、讥讽、斥责，重者如打斗、毁伤或杀害使他受到挫折的对象，犯罪则是这种攻击形式的严重表现；二是自我攻击，即侵犯攻击的反应是内在行为——用幻想、投射或退缩等自我攻击的方式来取代，自杀则是这种方式的极端表现。在他看来，死亡本能之所以根深蒂固，是因为人的自恋或自我实现的欲求。如果人们在生的时候过于压抑，无法得到快乐和发泄痛苦，他们会借助自杀这种最有力的破坏形式，满足自己的本能愿望。②

2. 门林格尔的自杀理论

美国精神分析学家卡尔·门林格尔（Carl A. Menninger）将当时流行的自杀观念总结为以下公式：“自杀是对不可忍受的生活境遇的一种逃避。”而他将这一流行观念改为：“自杀是试图逃避一种不能忍受的生活境遇。”不过，他认为人的行为决不仅仅取决于外部力量，而是存在着内在冲动。“无意识目的”在自杀中比“外部环境”更有意义。自杀绝不是一种遗传或者暗示的结果，也不是出于“适应失调”的结局，而是一种潜伏

---

① 李建军：《自杀研究》，北京：社会科学文献出版社，2013，第41页。

② 〔奥〕西格蒙特·弗洛依德：《一个幻觉的未来》，杨韶钢译，北京：华夏出版社，1999，第54～55页。

已久、无处不在的自我破坏行为。他将自杀分为 5 种类型：①急性自杀，指自杀意念坚决的人用剧烈的方法在短期内杀死自己的行为，它是自我毁灭的急性表现形式；②慢性自杀（又称慢性自我毁灭），指个人仿佛是在缓慢地、一点一滴地自杀，包括禁欲、殉道、酒精依赖、神经症等方式；③弥散性自杀（又称全身性自杀），指针对全身性的、急性或慢性的自我毁灭；④局部自杀，指主要针对躯体局部的自我毁灭行为，如自我伤害、蓄意制造事故等；⑤器质性自杀，主要指身体疾病引起的自杀，疾病时所伴发的心理因素如不能外投，可反过来针对自己。①

（三）美国洛杉矶自杀预防中心学者的自杀分类

1. 施奈德曼的自杀分类

美国洛杉矶自杀预防中心是施奈德曼（Edwin S. Shneidman）和法博罗（Norman L. Farberow）于 1955 年成立的。施奈德曼是美国自杀学会创始人，他将自杀定义为："有意的自我毁灭，其行动者有多种多样的痛苦，且把这种行动看作解决某种问题的最好办法。"他根据自杀意图将自杀分为 4 种类型。①有意终止生命型。不管是意向上还是行动上都下定决心要死。此类自杀可能由严重抑郁症、严重精神疾病等导致，比较难以防范。②有意终止生命亚型。此类自杀在死亡行动中只是想扮演某种角色，但是往往由于自己的粗心、健忘或者不果断，从而加速了死亡的过程。③非有意终止生命型。此类自杀一般是指个人本没有自杀的意念，但因一些躯体疾病已经宣告了他们将会死亡，或者因一些不很严重的生理或精神疾病带来的巨大压力而萌发自杀念头，并将自杀作为解脱自己、解脱家人和周围的人的一种方式。④反有意终止生命型。声称自杀却没有自杀的意图和行为。此类自杀属于蓄意自损，假装自杀，目的在于引起别人的注意或者同情，或者是为了寻求帮助，但有时候可能会因疏忽而弄假成真，变成有意终止生命亚型。②

施奈德曼又将所有自杀的行为从 6 个维度上总结为 10 项共通特征。

---

① 〔美〕卡尔·门林格尔：《人对抗自己——自杀心理研究》，冯川译，苏克校，贵阳：贵州人民出版社，1990，第 18～19、74 页。

② 王卫红主编《抑郁症、自杀与危机干预》，重庆：重庆出版社，2006，第 135～136 页。

①境遇特征，包括：共通的刺激源，即心理或心灵上无法忍受的痛苦；共通的压力源，即心理需求的受挫。②意动特征，包括：共通的目的，即寻求解决问题的办法；共通的目标，即中断意识（心念）。③情感特征，包括：共通的情绪，即绝望无助；共通的内在态度，即矛盾的情感或思维，既想终结生命又想被援救。④认知特征，包括：共通的认知状态，即在压缩的思维下将自杀视为唯一的选择。⑤人际关系特征，包括：共通的人际行为，即想要与人交流；共通的行为，即逃脱（或逃避）的趋向。⑥连续性特征，包括：共通的行为一致性（或一贯性），即终其一生所习惯的应对模式。[①]

2. 利特曼的自杀分类

利特曼（Robert E. Litman）是洛杉矶自杀预防中心的主治精神医师，他与法伯龙通过分析与自杀行为有关的意向强度，援用莎士比亚在著名悲剧《哈姆雷特》中的文句，把自杀分为三类。①“想存在”（to be）的自杀。此类自杀者并不真正想死，只想通过传达他们的苦恼和自杀的意念而达到某种目的。他们事先安排好通常不至于致死的自杀场景，使得有人必然会及时发现他们自杀，但是有时候也会因出现差错而导致死亡。一般来说，女性的自杀为这一类型的较多。②“不想存在”（not to be）的自杀。此类自杀相当于有意终止生命型。自杀者的自杀意图非常强烈和坚定，较少显现出自杀的征兆，通常选用死亡率极高的暴力的自杀手段，获救的概率较小。③“想存在又不想存在”（to be or not to be）的自杀。有大约1/3的自杀者属于此类自杀者。自杀者对死亡感到矛盾，不知道自己应该怎么做，害怕死但又感到不能继续面对生活，倾向于把死亡的问题依赖于机会或者命运来决定，多选择比较危险但作用比较慢的自杀方式。此类自杀者发生重复自杀的概率比较高。[②]

（四）贝奇勒对自杀的分类

法国心理学家贝奇勒（Jean Baechler）认为，自杀代表寻求和发现采取结束自己生命来解决现存问题的任何行为。他将自杀分为4个大类和11

① 罗新兰主编《大学生心理健康教育》，杭州：浙江大学出版社，2014，第223页。

② 王卫红主编《抑郁症、自杀与危机干预》，重庆：重庆出版社，2006，第137页。

种亚型。

1. 逃避现实型自杀

此类自杀的中心意向是辞世，包括三种亚型：逃跑（回避不能忍受的处境）、悲伤（对待丧失）和惩罚（赎回过失）。自杀者试图把自杀作为“一了百了”地解决疼痛、丧失、羞愧、躯体疾病、衰老、失败、疲惫等问题的方法。大约有75%的完全自杀属于此类。

2. 攻击型自杀

此类自杀一般是为了达到报复别人的效果，可分为四种亚型：报复型（为了达到报复而挑起事端或责骂）、犯罪型（杀死别人并结束自己的生命）、敲诈型（对他人施加压力）和呼吁型（恳求帮助）。此类自杀多发生在比较冲动和不成熟的青年人身上，大约20%的完全自杀属于此类。

3. 献身型自杀

此类自杀与迪尔凯姆的利他型自杀性质相似，包括两种亚型：牺牲性自杀（取得比自己生命价值还要大的收益）和美化性自杀（达到超越状态，如宗教殉道者）。

4. 荒唐型自杀

此类自杀几乎没有丝毫要死的意向，可分为两种亚型：折磨型自杀（把自己自杀的结果嫁祸他人）和游戏型自杀（出于一种模仿而拿自己的生命开玩笑）。①

（五）卡文的自杀理论

美国学者鲁思·卡文（Ruth S. Cavan）指出，决定人们行动的归根到底是他们自己。在任何社会中，都不可避免地会有些人发现他们自己的意愿或愿望与他们身在其中的社会模式或文化模式相抵触。这些人面临着与社会或社会群体的社会组织或社会解组毫不相干的个人危机，一些人能够找出解决个人危机的正统办法，另一些人虽尽了力但做不到。对于后一种人来说，这种危机会带来人格解组，即他们的愿望同他们习得的社会准则之间缺乏内在的适应。这一人格解组会导致各种越轨活动，自杀就是其中的一种。他说：“自杀是作为松弛的社会组织的后果、作为某种社会态度的

---

① 翟书涛：《选择死亡：自杀现象及自杀心理透视》，北京：北京出版社，2001，第49页。

职能出现的。但自杀不仅仅是一种社会现象，它还是一种个人的体验。”①

二　国外自杀理论对社区矫正对象自杀风险评估的启示

国外上述相关自杀理论主要是从社会学和社会心理学的角度来研究自杀问题的，通过对社会各种自杀现象的统计和归类来揭示自杀的不同类型和不同原因。有的注重从社会环境（如社会解组、失范等）因素来寻找自杀的原因，有的从个体心理（适应失调、本能等）因素来探寻自杀的原因，研究的对象偏重于自杀的群体。社区矫正对象自杀风险评估，主要是针对社区矫正对象来进行的，评估的是一个个社区矫正对象个体。西方自杀理论对自杀现象的分类和归因的分析，可以为我们对社区矫正对象的自杀风险评估提供重要的参考价值。它要求我们从宏观和微观、社会环境与个体自身两方面对社区矫正对象个体的自杀风险进行综合评估。

国内有学者将社区矫正对象自杀分为两种类型：目的型自杀和手段型自杀。目的型自杀以追求死亡结果为诉求；手段型自杀以自杀作为手段企图达到某种目的，如减刑、威胁矫正工作者、减少管束等。目的型自杀是罪犯中的弱势者解脱、反抗和表示他们的存在的极端方式，而手段型自杀日益成为有较长犯罪生涯或复杂社会经历的罪犯反改造的一种方法。大多数服刑人员犯罪之前的社会经济地位比较低，判罪服刑就更加降低了其原本不高的社会经济地位，这使这些罪犯抗击意外变故和人生挫折的能力都低于一般人。在他们看来，生的痛苦远大于死的不幸。现在没有快乐，未来没有希望，没有人需要他们的爱和存在，生存还有什么意义。日常生活中可能遭遇的疾病、家庭变故、找不到工作或失业、受到歧视或嘲弄、人际冲突和难以满足的要求和愿望（如减刑、结婚），都可能意味着社区矫正对象社会整合程度的减弱（表现为社会支持网络的萎缩及社会地位的下降）和面对现实时的痛苦无望。目的型自杀和手段型自杀的区别只在于前者以消灭自己来解脱痛苦，而后者以死亡威胁来减轻痛苦。②

---

① 〔美〕杰克·D. 道格拉斯、弗兰西斯·C. 瓦克斯勒：《越轨社会学概论》，张宁、朱新民译，石家庄：河北人民出版社，1987，第86～87页。

② 葛炳瑶主编《社区矫正导论》，杭州：浙江大学出版社，2009，第208页。

第二节 中国学者的自杀理论

我国自近代以来就有不少学者从事自杀理论研究。李大钊将西方的自杀理论与中国当时的自杀现象相结合提出了自己的自杀理论。当代精神科专家翟书涛教授和罪犯自杀防控研究专家孔一教授都在自杀理论研究方面取得了重要的理论成果。

一 李大钊的自杀论

李大钊是中国较早系统研究自杀问题的理论家。他曾以北京大学学生林德扬的自杀事件为例，探讨了青年自杀的问题。他列举了罪恶愧悔、穷饿所迫、失恋、殉情、家庭不和、考试落第、社会政治不良、职务上不能如意执行、精神失常、避病苦、哲学上对人生烦闷怀疑、坚持主义信仰保全人格名誉、宗教上的迷信、外界自然的诱引或受他人的暗示（模仿）等自杀的原因，但他将“时代文明与社会制度的缺陷”看成是造成青年自杀的根本原因和共同原因。他指出，社会制度没有经济上的不平，不会发生因穷饿而自杀的人；社会制度不迫人犯罪，不会发生因愧悔而自杀的人；婚姻制度没有弊病，不会发生因失恋殉情而自杀的人；家庭制度有解放个性的精神，不会发生因家庭不和而自杀的人；学校制度、教育制度没有缺陷，不会发生因考试落第或课业过劳患神经病而自杀的青年；政治制度明良，不会有因愤世或因不能自由执行职务而自杀的人；病苦的人有安稳的日常生活，不会有因病苦而自杀的人；社会不黑暗，不会有那么多因哲学上对于人生起了怀疑和为主义、信仰、人格、名誉等甘愿牺牲而自杀的人。①

他认为，自杀是一种社会现象，与聋、盲、白痴、癫狂、贫困、疾废、衰老、失业或意外的猝死稍有不同：因为前者未尝不可避免，而后者则多为不能避免的不幸。自杀是一个社会的事实，是一种必须以他种现象解释的现象，必须从环绕自杀者的物理的、人种的、社会的、心理的种种影响来考察。他从人类智慧（文明）、自然（风土与景色、气候与季节）、

① 李大钊：《青年厌世自杀问题》，《新潮》1919 年第 2 卷第 2 号。

人种、生理与年龄、婚姻、经济、政治、文化诸方面探寻了自杀的原因。他断定，自杀实受自然的、社会的种种影响，而不是全然任意的行为。从个人方面来看，自杀者是生活上的弱者、失败者、落伍者，是看见生存竞争的潮流过烈而无路可寻的人。他们劣败的原因，有时是因个人的因素(包括遗传的缺点)，而大部分则是由于社会的缺陷。从社会方面来看，自杀是一个社会的不幸，因为一个人自杀，便减损了社会的一分子。因此，对于自杀者个人，不忍加以苛责，说他们不道德，对于他们的境遇，要予以满腔的同情。对于自杀增加的社会，应细心考察自杀的社会原因，从而寻求社会背景的缺陷，以谋改造的方法。①

李大钊的自杀理论具有中西结合的特点，他注重吸收和运用西方的自杀理论方法来分析中国人（特别是中国青年）的自杀现象，并提出了相应的抑制自杀的措施。他对自杀现象发生原因的分析，对于我们了解社区矫正对象的自杀现象有一定的参考价值。

二　翟书涛对自杀现象的心理透视

我国精神科专家翟书涛教授综合不同的自杀成因论，将自杀原因分为个人原因和社会原因两个方面。

（一）自杀的个人原因

自杀的个人原因包括生物学因素、疾病因素和心理因素三类。

1. 生物学因素

（1）遗传因素。目前解释自杀的遗传因素有抑郁症遗传、自杀本身存在遗传、“冲动”性心理特质遗传等说法。美国自杀数字显示：美国的自杀率为 12/10 万人口，其中抑郁症的自杀率为 650/10 万人口，抑郁症患者的自杀率高于一般人口的 50 倍。家族有抑郁症病史者，本人虽无抑郁症，但其自杀风险高于无类似家族史者 4 倍，这表明自杀遗传可能与抑郁症有关。最近，相关研究者发现色氨酸羟化酶基因的多态现象与自杀行为相关。

（2）生化因素。既往有自杀行为的抑郁症、精神分裂症和人格障碍患者，脑脊液中 5 - 羟色胺的代谢物 5 - 羟吲哚醋酸（5 - HIAA）的水平减

---

① 李大钊：《论自杀》，《学艺》1922 年第 3 卷第 8 号。

低。Asberg 在 1976 年的对照研究表明，高 5 - HIAA 组无 1 人发生自杀，低 5 - HIAA 组有 2 人轻生死亡。因此，5 - 羟色胺对自杀行为是重要的，结合其他生物学因素和环境方面的影响在评定自杀风险时应加以考虑。

2. 疾病因素

（1）精神疾病。因精神疾病所致的自杀占全部自杀的 30% ~50%。各类精神疾病患者总的年自杀率约为 51/10 万人口，较一般人口高 6 ~12 倍。当然，不同的精神疾病患者的自杀率是不一样的。WHO 1998 年报告的自杀的 5588 例精神疾病患者中，情感障碍（主要是抑郁症）患者占 25%，神经症和人格障碍患者占 22%，物质滥用者占 16%，而精神分裂症患者只占 10%。我国大陆地区住院精神病人自杀的情况是：精神分裂症患者占 60%，情感障碍患者占 25%，器质性脑综合征患者占 10%，其他占 5%。

（2）躯体疾病。躯体疾病包括大范围的内、外科疾病。躯体疾病患者因恶性疾病带来的肉体和心理上的巨大痛苦而感到悲观和绝望，自杀的风险是很高的。另外，躯体疾病患者可伴发精神疾病，尤其是抑郁症，这势必增加自杀风险。

3. 心理因素

引起正常人群自杀的因素大致有心理社会应激和心理素质两类。心理素质（人格）是由许多变量构成的，其变量包括以下方面。

（1）冲动性。非致死性自杀行为倾向是冲动性的，半数以上自杀未遂者声称自杀往往是在“一时冲动”或“一念之差”的驱动下付诸实施的。青少年成功自杀仅 25% 是有计划的，大多数是冲动性动作。

（2）两分思维。自杀者认知极端与僵化，抱着非此即彼的思维，没有缓冲余地和其他选择。他们遇到不如意的事情时，难以或不能调节自己的期待或设想并予以和解；面临有问题的处境时，感到自己不能摆脱和改变。

（3）问题解决缺陷。自杀者在问题解决上常陷于较少有效和较多被动的情境，而问题情境又多与心境有关。

（4）自传式记忆。自传式记忆指一个人老是将思想与过去联系得太紧，面对一件不顺的事情往往记取过去的缺陷。抑郁症患者和自杀未遂者问题解决不良，是由于他们不能成功地提取特殊的记忆。

（5）对将来判断的偏见。对将来判断的偏见指绝望者期待正性后果不会发生，而负性后果必将出现，对成功的期待减少。只想到坏的和消极的方面的发生，而想不到好的和积极的方面的发生。

（6）绝望。绝望是对未来所持有的消极观念、消极期待和悲观沮丧。患者展望自己的未来充满艰辛、挫折、失落和无奈，他们相信自杀是解决问题和摆脱苦难的唯一途径。

（7）功能不良性假定。功能不良性假定指自杀未遂者有较高的不合理信念，从而滋生抑郁态度和绝望。功能不良性假定和缺乏生存的正面理由是影响自杀行为的认知变量。

（8）“痛苦的呼唤”。自杀行为被认为是试图从陷阱中逃脱，是一种“被击败”和“被包围”的感觉。“痛苦的呼唤”可能在一开始具有发泄不满的成分，乃至后来感到逃脱的可能已经很小，则可能发展为绝望。在这种条件下，缺乏社会支持和易于取得致死性方法，必然容易导致极端的自毁行为。①

（二）自杀的社会因素

自杀的社会因素包括政治、经济、战争、职业、婚姻和家庭、宗教等诸多因素。从自杀心理来看，自杀的社会因素主要有以下三方面。

1. 社会隔离

隔离者被假设为不能从他们的情绪烦恼和危机中得到支持和反馈的人，从而使他们体验到无助和绝望。事实上，那些体验到人类社会隔离、情绪痛苦和绝望的人，被视为“借自杀行为作为最后一次呼吁，以寻求周围的帮助”。社会隔离在自杀中起着基本的和直接的作用。

2. 感应和模仿

①文学艺术（如学说、影视）中主人公的自杀情节，引发观赏者的自杀模仿。②媒体报道对自杀的影响与其对自杀者的感应（暗示、模仿）有关。感应或模仿自杀在少年阶段发生率最高。

3. 应激和负性生活事件

应激是指“当个体面临一个处境，当事人的寻常行为方式是无能力，而且后果是严重的适应不良”。应激是来自情绪的、社会的和躯体的不适、

---

① 翟书涛：《选择死亡：自杀现象及自杀心理透视》，北京：北京出版社，2001，第85~99页。

疼痛、紧张、恐惧或烦恼，导致个体需要放松、寻求解脱和需要治疗。应激性处境可产生焦虑、愤怒、悲伤、依赖，以及无助等明显的心理反应，反复出现或持续存在的创伤使人们更加易感。应激可以使自杀者遗忘适当的应对策略，其应付未来负性生活事件的能力也会受损。[①]

社区矫正对象由于比监狱服刑人员和看守所在押人员具有一定的人身自由，所以在社区服刑的相对自由环境中获得了与社会普通人员同等的自杀条件。这意味着中外关于自杀的一般分类和归因也基本上适合社区矫正对象，只不过社区矫正对象既要受到特定时间和空间的限制，又要受到社区矫正管理者和服务人员的监督，因而其自杀行为也会受到相应的制约。

三 孔一的罪犯自杀研究

我国浙江警官职业学院的孔一教授曾在浙江省监狱管理局狱政处的支持下，查阅了大量自杀罪犯的档案材料和文字记录，收集到了 1997 年 1 月 1 日至 2003 年 8 月 31 日浙江省自杀既遂的全部 35 名罪犯的资料和部分自杀未遂者（56 个个案）的资料，其由此展开了对罪犯自杀类型和成因的分析。

（一）罪犯自杀的类型

孔一根据自杀结果把罪犯自杀分为既遂自杀和未遂自杀两种。调查显示，罪犯自杀既遂、未遂比为 1∶1.6。他又根据自杀的动机将罪犯自杀分为目的型（求死）、手段型和手段失控型（以自杀为手段达到其他目的，但由于罪犯意志以外的原因迫使自杀行动不能及时中止而导致死亡）三种。

孔一根据以上两种类型的相关分析（$N = 91 \quad \chi^2_{(1)} = 12.075 \quad p = 0.002$）发现：在手段型自杀者中，有 82.9% 未遂，只有 17.1% 既遂；在既遂自杀者中，有 82.9% 是目的型，只有 17.1% 是手段型。也就是说，自杀结果与罪犯自杀决意和监管防范均有关系。因此，他做出了一个大致的判断：①在既遂自杀者中，约有 17% 是手段失控型自杀；②在目的型自杀者中，约有 47% 因积极防范而未遂。由于动机的内在性，故对有些罪犯自杀的真实动机并不能做出完全准确的认定，因此，“17%”“47%”只能是一个模糊的

① 翟书涛：《选择死亡：自杀现象及自杀心理透视》，北京：北京出版社，2001，第 161 ~ 162、180 ~ 181、196 ~ 200 页。

比例。目的型自杀多与既遂相关，而手段型自杀多与未遂相关。

（二）影响罪犯自杀的因素

1. 影响罪犯既遂自杀的因素

（1）文化程度低的罪犯有更高的既遂自杀率。因为文化程度低的罪犯在监狱社会中一般只能从事最低级的体力劳动，他们工作劳累但成效并不显著（如考核分积累很慢），也并不受他人的尊重。因此，他们更多地意识到的是减刑的艰难、刑期的漫长，以及生活的屈辱。

（2）入监时间短的罪犯有更高的既遂自杀率。孔一教授的研究显示，50%自杀既遂的罪犯服刑比例没有超过应服刑期的18%。入监不久的罪犯除了感觉服刑的遥遥无期外，对丧失自由和被社会疏离的痛苦感受最深（缘于与刚刚逝去的时光的对比和对服刑痛苦的高感受性）。干警对他们的管束一般也比对“老犯”严厉。“新犯”与“老犯”相比，也往往处于劣势。“新犯”在监狱中的社会地位需要相当长的一段时间才可能得到改善。

（3）年龄为26～47岁（占85%）的罪犯有更高的既遂自杀率。浙江省罪犯总体的应服刑期（原判刑期的6.2%）均值为7.6年，已服刑期的均值为1.8年，余刑期的均值为5.8年。这就是说，26～47岁的罪犯出狱时年龄大多在32～53岁，犯罪人原有的职业、地位和家庭关系（以夫妻关系为核心）大多遭到了严重的破坏，而且一个三四十岁的有犯罪记录的人很难再成家立业。

（4）刑期长的罪犯有更高的既遂自杀率。漫长的刑期是他们痛苦的根源之一，自杀对他们来说乃是一种解脱。

（5）故意杀人的罪犯有更高的既遂自杀率。没有被判处死刑的故意杀人者与被害人往往有一定的社会关系，处于同一职业网络或情感网络之中，如同事、朋友、家人等。把与自己有一定联系的人杀害，使犯罪人更容易产生罪责感和负疚感，也更容易受到处于这一网络中被害人之外的成员的强烈谴责，其生存的意义会逐渐缺失。

不过，罪犯的性别、籍贯、入狱前职业、受刑经历，以及季节、时刻等因素对既遂自杀率均无显著影响。

2. 影响罪犯未遂自杀的因素

（1）再犯比初犯有更高的未遂自杀率。再犯有受刑经历和反改造经验，其自尊感也较初犯低。因此，再犯容易以自杀为手段规避刑罚、逃避劳动或达到其他目的。

（2）入狱前无业的罪犯有更高的未遂自杀率。无业者复杂的社会经历使他们习得了更多的“自我保护”手段，长此以往，他们便丧失了劳动的习惯和耐心。

（3）文化程度低的罪犯有更高的未遂自杀率。文化程度是影响罪犯狱内社会地位的重要因素，文盲一般只能从事重体力活。即使在技术岗位也由于知识能力的限制经常完不成生产任务，如在未遂自杀罪犯者当中，因“完不成生产任务”而企图自杀者中，文盲占40%。

（4）刑期长的罪犯有更高的未遂自杀率。与既遂自杀者一样，漫长的刑期仍然是他们痛苦的根源之一。自杀对他们来说是一种解脱，也是一种逃避。

不过，罪犯的性别、籍贯、年龄、犯罪类型，以及季节、时刻等因素对罪犯未遂自杀率均无显著影响。

简言之，目的型自杀是罪犯中的弱势者解脱、反抗和表示他们存在的极端方式，手段型自杀日益成为有较长犯罪生涯或复杂社会经历的罪犯反改造的一种方法。无论是自杀既遂还是未遂的罪犯，“刑期长”和“文化程度低”都是共同的原因。“刑期长”使未来希望渺茫，“文化程度低”决定了罪犯较低的狱内社会地位。在他们看来，生的痛苦远大于死的不幸，现在没有快乐，未来没有希望，没有人需要他们的爱和存在，生存还有什么意义。既遂和未遂的区别只在于前者以消灭自己来解脱痛苦，后者以死亡威胁来减轻痛苦。①

社区矫正对象由于与监狱服刑人员和看守所在押人员有着相同的身份——罪犯，监狱服刑人员和看守所在押人员的人身限制、社会排斥和内心焦虑在社区矫正对象身上也部分地存在着。因此，监狱服刑人员自杀的部分成因也可以用作解析社区矫正对象自杀成因的参考。社区矫正对象的自杀率是反映社区矫正效率、监管秩序和评定罪犯改造质量的重要指标之一。

---

① 孔一：《罪犯自杀研究——对浙江省罪犯自杀案件的实证分析》，《中国人民公安大学学报》2005年第1期。

第三节　社区矫正对象自杀风险评估

社区矫正对象自杀是由社区矫正对象自己完成并知道会产生这种结果的死亡，它不仅给自己的家庭带来痛苦和不幸，也给社区矫正工作造成极大的破坏，还有可能给一些同病相怜的罪犯造成模仿的“榜样”。掌握国内外的自杀理论，有助于社区矫正工作者开展社区矫正对象自杀预防工作。对社区矫正对象进行自杀风险评估，是避免社区矫正对象发生自杀现象较为直接、有效的方式。因此，国内外都有一些学者将监狱服刑人员和社区矫正对象自杀风险评估作为研究对象进行研究，并取得了丰富的研究成果。

一　美国学者的自杀风险评估理论

（一）自杀的线索

几乎所有的自杀/杀人者都会显露出某些线索或迫切需要帮助的信号。施奈德曼、法博罗和利特曼认为，许多具有自杀倾向的当事人不是吐露一些线索就是暗示他们的严重问题，或是以某种形式寻求帮助。他们将自杀的线索大致分为以下四种。

1. 言语线索

通过口头或文字来表达。它们可能是直接的，如“现在我想自杀”，也可能是间接的，如“我对任何人都没有用了”。

2. 行为线索

可以是为自己买一块墓碑，甚至用割腕作为一种练习或透露自己想自杀的态度。

3. 情境线索

情境线索涵盖的范围相当广泛，如配偶的死亡、离婚、痛苦的躯体疾病或不治之症、突然破产、心爱的人的祭日或其他生活状况的剧变。

4. 综合线索

综合线索包括各种自杀性症状，如抑郁、孤独、绝望、依赖，以及对生活状况的不满等。

这些线索无论表现得如何微妙或隐晦，都可看作对评估自杀风险有帮助。

（二）自杀风险评估工具

美国学者在评估自杀者的观念和行为时，使用了多种测量工具，如无助感量表、贝克抑郁量表和心理痛苦评估量表等，这些量表都把人格特征与自杀联系在了一起。其他量表，如自杀可能性评估量表和波士顿自杀观念相关性评估，都被用来评估当事人所表现出的临床自杀观念和已被验证的跟自杀企图有关的经验性因素。不过，只有当这些工具得到门诊会谈和第三方间接信息的支持时，危险评估才会得到极大的改进。[①]

巴特尔（Battle）等人确认了大量可以帮助危机干预工作者用来评估潜在的自杀危险因素，并推荐把以下危险因素列入评估的清单：①自杀家族史；②自杀未遂史；③已经形成一个特别的自杀计划；④最近经历了心爱的人去世、离婚等事件；⑤家庭出现大的经济损失；⑥陷入特别的创伤损失而难以自拔；⑦是精神病患者；⑧有药物和酒精滥用史；⑨最近有躯体和心理创伤；⑩有失败的医疗史；⑪与家庭或其他亲友失去了联系；⑫有抑郁症或处于抑郁症的恢复期，或最近出现抑郁症症状；⑬在给家人的书信中分配财产或安排后事；⑭有特别的行为或情绪特征改变，如冷漠、退缩、隔离、易激怒、恐慌、焦虑，或社交、睡眠、饮食、学习、工作习惯等的改变；⑮出现严重的绝望或无助感；⑯陷于以前经历过的躯体、心理或性虐待的情结中不能自拔；⑰显示一种或多种深刻的情感特征，如愤怒、攻击性、孤独、内疚、敌意、悲伤或失望。无论何时，一个人具备以上 17 项中的 4 ~5 项危险因素，则可以推断这个人正处在自杀的高危时期。[②]

詹姆斯和吉利兰则对巴特尔的自杀危险评估清单做了一些调整，提出了 26 项自杀危险因素：①显示自杀或杀人的冲动和严重意向；②家庭中其他人有自杀、伤害的威胁，虐待他人；③有自杀史；④已经规划好一个详

① 〔美〕詹姆斯（R. K. James）、吉利兰（B. E. Gilliland）：《危机干预策略》（第 5 版），高申春等译，北京：高等教育出版社，2009，第 228 ~229 页。

② 〔美〕吉利兰（B. E. Gilliland）、詹姆斯（R. K. James）：《危机干预策略》（上册），肖水源等译，北京：中国轻工业出版社，2000，第 248 ~249 页。

细而精确的计划；⑤最近丧偶、离婚或分居；⑥作为家庭的一分子，由于各种丧失、吸毒或暴力（或是当事人被性虐待过）而备受打击；⑦由于某人的周年祭日而陷入极度的悲伤中；⑧是精神病患者（也可能已经停止服用处方药）；⑨有药物或酒精依赖史；⑩最近经历过躯体或心理创伤；⑪有失败的治疗史、慢性疾病或不治之症；⑫独居，且与他人断绝来往；⑬得了抑郁症或正在抑郁症恢复期，也可能正在接受抑郁症的治疗；⑭送掉宝贵的财产或是有序地安排个人事务；⑮特有行为或情感的剧变，如变得冷漠、退缩、孤立、易激怒、惊恐、焦虑，或是社交、睡眠、膳食、学习、衣着、修饰、工作习惯上的改变；⑯彻底感到绝望或无助；⑰无法摆脱以前在躯体、情感或性方面被虐待的阴影；⑱显示出一种或多种强烈的情绪，如愤怒、挑衅、孤独、内疚、敌视、悲伤或失望，这些都不是个体正常情绪行为的特征；⑲面临着财产丧失的威胁；⑳表现出迫害或虐待的想法；㉑在性取向方面存在困难；㉒意外怀孕；㉓曾离家出走或被监禁过；㉔在谈话、写作、阅读选择、艺术作品和绘画中表现出抑郁、死亡和自杀的想法和主题；㉕声明或暗示即使他死掉，也不会有人怀念；㉖忍受着慢性或急性的压力源。上述因素中的某一项对于自杀而言可能无关紧要，但当这些危险因素积聚在一起时，个体采取致命性行为的可能性将会极大增长。①

（三）自杀风险的分类评估

北伊利诺伊大学的迈耶（R. A. Myer）和威廉姆斯（Williams）等人提出了三维危机检查评估理论模型和分类评估量表（TAF）。

1. 三维危机检查评估理论模型

三维危机检查评估理论模型将受害者遭遇的所有危机划分为三个维度，即认知维度、情感维度和行为维度。该理论模型指导危机工作者基于危机求助者进行三个功能方面的评价：认知（思维方式）、情感（感受或情绪反应）和行为（见图 8－1）。②

---

① 〔美〕詹姆斯（R. K. James）、吉利兰（B. E. Gilliland）：《危机干预策略》（第 5 版），高申春等译，北京：高等教育出版社，2009，第 229～230 页。

② 〔美〕吉利兰（B. E. Gilliland）、詹姆斯（R. K. James）：《危机干预策略》（上册），肖水源等译，北京：中国轻工业出版社，2000，第 42～43 页。

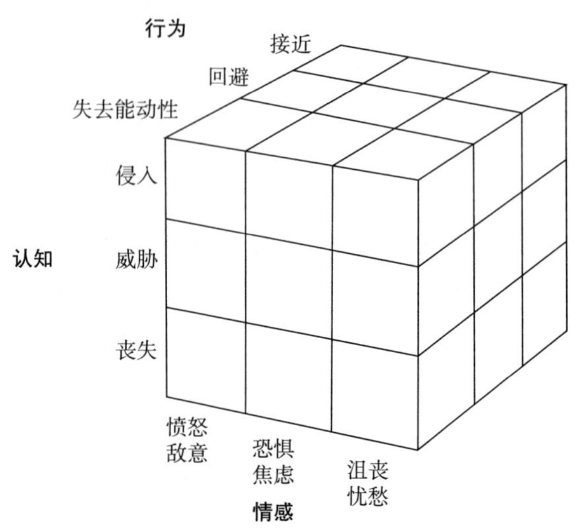

图 8-1 三维危机检查评估理论模型

国内有学者将三维危机检查评估理论分别运用到对服刑人员心理危机和监狱罪犯自杀危险的分析上。

（1）服刑人员心理危机分析。危机干预工作人员对服刑人员心理危机严重程度的评估，是基于对服刑人员三种功能的评价：认知（思维方式）、情感（感受或情绪反应）和精神活动（行为）。①认知状态。危机干预工作人员可以通过寻问下述一些重要的问题来评估服刑人员的思维方式。比如，服刑人员对危机认识的真实性和一致性如何？如果存在危机的话，范围如何？是合理地解释还是夸大？有这种危机的想法多长时间了？想改变危机处境的想法有多少？②情感状态。情感异常或损伤往往是服刑人员心理失衡状态的首发征象。服刑人员可能表现出过度的情绪化或失控，或严重的退缩和孤立。危机干预工作人员一般可通过切实可行的方式来帮助服刑人员表达内心感受，支持其恢复自控和能动性。③精神活动。危机干预工作者要更多地注意服刑人员的所作所为：采取的行动步骤、行为，或其他的精神活动。[①]

① 李伟：《服刑人员心理矫治理论与实务教程》，北京：对外经济贸易大学出版社，2012，第 281 页。

（2）监狱罪犯自杀危险分析。监狱罪犯有自杀危险时的表现为急性的恐惧不安、持久而严重的抑郁、自罪的体验、痛苦地表述对生活的绝望、没能达到目的的较强而潜在的攻击性，进一步的表现还包括罪犯以前有过自杀行为，以及在家庭或周围环境中有过自杀行为。

有些自杀行为在发生之前可显示出具体的准备，或者从罪犯的态度中可看到自杀的迹象。有些罪犯表面上很轻率地谈论生活的意义，或者讲自杀是无意义的，以掩盖其真实意图。就自杀而言，一个人表现出的情绪沮丧越轻，越是深思熟虑，其自杀的概率就越大。有些罪犯一旦做出了自杀的决定，精神上反而会松弛下来，这种情绪的变化从表面上看似乎矛盾，但在长时间痛苦地犹豫、踌躇之后做出的自杀决定对其来说却是一种解脱。

有些自杀行为（尤其是精神分裂症患者）出现得很突然，有些罪犯暗示其自杀行为能够以任何一种方式出现。因此，无论如何都应同罪犯进行公开坦率的谈话，而且不要总是重复自杀的话题。如果罪犯否认自杀意图而又难以令人相信时，有时可进一步问罪犯：为什么没有或不再有自杀念头？①

2. 危机干预分类评估量表（TAF）

迈耶和威廉姆斯等人编制的危机干预分类评估量表如下文所示。

（1）危机事件

简要确定和描述危机的情况：________________________________。

（2）情感方面

简要确定和描述目前的情感表现（如果有几种情感症状存在，请用#1、#2、#3 标出主次）。

愤怒/敌对：________________________________。

焦虑/恐惧：________________________________。

沮丧/忧愁：________________________________。

① 宋胜尊：《罪犯心理评估——理论·方法·工具》，北京：群众出版社，2005，第 264 ~ 265 页。

情感严重程度量表

根据求助者对危机的反应，在下列恰当的数字上画圈。

1	2	3	4	5	6	7	8	9	10
无损害	损害很轻		轻度损害		中等损害		显著损害		严重损害
情绪状态稳定，对日常活动情感表达适切	情感对环境反应变化只有短暂的负性情感流露，不强烈，情绪完全能由求助者自控		情感对环境反应适宜，但对环境变化有较长时间的负性情感流露，求助者能意识到情绪需要自我控制		情感对环境反应有脱节，常表现出负性情感，对环境的变化有较强烈的情感波动。情感状态虽然比较稳定，但需要努力控制情绪		负性情感体验明显超出环境的影响，情感与环境明显不协调，心境波动明显。求助者虽能意识到负性情感，但不能控制		完全失控或极度悲伤

（3）认知方面

如果有侵犯、威胁或丧失，则予以确定，并简要描述（如果有多个认知反应存在，根据主次标出#1、#2、#3）。

生理/环境方面（饮食、水、安全、居处等）：侵犯________威胁________丧失________。

认知严重程度量表

根据求助者对危机的反应，在下列恰当的数字上画圈。

1	2	3	4	5	6	7	8	9	10
无损害	损害很轻		轻度损害		中等损害		显著损害		严重损害
注意力集中，解决问题和做决定的能力正常。求助者对危机事件的认识和感知与实际情况相符合	求助者的思维集中在危机事件上，但思想能受意志控制，解决问题和做决定的能力轻微受损。对危机事件的认识和感知基本与现实相符		注意力偶尔不集中，感到较难控制对危机事件的思考，解决问题和做决定的能力降低。对危机事件的认识和感知与现实情况所预计的在某些方面有偏差		注意力时常不能集中，较多地考虑危机事件而难以自拔，解决问题和做决定的能力因为强迫性思维、自我怀疑和犹豫而受到影响。对危机事件的认知和感知与现实情况可能有明显的不同		沉湎于对危机事件的思虑，因为强迫、自我怀疑和犹豫而明显地影响了其解决问题和做决定的能力。对危机事件的认知和感知可能与现实情况有实质性的差异		除了危机事件外，不能集中注意力。因为受强迫、自我怀疑和犹豫的影响，丧失了解决问题和做决定的能力。对危机事件的认识和感知与现实情况有明显差异，这影响了其日常生活

心理方面（自我认识、情绪表现、认同等）：侵犯________威胁________丧失________。

社会关系方面（家庭、朋友、同事等）：侵犯________威胁________丧失________。

道德/精神方面（个人态度、价值观、信仰等）：侵犯________威胁________丧失________。

（4）行为方面

确定和简要描述目前的行为表现（如果有多种行为表现存在，根据主次标出#1、#2、#3）。

接触：________________________________。

回避：________________________________。

无能动性：________________________________。

行为严重程度量表

根据求助者对危机的反应，在下列恰当的数字上画圈。

1	2	3	4	5	6	7	8	9	10
无损害	损害很轻		轻度损害		中等损害		显著损害		严重损害
对危机事件的应付行为恰当，能保持必要的日常功能	偶尔有不恰当的应付行为，能保持正常必要的日常功能，但需要努力		偶尔出现不恰当的应付行为，有时有日常功能的减退，表现为效率的降低		有不恰当的应付行为，且没有效率。只有花很大精力才能维持日常功能		求助者的应付行为明显超出对危机事件的反应，日常功能表现明显受到影响		行为异常，难以预料，且对自己或他人有伤害的危险

（5）量表严重程度小结（评分）

情感：________________________________。

认知：________________________________。

行为：________________________________。

上述分类系统，为危机工作者提供了一个快速、有效的依据。危机工作者应果断地提出“您想过自杀吗?”“为什么?”“什么时候?”“在哪里?”这些问题。根据求助者对这些重要问题的反应对急性危机期求助者分类进行评价，从而为危机工作者提供修改危险性评价的依据。①

二 中国学者的自杀风险评估研究

（一）服刑人员自杀倾向量表

山东省监狱系统于2000年立项了“服刑人员自杀、脱逃预测研究”，编制出了服刑人员自杀倾向量表。该量表采用5级分制的记分方法，共68个项目，分为以下5个维度。

维度1（18个项目）：神经质，反映个体情绪的稳定性、焦虑、抑郁等。

维度2（18个项目）：精神症状，反映个体的恐怖、对人际关系的敏感性，以及强迫症状等。

维度3（16个项目）：改造环境，反映警犯关系、服刑人员之间的关系，以及服刑人员的劳动状况等。

维度4（11个项目）：自杀态度，反映个体对自杀和死亡的态度。

维度5（5个项目）：家庭支持，反映家庭在罪犯心目中支持力量的大小。②

（二）自杀态度调查问卷

汪向东等学者设计了“自杀态度调查问卷”（Suicide Attitude Questionnaire，QSA）。

自杀态度调查问卷

性别____ 年龄____ 职业____ 职称____ 职务____ 科别______

文化程度________ 从事现职时间______（年） 工作单位________

如有宗教信仰请填写：宗教派别______ 信教时间______（年）

编号______

本问卷旨在了解国人对自杀的态度。在下列每个问题的后面都标有1、2、3、4、5五个数字，数字1～5分别代表您对问题从完全赞同到完全不赞同的态度，请您根据您的选择圈出相应的数字。答案没有对错之分，请

---

① 〔美〕吉利兰（B. E. Gilliland）、詹姆斯（R. K. James）：《危机干预策略》（上册），肖水源等译，北京：中国轻工业出版社，2000，第96～97页。

② 宋胜尊：《罪犯心理评估——理论·方法·工具》，北京：群众出版社，2005，第271页。

您如实回答。您的答案我们会完全为您保密。谢谢您的合作！

1. 自杀是一种疯狂的行为。 ………………………………… 1 2 3 4 5

2. 自杀死亡者应与自然死亡者享受同等待遇。 ……………… 1 2 3 4 5

3. 一般情况下，我不愿意和有过自杀行为的人深交。 …… 1 2 3 4 5

4. 在整个自杀事件中，最痛苦的是自杀者的家属。 ……… 1 2 3 4 5

5. 对于身患绝症又极度痛苦的病人，可由医务人员在法律的支持下帮助病人结束生命。 ………………………………………………… 1 2 3 4 5

6. 在处理自杀事件过程中，应该对其家属表示同情和关心，并尽可能为他们提供帮助。 ………………………………………………… 1 2 3 4 5

7. 自杀是对人生命尊严的践踏。 …………………………… 1 2 3 4 5

8. 不应为自杀死亡者开追悼会。 …………………………… 1 2 3 4 5

9. 如果我的朋友自杀未遂，我会比以前更关心他。 ……… 1 2 3 4 5

10. 如果我的邻居家里有人自杀，我会逐渐疏远和他们的关系。 ……………………………………………………………… 1 2 3 4 5

11. 安乐死是对人生命尊严的践踏。 ………………………… 1 2 3 4 5

12. 自杀是对家庭和社会一种不负责任的行为。 …………… 1 2 3 4 5

13. 人们不应该对自杀死亡者评头论足。 …………………… 1 2 3 4 5

14. 我对那些反复自杀者很反感，因为他们常常将自杀作为一种控制别人的手段。 ………………………………………………… 1 2 3 4 5

15. 对于自杀，自杀者的家属在不同程度上都应负有一定的责任。 ……………………………………………………………… 1 2 3 4 5

16. 假如我自己身患绝症又处于极度痛苦之中，我希望医务人员能帮助我结束自己的生命。 …………………………………………… 1 2 3 4 5

17. 个体为某种伟大的、超过人生命价值的目的而自杀是值得赞许的。 ……………………………………………………………… 1 2 3 4 5

18. 一般情况下，我不愿去看望自杀未遂者，即使是亲人或好朋友也不例外。 ……………………………………………………… 1 2 3 4 5

19. 自杀只是一种生命现象，无所谓道德上的好和坏。 …… 1 2 3 4 5

20. 自杀未遂者不值得同情。 ………………………………… 1 2 3 4 5

21. 对于身患绝症又极度痛苦的病人，可不再为其进行维护生命的治

疗（被动安乐死）。 ………………………………………………… 1 2 3 4 5

22. 自杀是对亲人、朋友的背叛。 ……………………………… 1 2 3 4 5

23. 人有时为了尊严和荣誉而不得不自杀。 …………………… 1 2 3 4 5

24. 在交友时，我不太介意对方是否有过自杀行为。 ……… 1 2 3 4 5

25. 对自杀未遂者应给予更多的关心和帮助。 ……………… 1 2 3 4 5

26. 当生命已无欢乐可言时，自杀是可以理解的。 ………… 1 2 3 4 5

27. 假如我自己身患绝症又处于极度痛苦之中，我不愿再接受维持生命的治疗。 ……………………………………………………… 1 2 3 4 5

28. 一般情况下，我不会和家中有过自杀行为的人结婚。 ……………
……………………………………………………………………… 1 2 3 4 5

29. 人应该有选择自杀的权利。 ………………………………… 1 2 3 4 5

以上 QSA 共 29 个条目，都是关于自杀态度的陈述，分为如下 4 个维度。

（1）对自杀行为性质的认识（F1）：共 9 项，即问卷的第 1、7、12、17、19、22、23、26、29 项。

（2）对自杀者的态度（F2）：共 10 项，即问卷的第 2、3、8、9、13、14、18、20、24、25 项。

（3）对自杀者家属的态度（F3）：共 5 项，即问卷的第 4、6、10、15、28 项。

（4）对安乐死的态度（F4）：共 5 项，即问卷的第 5、11、16、21、27 项。

对所有的问题，都要求受试者在完全赞同、赞同、中立、不赞同、完全不赞同中做出一个选择。在分析时，第 1、3、8、10、11、12、14、15、18、20、22、25 项为反向计分，即回答“1”、“2”、“3”、“4”和“5”分别记 5 分、4 分、3 分、2 分、1 分。其余条目均为正向计分，回答“1”、“2”、“3”、“4”和“5”分别记 1 分、2 分、3 分、4 分、5 分。在此基础上，再计算每个维度的条目均分，最后分值在 1～5 分。在分析结果时，可以以 2.5 分和 3.5 分为分界值，将对自杀的态度划分为三种情况：≤2.5 分，为对自杀持肯定、认可、理解和宽容的态度；>2.5～<3.5，为矛盾或中立态度；≥3.5，认为对自杀持反对、否定、排斥和歧视态度。

本问卷的总分或总均分无特殊意义，各维度可单独使用。①

三　社区矫正对象自杀风险评估依据

孔一教授将狱内服刑人员自杀风险评估的“定性预测法”运用到社区矫正对象自杀风险评估领域，提出了一系列识别社区矫正对象自杀风险的因素。我们可以结合孔一教授关于狱内服刑人员自杀风险评估的“定性预测法”② 和社区矫正对象自杀风险的识别技术③，将社区矫正对象自杀风险评估的依据归结如下。

（一）社区矫正对象自杀的一般特征

（1）文化程度低；

（2）入矫时间短；

（3）值青壮年；

（4）长刑期；

（5）故意杀人；

（6）被害者是罪犯的亲属；

（7）有自杀未遂史；

（8）家庭成员中有人自杀过；

（9）有精神病；

（10）有吸毒史；

（11）有酗酒史。

（二）引发社区矫正对象自杀的关键事件

（1）受到处理；

（2）有余罪被发现；

（3）遭遇家庭变故；

---

① 汪向东、王希林、马弘主编《心理卫生评定量表手册》（增订版），北京：中国心理卫生杂志社，1999，第 364～366 页。

② 黄兴瑞：《人身危险性的评估与控制》，北京：群众出版社，2004，第 185～186 页。

③ 葛炳瑶主编《社区矫正导论》，杭州：浙江大学出版社，2009，第 209 页。

（4）长期患病；

（5）患有重病；

（6）生活难以为继；

（7）与他人发生了冲突；

（8）与矫正工作者发生了冲突；

（9）重大希望破灭（如减刑）；

（10）有违规或不道德行为被发现（如偷窃、同性恋）；

（11）受到其他罪犯的威胁；

（12）有人（如在逃的同案犯）威胁其家人；

（13）周围有其他服刑人员自杀；

（14）失业；

（15）破产；

（16）长期完不成工作任务。

（三）社区矫正对象自杀前的异常表现

（1）沉默不语或特别活跃；

（2）精神恍惚；

（3）对人、对事反应冷淡；

（4）卧床不起或昼夜颠倒；

（5）不吃不喝；

（6）多次提出某种要求；

（7）对他人有攻击言行；

（8）自伤自残；

（9）有关于生死的言论；

（10）公开表示对政府和矫正工作者的不满或气愤；

（11）暴力袭击矫正工作者；

（12）写遗嘱；

（13）产生被害或自杀妄想；

（14）拒绝听从警官命令和矫正工作者的劝诫；

（15）故意不完成生产任务；

（16）长时间给家人写信或看家人照片；

（17）反复自责，并在警官和矫正工作者面前或信件中表达；

（18）近期出现严重的焦虑，表现在言语或动作行为方面。

第九章 社区矫正质量评估

社区矫正的根本任务是通过教育矫正措施，使社区矫正对象成为守法公民，并顺利融入社会生活，这也是社区矫正质量追求的终极目标。建立一套科学有效、简单实用的社区矫正质量评估机制，对社区矫正工作进行质量评估，是保证社区矫正工作健康有序发展的必然要求。

第一节 社区矫正质量评估概述

社区矫正质量评估是对社区矫正对象采取的矫正措施所产生的实际效果做出评价，它可以根据不同的评估视角分为不同的评估类型。社区矫正质量评估是衡量社会矫正的实际成效及其后续改进、提升工作的重要依据。

一 社区矫正质量评估的概念

社区矫正质量是指社区矫正主体取得社区矫正工作的成效以及社区矫正对象的心理、认知和行为特性通过社区矫正后得到有效改善而趋向于或达到守法公民的程度。

社区矫正质量评估是指根据社区矫正的价值观或社区矫正的目标，运用可操作的科学手段，对社区矫正对象采取的矫正措施所产生的实际质量及效果做出的评价和测量。

社区矫正质量评估，又可称为社区矫正效果评估。一般说来，社区矫正效果评估包括社区矫正数量评估、社区矫正质量评估和社区矫正成本－效益评估等内容。社区矫正数量评估是对社区矫正工作人员和社区矫正对象的人数指标和社区矫正的服务指标进行评估。目前的社区矫正工作越来越以项目的形式通过政府购买服务来进行，而项目服务指标往往都有数量上的要求。例如，2015 年广州市某区司法局司法社会工作项目就规定了本项目中标单位必须提供社工人数指标及具体服务量化指标。这就意味着本项目承接单位只有完成项目协议规定的各项指标，才谈得上社区矫正效果好。质量要通过数量来反映，没有一定的数量就不能反映质量。如果社区矫正工作的数量指标都完成不了，社区矫正质量也就无从谈起。从这个意义上说，社区矫正数量评估就是社区矫正质量评估。相对于社区矫正数量来说，社区矫正质量更接近于社区矫正效果，因为如果只有数量而没有质量，那么这样的数量就变得无意义了，自然谈不上效果。正是在这个意义上，人们又将社区矫正质量评估称为社区矫正效果评估。社区矫正成本是指国家和社会力量在一定时期内为实现对罪犯的刑罚和矫正目的而对每个罪犯实际投入的各种资源总量。社区矫正效益是指通过对罪犯执行刑罚而产生的有益于社会文明进步的结果。社区矫正成本－效益评估一般是将社区矫正与监禁矫正的成本－效益相比较来衡量的。西方的实证研究证明，社区矫正的成本比监禁矫正的成本更低。[①] 所以，社区矫正成本－效益评估，也是对社区矫正效果的评估。

二　社区矫正质量评估的分类

根据不同的标准，社区矫正质量评估可以分为不同的类型。根据评估主体的不同，可分为社区矫正质量内部评估和社区矫正质量外部评估；根据评估内容的不同，可分为社区矫正对象质量评估和社区矫正工作质量评估；根据评估功能的不同，可分为社区矫正质量阶段性评估和社区矫正质量终结性评估；根据评估目的的不同，可分为社区矫正绩效评估和社区矫正效果评估。

---

① 洪颖：《社区矫正的经济学分析——基于成本－效益理论》，《全国商情》（理论研究）2013 年第 9 期。

（一）社区矫正质量内部评估和社区矫正质量外部评估

社区矫正质量内部评估，又称为社区矫正质量自我评估，主要是指社区矫正项目的执行者（包括社区矫正机构和社区矫正执行人员）对其从事社区矫正工作的成效进行自我评价。在社区矫正项目第三方评估之前，社区矫正机构必须要向第三方提供项目评估工作自评报告，以供第三方评估时参考。其评价方法主要包括总结、分析、统计和比较（见表9-1）。

表9-1　20××~20××年度××区社区矫正服务项目自评报告

序号	自评报告的内容结构
一	本项目基本信息
二	人力资源配备及组织架构情况
三	本项目协议主要内容
四	本项目服务状况
五	本项目的特色服务
六	截至填写本报告时的服务资金收支情况
七	自评小结

社区矫正质量外部评估，又称为社区矫正质量第三方评估，是社区矫正项目执行者之外的组织和人员对社区矫正工作成效的评价。它包括四种。①社区矫正对象评价。主要是社区矫正对象在社区矫正过程中对社区矫正质量的评价，既包括对社区矫正项目执行者的工作成效评价，也包括自己在社区矫正过程中所发生的自我转变的评价。其评价形式主要包括汇报、填表、自我鉴定和总结。②政府官员评价。政府官员的评价，既包括上级非主管官员通过媒体报道、实地考察、倾听汇报（矫正主体汇报和矫正对象汇报）等途径获取社区矫正执行者的工作业绩后所给予的评价，也包括上级主管官员对其所管辖的社区矫正机构和社区矫正工作者的工作成效给予的评价。其评价方式包括口头评价和书面评价等。③专家评估委员会评估。专家评估委员会既可由公、检、法、司四方共同抽调人员组成，也可委托第三方评估机构选派评估专家组成，由他们对社区矫正执行者的矫正成效实施评估。④社区群众测评。主要是设定社区群众测评表，测试

社区群众对社区矫正成效的认同度。

（二）社区矫正对象质量评估和社区矫正工作质量评估

社区矫正对象质量评估是对社区矫正对象矫正方案的实施以及矫正中的具体表现进行考察，形成评估结果，再根据该评估结果，结合矫正对象在矫正各阶段所表现出来的新问题、新特点，及时对矫正方案进行调整与完善，以提高矫正措施的针对性，确保社区矫正的质量。

社区矫正工作质量评估指通过对社区矫正工作质量的各个要素进行定量分析，分析出社区矫正机构或社区矫正主体的社区矫正具体工作水平，发现工作中存在的问题与不足，分析原因，找出对策，以提升工作水平和工作质量。[①]

社区矫正对象质量评估与社区矫正工作质量评估的区别有 4 点。①评估主体不同。前者是社区矫正机构或矫正主体进行的，如司法所、社工、志愿者、公安民警等；后者应该是由社区矫正机构之外的第三方评估的，如人大、上级行政机构、专业评估机构、专业评估团队等。②评估对象不同。前者是对矫正对象的评估，后者是对矫正机构及其工作人员的评估。③评估范围不同。前者仅仅是对社区矫正对象所体现的矫正效果的评估；后者是对辖区内各基层司法所和社区矫正机构的具体工作的评估，涉及机构设置、经费落实、队伍建设、制度建设、档案建设、规范管理、矫正措施、矫正效果等内容。④评估目的不同。前者是检验矫正对象的“合格”情况，以判断矫正对象是否悔改和适宜回归社会；后者是检验矫正工作的开展情况，以保障整体工作顺利进行。不过，两者又是有内在联系的，社区矫正工作质量必须通过社区矫正对象矫正质量反映出来。因此，对社区矫正工作质量的评估，内在地包含了对社区矫正对象矫正质量的评估。

（三）社区矫正质量阶段性评估和社区矫正质量终结性评估

社区矫正质量阶段性评估是指在社区矫正实施一段时间之后，在对社区矫正对象的心理、认知和行为进行阶段性测量的基础上，通过对社区矫

---

①　赵炜：《论社区矫正质量评估制度的完善》，《云南警官学院学报》2014 年第 2 期。

正对象阶段性矫正目标的实现情况进行量化评价，并据此对社区矫正工作的成效和社区矫正对象的矫正行为进行（肯定或否定）价值判断。它是一种对过程、质量的检验性评估，其目的是检查、督促阶段性矫正目标的实现程度，发现矫正方案的不足，并及时调整和改进矫正方案，以保证矫正目标的最终实现。

社区矫正质量终结性评估是指社区矫正到期之后，对社区矫正对象的整体矫正效果进行综合评价。如果达到实效，就可以使其完全恢复自由；如果没有达到实效，则可以考虑撤销缓刑、假释并收监执行，或者延长其社区矫正时间。社区矫正质量终结性评估又可称为解矫时矫正质量评估，包括解矫前检验性评估和重新犯罪预测两部分。前者是对即将解矫的社区矫正对象进行心理、认知和行为的检测，评估其究竟哪些方面得到了矫正，哪些方面还存在问题，进而为安置帮教工作提供科学依据。后者是根据社区矫正对象在矫正期间的表现，结合其心理、行为以及认知情况，通过一定的评价表进行的预测评价。解矫时的矫正质量评估是最终的质量评估，目的是检验社区矫正对象的矫正状况，总结矫正工作经验，加强社会控制，减少重新犯罪。

（四）社区矫正绩效评估和社区矫正效果评估

社区矫正绩效评估是指评估主体对社区矫正机构或矫正工作者完成社区矫正项目指标的绩效进行外部评估和内部考核。对社区矫正机构完成项目指标的绩效评估主要是由项目投资方委托第三方专业评估机构或从评估专家库中抽取评估专家来完成的，通过给予矫正机构以优秀、良好、合格或不合格的等级评定，以作为投资方和购买方是否让该矫正机构继续承接本矫正项目的重要依据。对矫正工作者的绩效评估主要是矫正机构对其员工完成社区矫正项目指标的数量与质量进行考核，并采取相应的奖惩措施。

社区矫正效果评估是指社区矫正机构或循证矫正研究者为了明确矫正项目相关干预措施是否需要做出调整及产生了何种效果，在参照矫正目标和利益相关方作用的基础上，对矫正技术、矫正项目和矫正系统的有效性、实用性和影响予以分析的过程。结合现代评估学知识和项目评估原理，依据循证实践的要求，循证矫正效果评估可以按照确定目标和期望结果、过程评价、结果评价和影响评价等四个步骤进行操作。[①] 循证矫正中涉及的相关测量与评估都必须做到可靠、真实、准确、科学，在这一过程中会大量运用到数学模型、量表测试等，评估鉴定中的一系列数据、指标、环节、程序乃至结果都要求达到精准。[②]

三　社区矫正质量评估的意义

（一）可以检查具体矫正方法是否科学

社区矫正成效如何，与其采取的矫正方法有着密切的关系。在某种意义上，社区矫正质量评估就是对矫正方法的评估，因为方法是代表某项工作成效的最重要指标。当前我国的社区矫正工作中，有很多方法是从国外直接引入的，这些方法是否自然地适应我国的现实环境；我国一些省市自创的社区矫正方法效果如何，是否值得推广……这些都需要科学、合理的评估体系和标准加以考核，只有这样才能推动对矫正方法的不断探索、不断创新、不断进步。

（二）可以诊断社区矫正对象再社会化是否顺利

社区矫正被公认为是缩短矫正对象适应社会时间、使他们尽早融入社会的最佳途径，这反映了它对社区矫正对象再社会化的作用。由于矫正对象的个体情况和所处环境处于不断变化之中，其再社会化的进程有时顺畅，有时受阻，有时甚至还会“回潮”。因此，评估必须是动态性的，且每一次评估都要充分考虑到各种不同因素单独或相互的作用，以便及时发现问题，适时调整方法。因此，矫正对象的再社会化作为社区矫正的重要内容，应当予以强化评估。

（三）可以反映社区矫正工作是否有成效

在社区矫正工作中，矫正机构及工作人员是操作实施者，工作人员的素质、能力及工作态度是社区矫正工作能否真正取得实效的重要因素。当前我国参与社区矫正工作的人员，大多是由来自公安、监狱的警察，街道

---

① 马臣文、彭洲文：《论循证矫正效果评价机制的构建》，《河南司法警官职业学院学报》2014 年第 2 期。

② 张军辉：《循证矫正的基本特性分析》，《河南司法警官职业学院学报》2014 年第 3 期。

办的工作人员，居委会成员，人民调解员，退休干部，专业社会工作者，社区志愿者等人员组成，这些人员的个人素质、矫正能力参差不齐，人生阅历和社会背景也各有不同，工作态度方面也不可能保持“同一种笑容”，这就必然会导致工作成效的程度有高低不同。通过用科学的方法，对其工作成效做出评估，以激励先进、鞭策落后，从而提高矫正工作的成效。

（四）可以验证非监禁刑执行的发展方向

社区矫正作为我国非监禁刑的执行方式，开启了一种崭新的途径和方式。但社区矫正工作能否体现非监禁刑的矫正性，需要用事实、数据说话，需要通过质量评估对社区矫正的具体工作做出判断。同时，通过社区矫正质量评估，我们将社区矫正成效与监狱矫正成效进行对照，可以更好地验证社区矫正能否代表非监禁刑执行的发展方向。①

从现实的意义来说，社区矫正质量评估可以检验和促进社区矫正适用前评估、解矫前评估工作的开展，根据质量评估的结果来调整和完善适用前评估和解矫前评估的标准；可以使矫正工作者根据评估的情况及其结果对社区矫正对象有更全面的理解，从而改进和完善矫正方案，因人施教，促进和提高社区矫正工作的针对性和有效性；有利于提高社区矫正对象的矫正水平，使矫正工作者进行有效的继续帮教。社区矫正机构可以根据结果在矫正对象完成矫正后将其继续纳入帮教范畴，以利于其更好地融入社会。此外，社区矫正质量评估有利于调动社区矫正对象接受矫正的积极性，有利于统筹社会各方资源，让社会民众广泛参与，共同完成对社区矫正对象的矫正教育工作。

第二节　国内外社区矫正质量评估状况

西方发达国家非常重视运用科学评估手段开展对社区矫正运行效果的评估。西方的循证矫正实践中就包含了对“有效性”的评估，而对缓刑与假释效果的评价经历了一个从争议到肯定的过程。我国社区矫正质量评估也在吸收和借鉴国内外社区矫正质量评估理论的基础上，结合社区矫正工

① 葛炳瑶主编《社区矫正导论》，杭州：浙江大学出版社，2009，第230～232页。

作的具体实际，制定了社区矫正质量评估的操作办法，并成功运用到社区矫正评估的实践中。

一　国外社区矫正质量评估状况

（一）循证矫正实践与矫正质量评估

质量评估研究源自人们对项目实施有效性的追问。社会科学领域中采用实验的方法来科学评价项目实施的有效性，并根据有效性评估进行决策的实践称为循证实践（Evidence Based Practice），即通过对最有效研究证据的整合促使决策专家和决策者的决策向更符合期待的结果发展的一种决策范式。循证实践最早起源于医学领域，20 世纪 90 年代其成为医疗保健决策领域中的主流范式，并随之传导至其他领域。从循证实践视角出发，质量评估即指基于一种循证的方法来科学评估项目实施有效性的循证实践，其目的在于甄别何种实践才是更符合期待结果的最有效的实践。

在循证矫正实践中，评估行为起着举足轻重的作用。可以说，所有的矫正行为都是建立在科学评估基础之上的。马里兰大学的研究者采用了两步程序评估总结矫正项目对阻止犯罪的作用：第一步是固定和评估个人的研究设计质量和方法；第二步是为了保证研究的质量、研究结果的方向及重要意义，评估、检查每一个主题领域。①

循证矫正的一个重要特征就是有效性。最早贯彻循证实践理念的循证医学是在降低医疗成本、提高医疗效果的诉求下兴起的。从 20 世纪 60 年代起，西方发达国家（尤其是美国）出现了医疗费用不堪重负、医疗资源严重浪费、医疗质量普遍下降的突出问题，而医生是资源浪费、效率低下的主要根源。因为追求利润的动机刺激了他们向患者提供不必要的（比如多余的）或者不恰当的（比如非最优的、过时的甚至是错误的）医疗服务。为了改变这一状况，各国政府将矛头指向医生，相继通过一些相关的法律、标准、指南来规范医生的行为，要求医生寻求最佳研究证据，向患者提供成本低、效果高的医疗服务。于是，循证医学应运而生。循证矫正

① 王平、安文霞：《西方国家循证矫正的历史发展及其启示》，《中国政法大学学报》2013 年第 3 期。

也产生于罪犯矫正项目效果低下甚至无效，矫正费用持续增长的历史背景之下。1974 年，罗伯特·马丁森（Robert Martinson）在对纽约州的矫正系统进行长达 3 年的研究之后，得出了“矫正无效”的结论，这立即在美国掀起了轩然大波。人们开始质疑罪犯矫正项目的价值，纷纷要求加强犯罪控制，美国刑罚的钟摆从“矫正”回到了“严惩”。1978 年到 1989 年的十年间，美国的在押犯迅速从 45 万人飙升至 107 万人之多，2002 年则突破了 200 万人大关。与此同时，从 1986 年起，美国各州罪犯的矫正费用平均每年以 6.2% 的速度增长。2001 年，美国各州矫正经费支出的总和达到了 382 亿美元。这种双重变奏迫使刑事政策制定者另辟蹊径，寻求有效的罪犯矫正项目，以降低矫正成本，这便催生了循证矫正。它以矫正项目的结果有效性为基本价值取向，看重刑罚成本投入与刑罚收益之间的平衡关系。

在众多关于矫正项目实施效果的评估研究中，哪一项才能称得上最佳研究而被作为证据采用呢？谢尔曼（Lawrence W. Sherman）率领的马里兰大学研究团队以研究方法的科学严谨程度为标准，通过计分方式建立了 5 级评价体系，来衡量某项评估研究作为证据的可采信程度。[①] 自 20 世纪 90 年代初以来，该团队已经发表了大量使用荟萃分析方法对矫治效果进行的评价研究，其中最全面的评价是由美国马里兰大学多丽丝·麦肯齐（Doris Layton MacKenzie）教授进行的评价。她曾发表多篇评价报告，并且在 2006 年出版的 *What Works in Corrections：Reducing the Criminal Activities of Offenders and Delinquents* 一书中，集中报告了她的评价成果。她的评价对象是为了减少犯罪人和少年犯罪人的累犯行为而使用的各种矫正干预、管理策略和治疗与改造计划，其中，既包括在社区矫正中使用的矫正计划和干预策略，也包括在监狱、看守所等机构中使用的矫正计划和干预策略，以及对它们进行的符合研究方法要求的 284 项评价研究。其报告指出，为了减少累犯，必须给犯人提供某种形式的人性服务或复原项目，如能够改变认知和解决问题的技巧或戒毒方面的项目。[②]

---

① Doris Layton MacKenzie, *What Works in Corrections：Reducing the Criminal Activities of Offenders and Delinquents*（New York：Cambridge University Press，2006），pp. 29 – 32.

② 〔美〕多丽丝·麦肯齐：《什么在社区矫正中起作用?》，载《大连 2005 社区矫正国际研讨会论文集》，第 148 页。

（二）循证矫正效果评价方法

韦尔什和法林顿将犯罪学干预措施的有效性评价的研究方法分为单一研究评价法（Single Study Review Method）、叙述性评价法（Narrative Review Method）、表决计分评价法（Vote-Count Review Method）、系统性评价法（Systematic Review Method）和荟萃分析评价法（Meta-Analytic Review Method）。[①] 单一研究评价法和叙述性评价法不太严格，因此循证矫正效果评价研究者较少采用，而表决计分评价法、系统性评价法和荟萃分析评价法的评价质量很高，因此更多地被用于循证犯罪预防评估。在评价犯罪干预有效性方面，系统性评价和荟萃分析评价是最严格的方法。最近十多年以来，高质量研究证据的系统性评价，包括荟萃分析评价方法，在发达国家的社会科学领域得到越来越普遍的重视，特别是在刑事司法领域。

1. 得票计算评价法

过去评价矫治效果时，通常使用“得票计算方法”（Vote Counting Method）。根据这种方法，在评价有关的研究文献时，首先确定某一种文献究竟赞同矫治效果（“投了赞成票”），还是否定矫治效果（“投了否定票”），然后计算赞成票和否定票各有多少。如果赞成票多于否定票，就得出改造有效果的评价结论。赞成票越多，意味着矫治效果越好，反之亦然。马丁森等人就是使用这种评价方法的代表。马丁森采用三个标准对自 1945 年至 1967 年间用英语发表的关于矫正有效性的研究报告进行了遴选：一是必须有对治疗方法的评估；二是必须有基于这种治疗方法而确保有效的自变量指标；三是必须采用控制组和实验组两相对照的研究方法。通过对遴选出的 231 项矫正有效性研究报告的分析，他得出了“已投入的矫正努力对降低再犯来说并无任何明显效果”[②] 的结论。

但有研究者发现，用这种得票计算方法进行评价有很多问题。例如，美国当代犯罪学家弗朗西斯·卡伦等人认为，传统的得票计算方法至少有三种缺陷：一是缺乏一套衡量标准，即不知道究竟需要在研究文献中发现

---

① Brandon C. Welsh & David P. Farrington, *Preventing Crime: What Works for Children, Offenders, Victim and Places* (New York: Springer, 2006), pp. 5 – 10.

② Robert Martinson, “What Works? Questions and Answers about Prison Reform,” *The Public Interest* 35 (1974), p. 25.

多少肯定性结论才能确定罪犯改造计划是“有效的”；二是得票计算方法有可能犯第二类统计错误，即如果样本数量少于能够发现真实差异的规模，就会认为中等程度的矫治效果报告没有统计学上的显著性，从而认为某项实际有效果的改造计划没有效果；三是评价方法的不精确性。当评价改造有效或无效的研究文献各占一半时，就无法精确地判定在改造与累犯行为之间的联系强度如何，因此也就很难进一步辨别导致改造计划有效或无效的因素。①

2. 表决计分评价法

1996 年，以谢尔曼教授为首的研究小组在承担美国司法部犯罪预防补助拨款计划实施效果评估任务中，提出了一种全面的表决计分评价法，被称为“马里兰科学方法测算表”。它没有采用有关许多特定标准的计分总和的方法（如从 0 到 100），而是使用了一种简单的 5 个等级，这 5 个等级分别为：1 级，在一个时点上，预防计划和犯罪测算值之间的相关性；2 级，在不可比的控制条件下，预防计划之前和之后的犯罪测算值；3 级，在实验的和可比的控制条件下，预防计划之前和之后的犯罪测算值；4 级，在多实验和控制单位条件下，即控制影响犯罪的其他变量，在预防计划之前和之后的犯罪测算值；5 级，把预防计划和控制条件随机地赋值给单位。其中，1 级设计无法排除对内在效用的许多威胁，也无法建立因果关系的顺序；2 级设计建立了因果关系的顺序，但无法排除对内在效用的许多威胁；3 级设计能排除对内在效用的许多威胁，例如历史、成熟趋势、使用仪器、测试效果、微分损耗等，但主要问题体现在选择效果和均值回归上，因为实验和控制条件是非等价的；4 级设计能够更好地控制外在影响，因而可以更加适当地处理选择和回归威胁；在 5 级设计下，如果随机赋值的单位数目足够大，在影响结果的所有可能外生变量当中，在统计波动的界限内，实验条件变量将等于控制条件变量。因此，这个设计不仅可以处理选择和回归问题，而且具有最大可能的外在效用。

谢尔曼等人根据分级评价的目标将所有计划类型分为四类。①什么是

---

① Francis T. Cullen & Brandon K. Applegate, *Offender Rehabilitation: Effective Correctional Intervention* (Aldershot, England: Ashgate/Dartmouth, 1997), p. xvii.

有效的。存在一些在各种社会背景下的预防犯罪计划，并且在这些背景下这些计划已经被评价过。作为有效的计划，至少必须有3～5级当中的两个评价值，从而说明其是具有统计显著性和合意的结果，以及证明有效性的所有可用证据是占优的。②什么是无效的。存在一些无法预防犯罪的计划。作为无效的计划，至少必须有3～5级当中的两个评价值，利用统计显著性测试说明其无效性和支持同样结论的所有可用证据是占优的。③什么是有希望的。存在一些计划，在这些计划中，从可用证据中得到的确定性水平太低，以至于不支持可概括的结论，但存在某种实验基础，从而断言，进一步的研究可能支持这个结论。作为有希望的计划，必须在3～5级中有一个评价值可以说明显著性测试是有效的，而且剩下证据占优性的显著性测试也是有效的。④什么是未知的。任何无法归入以上三种计划的可以定义为具有未知效应的计划。①

表决计分评价法的优点是考虑了统计显著性，为叙述性评价增加了定量的因素，吸纳了系统性评价法和荟萃分析评价法的部分内容，具有很大的效用。但是这种评价方法也有一定的局限性，如不考虑方法的特性而对所有的研究赋予相同的权重。

3. 荟萃分析评价法

荟萃分析评价法是指用统计合并的方法对具有相同研究目的的多个独立研究结果进行比较和综合分析的研究方法。针对传统研究方法的缺陷，自然和社会科学家越来越多地在评价研究中使用荟萃分析方法，即在进行矫治效果的评价研究时不是进行简单的得票计算，而是计算在每项研究中发现的改造与结果（累犯行为）之间的“效果大小”。在任何研究中发现的效果不外乎是三种情况：负效果（这表明改造活动增加了犯罪行为）、零效果（改造活动没有效果）和正效果（改造活动减少了犯罪行为）。不管特定的研究究竟有没有发现改造活动有显著的矫治效果，都要对它们发现的效果大小进行计算，从而得出荟萃分析的结果——“平均效果值”

---

① Lawrence W. Sherman, Denise C. Gottfredson, Doris L. MacKenzie, John Eck, Peter Reuter and Shawn D. Bushway, *Preventing Crime: What Works, What Doesn't, What's Promising*, https://www.ncjrs.gov/pdffiles/171676.PDF.

(Average Effect Size)。这个数字可以精确估计各项研究的结果与总结果之间的联系。

荟萃分析评价法有两个方法论上的优点：一是它能够控制那些在引入多元分析时可能混淆矫治效果的因素，如样本大小、研究设计的质量等，防止把矫治结果中的离差解释为有意义的误差；二是任何荟萃分析都是透明性的，其他研究人员可以使用同一数据或者不同数据进行重复或单独评价，如果重复性研究仍发现矫治有效果，就找到了确能有效减少累犯行为的方法。但荟萃分析评价法也有一定的缺点，例如它无法综合处理单个研究中发现的效应范式，入选的研究报告可能参差不齐，原始研究报告质量直接影响荟萃分析结论的正确性等。

4. 系统性评价法

系统性评价法是一种通过严格程序来考察给定研究问题的研究结论一致性的研究方法。系统性评价法最早出现在流行病学研究中，后来才被引入到犯罪预防领域。坎贝尔联盟犯罪与司法研究小组（Campbell Collaboration Crime and Justice Group）在这一研究领域处于领先地位。

该小组对系统性评价法做了这样的描述：①系统性评价的目的是总结一个特定问题的最有效研究，这是通过合成几项研究的结果来进行的；②系统性评价使用透明的程序来寻找、评估和综合相关研究的结果，程序是预先确定的，以确保操作的透明性、可复制性，也是为了减少偏见；③包含评价的研究是质量的筛查，以便大量的研究结果可以结合起来。同行评审是一个关键过程的一部分，合格的独立研究者控制着设计者的方法和结果。①

该小组系统性评价的主要特征有 7 个。①明确的目标。进行这种评价的论据是清楚明确的。②明确的合格性标准。验证人员需要详细地说明为什么它们包括特定的研究，而不包括其他研究。③查找研究的目的是减少潜在的偏差。由于有许多潜在的方法，利用这些方法偏差可以影响评价的结果，因此验证人员必须明确地说明为了减少这种偏差他们是如何查找潜

① "What Is a Systematic Review?" http://www.campbellcollaboration.org/what_is_a_systematic_review/index.php.

在研究的。④根据合格性标准筛选每项研究，并证明排除的研究是正确的。潜在的相关研究的每个报告必须经过筛选，以确定其是否符合评价的合格标准。所有排除的研究都要完整列出清单，而且读者应当能够得到其被排除的理由。⑤汇集最完整的、最可能的数据资料。应尽量设法得到符合合格标准的所有相关评价。此外，与评价目标相关的所有数据应当从每个合格的报告中仔细地萃取出来，并且进行编码和电脑处理。如果可能的话，系统性评价的人员会设法从原报告的作者那里获得数据。⑥适当且可能时，采用定量分析方法分析结论。若条件适合，应当把荟萃分析法作为系统性评价的组成部分。⑦结构性的和详尽的报告。系统性评价的最终报告是结构性的和详尽的，这使得读者能够理解研究的每个阶段、做出的决定，以及获得的研究结论。

系统性评价法的优点是全面、系统，整个过程非常明确，具有良好的可重复性。它既可以进行定性分析，也可以进行定量分析。但系统性评价法也有其局限性，例如作为系统性评价的内容，为什么一些研究包含在内而另一些研究被排除在外？所设定的严格性的上限到底有多高？这是所有研究人员都要面临的问题。①

（三）对缓刑效果的评价

对缓刑效果（Effectiveness of Probation）的评价，大致可从累犯行为或累犯率、失败率和成本－效益三个方面来分析。

1. 缓刑犯的累犯行为

累犯行为（Recidivism）就是一次犯罪之后再次进行的犯罪行为。确定累犯行为要考虑两个因素。第一，再次进行的犯罪行为的范围，即究竟是指重罪，还是也包括轻罪。大多数文献往往同时包括重罪和轻罪。第二，第一次犯罪行为和再次犯罪行为之间的时间间隔。不同的司法管辖区对此问题有不同的规定。

累犯率（Recidivist Rate）就是每一百名缓刑犯中进行累犯行为的人员的数量，通常用百分数表示。累犯率只是失败率的一部分，是表示其中遭受严重失败的缓刑犯的比例。从 20 世纪 50 年代到 20 世纪 90 年代初，仅

---

① 王辉：《当代西方循证犯罪预防研究简述及启示》，《河北法学》2012 年第 12 期。

仅在美国，就对缓刑犯的累犯率进行了30项左右的研究。这些研究表明，在缓刑监督期间，重新被逮捕率（Rearrest Rate）从12%到65%不等，重新被定罪率（Reconviction Rate）从16%到35%不等，缓刑被撤销率（Revocation Rate）从14%到60%不等。[①] 在爱德华·拉特萨（Edward J. Latessa）等人所列举的14项研究中，失败率最低的为16.4%，失败率最高的为65%。[②]

将缓刑犯与假释犯的累犯行为进行比较，对于刑事司法决策具有重要价值，因而也是在缓刑和假释效果评价研究中受到关注的领域之一。20世纪70年代，美国的全国执法与刑事司法研究所（National Institute of Law Enforcement and Criminal Justice）将缓刑犯与类似的假释犯进行三项比较研究发现：缓刑犯的累犯率要低于假释犯；女性缓刑犯和女性假释犯的累犯率未发现有差异。后来，琼·彼得西历亚（Joan Petersilis）等人在美国加利福尼亚州进行的研究，也发现缓刑犯的累犯率要低于假释犯。这表明，在情况允许的条件下，应当更多地使用缓刑，减少使用假释。

2. 缓刑犯的失败率

失败率（Failure Rate）是指没有成功度过缓刑监督期限的比例。衡量缓刑犯的失败率需要考虑两个因素。一是失败率所包括的不同情形，缓刑失败包括一般的技术违规和严重的重新犯罪，累犯率只是其中一个表明严重的缓刑违规情况的数量指标。二是所评价对象的范围或者种类，这对于失败率的高低也有显著影响。例如，托德·克利尔（Todd Clear）等人在1995年的调查发现，成功度过缓刑期的比例为67%，失败率为33%（其中被监禁者为16%，潜逃者为7%）；而帕特里克·兰根（Patrick Langan）等人1992年对重罪缓刑犯的调查发现，成功度过缓刑期的比例为38%，失败率为62%（其中被监禁者为36%，潜逃者为10%）。[③] 由此可见，这两组数据之间的差别是较大的。爱德华·拉特萨等人于2003年归纳了20

---

① Paul F. Cromwell, Leanne Fiftal Alarid & Rolando V. del Carmen, *Community-based Corrections* (Belmont, CA: Thomas Wadsworth, 2005), p. 140.

② Edward J. Latessa & Harry Allen, *Corrections in the Community* (Cincinnati, OH: Anderson Co., 2003), p. 492.

③ Joan Petersilis, *Reforming Probation and Parole in the 21st Century* (Lanham, MD: American Correctional Association, 2002), p. 56.

世纪 50～90 年代学者关于缓刑效果的评价，也发现这些研究获得的失败率数据差别较大，低的为 16%，高的达到 65%。

3. 缓刑犯的成本－效益

成本－效益（Cost-Effectiveness）就是使用缓刑措施节省刑事司法资源的情况。与监禁相比，缓刑可以大大节省刑事司法资源，但不同缓刑方式的节省程度存在差异。一般而言，对缓刑犯管理和干预得越少的缓刑计划，其花费的刑事司法费用就越少，节省程度也就越大。以美国的研究为例，将被监禁的罪犯转到社区中服刑，就可以大大节省刑事司法经费；社区型矫正机构安置的罪犯能够提供创造价值的社区服务和社区劳动；社区型矫正机构安置的罪犯的人均花费要低于监狱。[①]

（四）假释效果的评价

衡量假释效果最常用的指标是假释犯的累犯行为或累犯率和假释犯的失败率。

1. 假释犯的累犯行为

根据艾伦·贝克（Allen Beck）1987 年在美国进行的一项全国性年轻假释犯累犯行为的调查发现，累犯率因为对累犯行为定义的不同而有所差别，同时犯罪类型和年龄因素也对假释成功率有重要影响作用。此外，大约 1/5 导致再次被逮捕的犯罪是在最初被假释的州之外实施再次犯罪的，大约 37% 的假释犯在假释监督期间再次被逮捕。罪犯从监狱中被释放出去的头两年之内的累犯率最高。男性、黑人和未完成中学教育的假释犯的累犯行为，要多于妇女、白人和中学毕业的假释犯。几乎 3/4 的财产型犯罪的假释犯和大约 2/3 的暴力型犯罪的假释犯会因为某种严重犯罪而被再次逮捕。假释犯以前被逮捕的记录越多，累犯率就越高。假释犯成年后第一次被逮捕得越早，就越有可能被再次逮捕。在监狱中服刑的时间对假释犯的累犯率没有一致的影响效果。[②]

---

① Edward J. Latessa & Harry Allen, *Corrections in the Community* (Cincinnati, OH: Anderson Co., 2003), p. 500.

② Edward J. Latessa & Harry Allen, *Corrections in the Community* (Cincinnati, OH: Anderson Co., 2003), pp. 486－487.

2. 假释犯的失败率

假释犯的失败率（Failure Rate of Parole），就是假释犯没有成功度过假释监督期限的比例。与此相对应，假释成功率（Parole Successful Rate）或者假释完成率（Parole Completion Rate）就是假释犯成功度过假释监督期限的比例，通常用百分数表示。根据艾伦·贝克 1987 年在美国的调查，年轻假释犯从监狱释放后 6 年内的假释失败导致的结果及其比例在多个方面都是不同的。另根据美国矫正协会对 39 个假释系统（Parole System）的调查，在 2001 年，成功的年度假释完成率（Annual Completion Rate）低的为 39%（爱达荷州和宾夕法尼亚州），高的为 90%（佛罗里达州）。[①]

二 我国社区矫正质量评估现状

截至 2015 年底，全国共有 31 个省份和新疆生产建设兵团的司法厅（局）经所在省（区、市）、兵团编办批准设立了社区矫正局（处）；98% 以上的地（市、州）和 97% 以上的县（市、区）单独设立了社区矫正机构。全国共有从事社区矫正工作的社会工作者 8.3 万人，社会志愿者 69.0 万人，全国已建立矫正小组 67.2 万个。自全面推进社区矫正以来，全国各地累计接收社区服刑人员 243 万人，累计解除矫正 169.6 万余人。现有社区服刑人员近 74 万人，社区服刑人员数量接近全国罪犯总数的 1/3。[②] 在我国社区矫正的发展过程中，为了评估社区矫正的效果，已经进行了一些评估研究。

（一）整体社会效果评估现状

整体社会效果评估是评估社区矫正整体工作对社会的影响，包括成本-效益、重新犯罪率和缓刑、假释的失败率状况。

1. 成本-效益

打击和惩罚犯罪，并把罪犯改造成为守法公民是政府的一项责任，政府必然要为此付出成本。但国家和社会的刑罚执行资源是有限的，因此必

---

① Joan Petersilis, *Reforming Probation and Parole in the 21st Century* (Lanham, MD: American Correctional Association, 2002), p. 170.

② 郝赤勇：《认真做好教育管理工作 切实提高社区矫正工作水平》，《中国司法》2015 年第 8 期。

须合理配置资源，以最小的投入来获得最大的刑罚效益。中国2003年以来的社区矫正试点实践表明，社区矫正由于最大限度地利用了社会资源，减少了国家在刑罚执行设施、人员和资金上的投入，有效降低了刑罚执行的成本。2007年的统计显示，我国关押一个罪犯年平均成本为2.5万~3万元，社区矫正成本为每人每年3000~6000元。① 2009年的统计又显示，一名社区服刑人员的年矫正经费仅为监狱服刑罪犯监管经费的1/10。② 到了2014年，河北省仍将“社区矫正的非监禁刑成本只有监禁刑成本的一成”作为成立社区矫正机构的目标，因为它减少了大量监禁场所建设费用和运行费用。③ 当然，为了提高社区矫正效果，目前在社区矫正的硬软件建设以及帮助矫正对象解决实际问题等方面的投入越来越多，加入社区矫正队伍的人员也越来越多。据统计，第一、第二批试点的18个省市有10万左右矫正对象，约投入司法所社区矫正干部10275人，专职社工8700余人，两者之间的比例接近1∶5。贵州省贵阳市司法局2014年提出，在配齐配强社区矫正专业队伍建设的基础上，按照社会工作者与社区服刑人员不低于1∶5的标准配备社区矫正社会工作者。④ 四川省2015年出台的《关于全面推进社区矫正工作的实施意见》提出，将按照社会工作者与社区服刑人员1∶10的比例配备社区矫正社会工作者。⑤ 福建省社会工作者与在矫社区服刑人员配比高于1∶15。⑥ 在社区矫正历史较长、经验相对丰富的美国北卡罗来纳州，其社区矫正官与犯罪人的比例大概只有1∶50。⑦ 但从各地发出的数据来说，社区矫正成本普遍低于监禁刑成本。同时，社区矫正也带来了良好的刑罚效益，比如能够缩短社区矫正对象回归社会的进程，使其正

① 王比学：《社区矫正：带来良好刑罚效益》，《人民日报》2007年5月16日，第15版。

② 王比学、王珏：《改造在高墙之外 矫正不只是监管》，《人民日报》2009年11月2日，第2版。

③ 蔡洪坡：《河北三级司法行政机关将成立社区矫正专门机构》，http://yanzhao.yzdsb.com.cn/system/2014/11/26/014003221.shtml，最后访问日期：2014年12月27日。

④ 王家梁：《刚柔相济推进社区矫正法治化》，《法制日报》2014年11月24日，第2版。

⑤ 《我省出台意见全面推进社区矫正工作——10名社区服刑人员配备一名社工》，《四川日报》2015年11月17日，第2版。

⑥ 周斌：《司法部：社区矫正再犯罪率保持0.2%左右水平》，http://www.sc.xinhuanet.com/content/2015-07/10/c_1115883705.htm，最后访问日期：2015年7月11日。

⑦ 张学超主编《社区矫正实务教程》，北京：中国人民公安大学出版社，2013，第247页。

常参与社会生产以创造更高的价值，继续承担对家庭的责任，从而促进社会关系的稳定，以其良好的改造效果让公众的安全感提升，树立政府的良好形象，体现社会的文明进步。所以，社区矫正是一种低成本、高收益的刑罚执行方式，也是对中国特色刑罚执行制度的完善。[①]

2. 重新犯罪率

不可否认，让罪犯在监狱服刑可以提高改造质量，预防重新犯罪。但监狱对罪犯实施监禁和隔离，也可能会产生一些负效应，其中之一就是罪犯间相互交流案情、传习犯罪技能、沟通犯罪体验，从而形成交叉感染。他们可能不但不思悔改，而且在臭味相投的不良交往中相互打气、对抗改造，将犯罪入狱归于社会不公，将责任推向他人，以至于反社会意识强烈，报复社会心理严重。这不仅增加了教育改造工作的难度，还影响了监狱行刑改造的效果，一部分罪犯出狱后再次实施犯罪也就成为可能。[②] 实行社区矫正，不仅可以大幅降低司法成本，而且可以避免罪犯在监禁过程中的交叉感染现象，降低重新犯罪率。自我国实行社区矫正试点以来，社区服刑人员在矫正期间的重新犯罪率一直控制在较低水平。至 2010 年底，全国社区服刑人员矫正期间再犯罪率为 0.21%。[③] 至 2015 年，全国新接收社区服刑人员 46.4 万人，解除矫正 49.8 万人（含符合条件特赦的部分社区服刑人员），社区服刑人员在矫正期间重新犯罪率始终保持在 0.2% 左右。[④] 北京等地组织的有关社区矫正的社会专项调查报告显示，社区群众普遍认为，实施社区矫正制度后，社区的安全度得到了有效提高。联合国人权委员会以及澳大利亚、美国、英国等国家和地区的相关组织参观了我国的社区矫正工作，并给予了积极评价。[⑤] 要实现低再犯率，必须具备两个必要条件。第一是要做细致的工作。例如，北京市王某曾因盗窃罪被判

---

① 王比学：《社区矫正：带来良好刑罚效益》，《人民日报》2007 年 5 月 16 日，第 15 版。

② 姚红梅：《狱内罪犯交叉感染与重新犯罪》，《湖北警官学院学报》2012 年第 2 期。

③ 崔清新：《我国社区服刑人员矫正期间再犯罪率为 0.21%》，http://news.xinhuanet.com/legal/2010-12/21/c_12900776.htm，最后访问日期：2010 年 12 月 22 日。

④ 司法部基层工作指导司：《全国社区矫正工作进展顺利，试行规模和范围不断扩大》，《人民调解》2010 年第 4 期。

⑤ 蔡长春：《社区服刑人员矫正期间再犯罪率 0.2%》，《法制日报》2016 年 2 月 15 日，第 1 版。

刑三年，又多次在社区里寻衅滋事、强索钱财，北京科技大学的职工和社区居民都被他骚扰过。当王某被假释出狱，成为学院路地区的一名社区服刑人员时，如何对他进行矫正成了一个令人头疼的问题。负责社区矫正的学院路街道司法所针对王某脾气火爆、遇事冲动的特点，一方面通过学习教育培养其遵纪守法的意识，并及时对其进行规劝和管理；另一方面利用他重亲情、重孝道的性格加以引导，还在其生活困难的情况下想方设法给予援助。在司法所和社区的共同努力下，王某终于慢慢走出“阴霾”。第二是要有高效的监管手段。北京地区社区矫正工作人员通过社区矫正管理信息平台，实现实时采集和统计社区服刑人员数据，并查看区、县司法局等单位的矫正情况，一旦在网上督查中发现问题就即时通过视频沟通解决。通过给服刑人员佩戴“智能手环”，以防出现脱管、漏管而威胁市民安全。同时，信息平台还可以通过手环发送活动、就业等生活信息，给社区服刑人员创造更好的矫正环境。①

3. 顺利回归社会率

我国目前很少使用社区矫正的失败率，而是讲求社区矫正对象顺利回归社会率。所谓“回归社会”，是指社区矫正对象矫正期满后重新返回社会并成为主流社会中的正常人员，其引发犯罪的诱因得以消除，其问题得到了相应的解决，社会功能得到了相应的恢复，形成了新的生存方式，而且具有了自我改变和自我发展的能力。② 社区矫正的一个最重要的优势，就是它有利于社区矫正对象社会关系的修复，最终帮助其顺利地回归社会。社区矫正对象回归社会主要存在着基本生存、合理认知、技能提升、归属与情感、尊重与接纳等需求，因此需要建立各种帮助其顺利回归社会的机构。截至 2015 年 2 月底，全国累计建立县（区）社区矫正管理教育服务中心 1108 个、社区服务基地 2.4 万余个、教育基地 8800 多个、就业基地 8000 多个、社区矫正小组 65.2 万个，共办理调查评估 64 万件，有效地帮助了社区矫正对象顺利回归社会。江苏省镇江市采用社区矫正社会调查奖补机制、结构化监管机制，以及社区矫正志愿服务机制等措施，通过

---

① 张璁：《社区矫正：从“心”开始，回归社会》，《人民日报》2015 年 7 月 29 日，第 19 版。

② 章友德主编《青少年社会工作》，天津：天津大学出版社，2010，第 229 页。

全市公、检、法、司，以及各部门的共同努力，全市98%的社区服刑人员如期解矫，并顺利回归社会。①

（二）试点地区矫正质量评估现状

自2003年全国开展社区矫正试点工作以来，部分试点地区就重视矫正质量评估的探索和研究，并取得了如下成绩。

1. 确立了矫正质量评估指标体系

根据社区矫正试点工作经验，社区矫正质量评估指标体系应当包括社区矫正对象的遵纪守法情况、心理健康情况、道德素质情况、社会适应情况和外界评价情况等方面。这五个方面是社区矫正质量评估的基本方面和主要方向。但是，各地社区矫正质量评估体系的基本指标及其相互之间的关系（权重与赋分）存在差异。例如，上海市矫正办于2006年初在徐汇和卢湾两区试点开展"矫正质量评估指标的设计和运用"课题研究。徐汇区运用"社区矫正质量评估阶段性问卷"，对全区333名矫正人员进行了测试。问卷调查结果与矫正工作人员的主观评价等级完全吻合的有236名，占71%。卢湾区运用"社区矫正质量效果（初期）和（阶段）评估表"两套量表（其中，阶段评估表包括三级，共68个指标），对31名矫正人员进行了初期评估，其中有15人接受了阶段评估。统计结果显示，进行阶段评估的15名矫正人员的得分均高于其初期评估得分，表明其接受矫正取得了一定成效。②

2. 分阶段进行矫正质量评估

围绕前述矫正质量评估指标体系的内容，各地纷纷建立了阶段性矫正效果评估制度，只是评估的时间和方式有异。例如，上海市、山东省从个体风险、刑罚执行情况、矫正期间表现、奖惩、矫正阶段反应、外界综合评价6个方面，每半年对社区服刑人员进行一次阶段性矫正效果评估。阶段性矫正效果分好、一般、差三个档次，依据阶段性矫正效果档次及时调整社区服刑人员的管理级别和处遇，并在社区服刑人员矫正

---

① 王勇军、李馨、沈湘伟：《全市98%社区服刑人员顺利回归社会》，《京江晚报》2015年11月25日，第10版。

② 刘建：《用科学手段提高质量和效果——上海社区矫正注重探索创新》，《法制日报》2007年4月3日，第2版。

期满前1个月，根据社区服刑人员矫正效果评估表对其进行最后一次阶段性矫正效果评估。结合前几次阶段性矫正效果评估，社区矫正机构对其总体矫正质量进行评定，分合格、不合格两个档次，并与安置、帮教工作进行有效衔接。

3. 部分地区制定了质量评估操作办法

有些试点地区为确保社区矫正质量评估工作规范运行，制定了评估操作办法，以增强矫正评估的规范性。例如，湖南省制定了《社区服刑人员教育矫正效果评估操作办法（试行）》，山东省制定了《山东省社区服刑人员矫正效果评估暂行办法》。其中，湖南省规定矫正效果评估由社区服刑人员自评和社区矫正工作者考评两个部分组成，自评问卷和教育矫正六要素评估表的原始分值各为100分（见问卷A和评估表B）。自评主要反映社区矫正对象临近解矫时，在法纪观念、道德观念、行为特征、心理特征、素质特征、认知水平等方面的状态。自评量表（A）共设计了50个问题，每个问题有A、B、C三个答案，依次反映从高到低的状态，选A为0分，选B为1分，选C为2分，原始分值为100分。考评是社区矫正工作者结合社区服刑人员的日常表现情况，根据教育矫正六要素对社区服刑人员的教育矫正状况进行评估。考评评估表（B）中的26个子项内容各有四个等级的分值，原始分值也为100分。[①] 矫正阶段考核量化评估得分 = 考核总分 ×12 ÷N（N为社区服刑人员实际参与考核的月数）。社区矫正工作者考评得分 =（教育矫治六要素评估分 + 矫治阶段考核量化评估分）÷2。教育矫正效果评估总得分 = 自评得分 ×20% + 社区矫正工作者考评得分 ×80%。根据评估得出的量化结果，划分出教育矫正效果评估等级（A等，80分及以上，教育矫正效果明显，再犯罪可能性低；B等，60～79分，教育矫正效果一般，再犯罪可能性较低；C等，60分以下，教育矫正效果较差，有再犯罪可能），并及时载入社区矫正对象的“社区矫正期满鉴定表”。[②]

---

① 《社区矫正人员教育矫治效果评估操作办法》，https://wenku.baidu.com/view/57ba42b9f80f76c66137ee06eff9aef8941e48eb.html?from=search，最后访问日期：2019年7月20日。

② 曹虹：《我国社区矫正质量评估的现状和完善》，《铁道警官高等专科学校学报》2012年第6期。

社区矫正人员教育矫治效果评估问卷（A）

说明：本问卷共50个问题，每个问题有三个可供选择的答案，仅选择一个你认为最为确凿的答案，做答时不要费太多时间思考，请在1小时内完成本套问卷。

姓名：　　　　　　　　　　　　矫正机构：

1. 你认为犯罪（　　）

A. 无危害　　B. 对被害人有损害

C. 对被害人和社会有损害

2. 你犯罪的原因是（　　）

A. 被迫的　　B. 执迷不悟　　C. 主观原因

3. 如果有余罪（　　）

A. 拒不交代

B. 暂不交代，被查后作交代

C. 主动交代

4. 知道他人罪行（　　）

A. 替他隐瞒　　B. 需要提供情况时再说出来　　C. 检举揭发

5. 你对附加刑（　　）

A. 不执行　　B. 有条件地执行　　C. 完全执行

6. 假如看到他人抢劫财物时，你会（　　）

A. 不理睬　　B. 报警　　C. 制止

7. 你对朋友或亲人的预谋犯罪（　　）

A. 参与　　B. 不理睬　　C. 制止

8. 你对法律制度的态度（　　）

A. 只要不违法就与自己无关　　B. 要认真学习

C. 要学习也要宣传

9. 对于致富的路子，你认为（　　）

A. 不违法经营就不可能致富　　B. 靠机遇

C. 抓住机遇，勤劳致富

10. 你对乡规民约的认识是（　　）

A. 不是法律不予理睬　　B. 遵守就行了

C. 只要不与法制相冲突的就应该遵守

11. 你对道德的认识（　　）

A. 只要不违法，违反道德规范没关系

B. 可以考虑遵守道德规范

C. 法律规范和道德规范都要遵守

12. 你对于集体利益（　　）

A. 为了自己的利益就可损害集体利益

B. 事不关己，高高挂起

C. 要维护集体利益

13. 如果再犯罪，你将（　　）

A. 无所谓　　　　B. 有所谓

C. 非常后悔，且要认真反思

14. 在公共场所（　　）

A. 可以随地吐痰　B. 只要不罚款就可随地吐痰

C. 不可以随地吐痰

15. 对于献血行为，你认为（　　）

A. 是做蠢事　　　B. 有报酬就可以献血　　　C. 要积极参与

16. 对于捐款行为，你认为（　　）

A. 有钱也不捐　　　　B. 有钱人才捐

C. 只要有条件就要积极捐款

17. 对于文明礼貌、言行举止，你认为（　　）

A. 不关我的事　　　　B. 因为需要才履行

C. 要做到文明礼貌、言行举止规范

18. 一旦发现火灾、火情，你将（　　）

A. 不关自己的事　B. 叫人救火　　　C. 边救火边报警

19. 假如生活困难，你将（　　）

A. 去骗他人的钱　　　　B. 向亲朋好友借钱

C. 靠劳动来创造财富

20. 当他人遭遇灾难，你感到（　　）

A. 幸灾乐祸　　　B. 同情　　　C. 应该给予帮助

21. 对于学习，你认为（　　）

A. 对成年人来说不需要学习　　B. 有条件才学习

C. 在实践中努力学习

22. 对于子女的学习，你会（　　）

A. 无所谓　　B. 适当过问　　C. 很关注，很关心

23. 对于长辈，你认为（　　）

A. 无法赡养　　B. 有钱才赡养　　C. 必须赡养

24. 对于家庭，你认为（　　）

A. 无所谓　　B. 有所谓　　C. 要尽到责任

25. 一旦与朋友感情破裂，你认为应该（　　）

A. 报复　　B. 断交

C. 找出原因，尽量和好

26. 对待邻居，你会（　　）

A. 打他们的主意　　B. 不相往来

C. 搞好关系，相互帮助

27. 一旦遇到被别人侵害，你将（　　）

A. 以牙还牙，进行报复　　B. 忍气吞声

C. 寻求法律途径解决

28. 假如你被收监，你会（　　）

A. 要挟政府　　B. 认命算了

C. 分析原因，加强改造

29. 对于公益劳动，你认为（　　）

A. 没有必要认真参加

B. 为了不受处罚而劳动

C. 应该积极参加，从劳动中改造自己，养成劳动习惯

30. 社会劳动和公益劳动相比，你认为（　　）

A. 公益劳动是惩罚，社会劳动有报酬　　B. 毫不相干

C. 有联系

31. 对于劳动技术掌握，你认为（　　）

A. 年纪不小了，难以掌握　　B. 找了工作再说

C. 边实践边学

32. 对于享受问题，你认为（　　）

A. 先享受再劳动　B. 边劳动边享受　　　　　C. 先劳动再享受

33. 解矫后，对于人生你将（　　）

A. 过一天算一天

B. 老老实实待在家里

C. 做事勤快，做人诚实

34. 对当前的社会生活，你认为（　　）

A. 没有好人，没有好事

B. 有人可能瞧不起释放人员

C. 只要不违法，坚定信心，一切都会改变

35. 对于生产安全问题，你认为（　　）

A. 只要保证自己安全，其他不重要

B. 为了提高生产效率，生产安全就次之了

C. 既要提高生产效率，又要注意生产安全

36. 如果你是驾驶员，一旦出现紧急交通问题，你认为（　　）

A. 他人安危与自己关系不大

B. 首先保护好自己的车

C. 首先要保护别人的生命和财产安全

37. 对于弱者，你认为（　　）

A. 抛弃　　　　B. 同情　　　　　C. 要帮助

38. 对于强者，你认为（　　）

A. 嫉妒　　　　B. 望尘莫及　　　　　C. 羡慕

39. 对于国家公职人员和领导，你认为（　　）

A. 没有好的　　　　B. 与我无关

C. 可能个别有问题，但主流是好的

40. 对于前途，你感到（　　）

A. 无信心　　　　B. 不知道　　　　　C. 有信心

41. 一旦遇到想不通的事情，你会（　　）

A. 自杀　　　　B. 生病

C. 坚强起来，调整情绪

42. 如果受到家人冷落，你就会（　　）

A. 想不通，可能再犯罪

B. 放任自流，不想它

C. 振作起来，面对现实，找出原因，改变现状

43. 人与人之间，你认为（　　）

A. 各行其是　　B. 谨慎对待　　C. 协调好关系

44. 对于赌博，你认为（　　）

A. 就是那么回事　B. 不关我事

C. 不是好事，不应该赌博

45. 解矫后，你希望（　　）

A. 别人不要管你　B. 靠别人帮助

C. 靠自己努力，也靠别人帮助

46. 对于就业问题，你认为（　　）

A. 与我无缘　　B. 靠社会安置

C. 自己争取与社会安置相结合

47. 城市与农村，你认为（　　）

A. 到农村去无出路

B. 到哪都无所谓

C. 根据自己情况，看哪里更适合自己

48. 对于经商，你认为（　　）

A. 都是奸商　　B. 太难了

C. 创造条件，抓住机遇，善于经营就能搞好

49. 社区矫正对你来说（　　）

A. 感到耻辱　　B. 感到痛心　　C. 值得反思

50. 我刑满后再犯罪的可能性（　　）

A. 很大　　B. 很难说　　C. 绝对没有

总得分：　　评阅人：

年　月　日

社区矫正人员教育矫治六要素评估表（B）

社区矫正人员姓名：　　　　　　　　　　　　　　　　矫正机构：

标　准	子项内容	分值等次				得分
		好	较好	一般	差	
认罪悔罪（共16分）	承认犯罪事实	3分	3分	2分	1分	
	服从法院判决	3分	2分	2分	1分	
	认清犯罪危害	3分	3分	2分	1分	
	查找犯罪原因	3分	3分	2分	1分	
	悔罪自新认识	4分	3分	1分	1分	
服从管教（共18分）	增强法律意识	3分	3分	2分	1分	
	遵守监管规定	4分	3分	2分	1分	
	自觉接受规定	3分	3分	2分	1分	
	消除犯罪思想	4分	3分	2分	1分	
	积极靠拢政府	4分	3分	2分	1分	
行为规范（共18分）	行为规范意识	4分	3分	2分	1分	
	基本行为规范	5分	3分	2分	1分	
	文明礼貌规范	5分	3分	2分	1分	
	消除犯罪恶习	4分	3分	2分	1分	
教育学习（共18分）	学习态度	6分	5分	3分	2分	
	学习表现	6分	5分	3分	2分	
	学习成绩	6分	5分	3分	2分	
公益劳动（共18分）	劳动态度	6分	5分	3分	2分	
	劳动纪律	6分	5分	3分	2分	
	劳动任务	6分	5分	3分	2分	
心理健康（共12分）	认知水平	2分	2分	1分	1分	
	人际关系	2分	2分	1分	1分	
	情绪意志	2分	2分	1分	1分	
	社会责任	2分	2分	1分	1分	
	改造心理	2分	2分	1分	1分	
	适应能力	2分	2分	1分	1分	

总得分：　　　　　　　　　　　　　　　　　　　　评估人：

年　月　日

第三节　社区矫正质量评估机制

要使社区矫正质量评估顺利而有效地开展，必须建立相应的评估机制。社区矫正质量评估机制的建设，需要科学设计社区矫正质量评估指标体系，规范社区矫正质量评估过程，并通过社区矫正质量评估的结果来提高社区矫正的实际成效。

一　社区矫正质量评估指标体系设计

社区矫正质量评估指标体系是将社区矫正对象的矫正效果分为若干个相互联系的评估指标，按照一定的理论原则和逻辑方法，有层次、有系统地排列组合，并给各指标配以分值，设定评估操作办法，从而形成的科学的、量化的评估依据。上海市的社区矫正质量评估指标体系如表9－2所示。

表9－2　社区矫正质量效果阶段评估表

单位：分

<table>
<tr><td>姓名</td><td></td><td>性别</td><td></td><td>年龄</td><td></td></tr>
<tr><td>矫正类型</td><td></td><td>矫正起止日期</td><td></td><td>矫正级别</td><td></td></tr>
<tr><td>评估得分</td><td></td><td>矫正效果得分</td><td></td><td>阶段效果得分</td><td></td></tr>
<tr><td>类指标</td><td>二级指标</td><td colspan="2">三级指标</td><td>分值</td><td>得分</td></tr>
<tr><td rowspan="3">个体风险（15分）</td><td rowspan="3">风险等级</td><td colspan="2">低风险</td><td>15</td><td rowspan="3"></td></tr>
<tr><td colspan="2">一般风险</td><td>10</td></tr>
<tr><td colspan="2">高度风险</td><td>0</td></tr>
<tr><td rowspan="3">刑罚执行情况（10分）</td><td rowspan="3">刑法以及相关法律法规对缓刑、管制、假释、监外执行的规定的遵守（实际执行）情况</td><td colspan="2">严格遵守法律法规相关规定，刑罚执行情况良好</td><td>10</td><td rowspan="3"></td></tr>
<tr><td colspan="2">偶有违反相关规定的情况，经教育后改正</td><td>5</td></tr>
<tr><td colspan="2">多次违反相关规定或经教育拒不改正</td><td>0</td></tr>
</table>

续表

类指标	二级指标	三级指标	分值	得分
矫正期间表现（24分）	对社区矫正的认识和接受程度	认识正确，较易接受	2	
		认识模糊，有一定抵触	1	
		缺乏认识，拒绝接受	0	
	服从日常管理及遵纪守法情况	服从管理，严格遵纪守法	4	
		基本服从，但偶有违法，经教育能改正	2	
		不服从管理或有严重违法违纪情况	0	
	接受个人教育、集中教育情况	按要求接受，态度认真	4	
		应付参加或有 2 次以下缺席，经教育能改正	2	
		不接受教育或基本靠强制来完成教育计划	0	
	遵守请销假制度情况	严格遵守相关法律法规规定，刑罚执行情况良好	4	
		违反 1 次，经教育能改正	2	
		违反 2 次及以上	0	
	完成公益劳动情况	正常完成，态度认真	4	
		会基本完成或规定不参加	2	
		未完成公益劳动	0	
	思想汇报及沟通情况	按规定认真完成或善于接受规劝	2	
		会基本完成或很难接受规劝	1	
		基本未完成	0	
	参加就业技能培训情况	积极参加或无须参加培训	4	
		被动参加且未完成培训计划	2	
		不愿参加培训	0	
参加矫正期间奖惩情况（15分）	日常行为奖励	被评为社区矫正积极分子	10	
		获得日常行为的记功	8	
		获得日常行为的表扬	5	
		未获得任何日常行为奖励或处罚	0	
		被处以日常行为警告	-5	
		被处以日常行为记过	-10	
	司法奖励	获得减刑	5	
		未获得司法奖励	0	

续表

类指标	二级指标		三级指标	分值	得分
矫正阶段反应（24分）	思想、法制教育效果	罪错认识和法律意识	认罪态度诚恳，具备一定法律意识	2	
			罪错认识、法律意识较为模糊	1	
			不认罪、悔罪，法律意识淡薄	0	
		对被害人和社会的反应	愧疚，愿意主动补偿	2	
			一般，可以被动补偿	1	
			无视，坚决不愿补偿	0	
		人生态度	积极乐观	2	
			消极气馁	1	
			自暴自弃	0	
	人际关系改善	婚姻家庭关系	和睦稳定	2	
			轻微冲突	1	
			有重大冲突、纠纷或无亲属	0	
		交友状况	社交健康正常	2	
			比较孤立，无朋友	1	
			与不良人员有交往	0	
		社会邻里关系	和睦友善	2	
			较为淡漠	1	
			紧张，存在冲突	0	
	生活状况改善	经济来源	有正常就业收入	3	
			需要低保救助或家庭资助	2	
			无稳定经济来源	0	
		住房条件	有独立居所	3	
			有居所地但不独立	2	
			居无定所	0	
		就业能力	较强，能竞争上岗或自主创业	3	
			一般，需推荐上岗或经培训上岗	2	
			差，无法就业	0	
	心理矫正	心理健康状况	正常	3	
			存在较轻程度心理问题，但愿意接受心理辅导	2	
			确认存在心理障碍	0	

续表

类指标	二级指标	三级指标	分值	得分
外界综合评价（12分）	有悔改表现，认真接受矫正，能适应生活	是（12分）	考证组意见（权重75%）	
		不能确定（6分）		
		否（0分）	家属意见（权重25%）	
说明	1. 将评估表得分中的实际得分相加就是最终的“评估得分”，填入“评估得分”栏 标准：当评估得分低于55分（不包括55分）时，可认为矫正质量效果“差”；当评估得分处在55～75分（不包括75分）的范围时，可认为矫正质量效果“一般”；当评估得分在75分及以上时，可以认为矫正质量效果“好” 2. 将“评估得分”减去“个体风险”这个类指标的得分，得出“矫正效果得分”，填入“矫正效果得分”栏 3. 将此次评估表的评估得分减去上次评估表的评估得分，即为“阶段效果得分”，填入“阶段效果得分”栏			

评估小组成员：　　　　　　　　　　　　评估日期：

资料来源：《社区矫正质量效果阶段评估表》，http：//www. docin. com/p-109891887. html，最后访问日期：2019年4月8日。

上海市卢湾区社区矫正质量评估指标体系是由初期表和阶段表两套评估表格构成的，前者用于矫正对象的第一次评估，后者用于矫正对象的第二次评估或第三次评估、第四次评估……初期表和第一次阶段表之间、阶段表和阶段表之间的评估差异，可以反映阶段矫正效果；初期表和最后一次阶段表的评估差异，可以反映最终矫正效果。两张表格均由类指标、二级指标、三级指标、分值和得分组成。初期表类指标共6个，分别是对象风险、刑罚接受情况、矫正接受基础、罪前奖惩记录、矫正初期反应、主观综合评价，二级指标共22个，三级指标共66个。阶段表类指标共6个，分别是对象风险、刑罚执行情况、矫正日常表现、矫正期奖惩、矫正反应、主观综合评价，二级指标共22个，三级指标共65个。两表最高分值均为100分。初期表着重于对矫正的态度行为和矫正前的行为基础，阶段表着重于矫正后的行为反应。①

近年来，也有一些学者提出了社区矫正质量评估体系的构想。有的学者将社区矫正效果评估指标体系中的指标内容分为重新犯罪率、心理健康测评、再社会化倾向、惩罚效力、情感、意识、能力、不良社会行为、矫

① 林荫茂等：《上海法治调研报告》，上海：上海社会科学院出版社，2008，第392～393页。

正效益、环境适应性等十个方面。①

还有学者根据抽样调查及专家访谈的建议，参照北京、上海等地区司法行政机关制定实施的矫正效果评估标准，提出社区服刑人员矫正效果评估体系的一级指标应包括四个方面。一是法制观念评估，主要包括认识犯罪，认识社区矫正，悔过自新，遵守法律、法规及社区矫正规章制度，服从管理，法律意识，公民权利意识，公民义务意识等方面。二是心理健康评估，主要包括自我认知、社会认知、自我控制能力、人际交往能力、适用环境能力、挫折承受能力等方面。三是道德素质评估，主要包括金钱观、善恶观、荣辱观、自我责任感、家庭责任感、社会责任感、道德行为、道德自律性等方面。四是社会适应评估，主要包括劳动态度、技能状况、就业愿望、就业态度、闲暇管理能力、理财能力、行为举止等方面。这四个方面确定了矫正效果评估的基本方面和主要方向，然后根据一级指标所包含的要素以及各要素之间的关系，对一级指标进行细化和具体化，形成二、三级指标。各项评估指标在社区矫正质量评估体系中的重要性和作用大小不同，因而要分别对它们赋予权重。②

二　社区矫正质量评估的过程

社区矫正是一个目标统一却又要分解为若干阶段来完成的过程。与此相一致，社区矫正质量评估也应当是由若干个阶段性评估所组成的评估过程。由于不同阶段的评估任务不同，具体社区矫正质量评估的过程有所差异，但一般而言，主要包括以下几个方面。

（一）前期评估准备

1. 明确评估目的

确定明确的评估目的，是保证社区矫正评估工作顺利进行的首要条件。

2. 确定评估问题

评估问题即评估指标，在确定评估问题时，必须严格围绕此前确定的

---

① 桑先军：《论社区矫正效果评估指标体系的构建》，《吉林公安高等专科学校学报》2010年第4期。

② 张凯、姜祖祯：《论我国社区服刑人员矫正效果评估体系的构建》，《行政与法》2012年第6期。

评估目的进行。评估问题的设置必须具体、明晰，能够客观反映社区矫正人员的矫正状况。

3. 进行宣传教育

应把矫正质量评估列为对社区矫正对象集中教育的内容之一。在对新入社区矫正对象首次集体教育时，要向他们宣传评估的目的、意义和主要做法，让他们有所准备。同时，要对一些矫正对象进行个别谈话，使其明确自己在评估活动中的权利和义务，树立参与意识，形成真诚合作的态度，并将其对评估的看法反馈给负责评估的矫正工作者。

4. 设计评估方案

评估方案是全面开展社区矫正质量评估的重要依据，主要包括本次评估应解决的问题、具体的步骤和程序、评估结果的取得与使用等。

（二）评估信息收集

1. 查阅档案

一是查阅起诉、判决、裁定等法律文书资料，掌握矫正对象的身份信息和犯罪、逮捕、判决等方面的信息。二是查阅上一次对其矫正质量进行评估的评估报告书。

2. 矫正对象调查

矫正对象调查包括摄入性面谈和心理测验。

（1）摄入性面谈。摄入性面谈是评估人员通过与矫正对象面对面的谈话，建立与矫正对象的信任关系，同时收集评估所需要的信息。面谈内容应包括矫正对象的家庭结构及模式、生活成长经历、接受教育状况、从业和犯罪状况等历史以及前一段时间的所思、所想、所需，尤其是思想转变状况。评估人员应把握好专业角色，态度保持相对中立，尽量避免在面谈过程中进行道德性价值评价或直接指导。同时，面谈前尽量使用礼貌用语，简要介绍面谈的目的，承诺隐私保密，使罪犯解除顾虑、放松情绪，以便其主动配合和积极表述。面谈时，评估人员还应细心敏锐地观察罪犯的目光、面部表情和身体姿势等非语言信息，分析理解其背后隐藏的真实的实质性内容。在摘要整理面谈内容时，应侧重于重要生活事件，尤其是犯罪的主要情况以及对罪犯的影响、罪犯对重要生活事件尤其是犯罪的认识和评价，罪犯的主要思想和价值观念、行为倾向特征、人格特征和未来预期等方面情况。需要提起注意的是，对于人身危险性信息的搜集，应置于面谈末尾，以免提问过多，妨碍社区矫正对象的表达和过早地产生自我防卫心理。①

（2）心理测验。根据已标准化的量表等实验工具，引发和刺激社区矫正对象的反应，所引发的反应结果由社区矫正对象自己或他人记录。然后，通过一定的方法进行处理，予以量化，描绘行为的轨迹，并对其结果进行分析。随着计算机技术的发展应用，心理测验领域已出现了明显的计算机化趋势，如机上施测、自动计分、测试结果分析和解释等。心理测验的内容主要包括智力测验、人格测验和心理健康状况测验。②

3. 社会调查

社会调查是评估人员对熟悉社区矫正情况的社区组织和个人进行调查，以验证社区矫正的有效性。调查的对象包括：①家庭，以了解矫正对象的家庭基本情况、对矫正对象的态度；②单位同事，以了解矫正对象的工作表现、职业技能、同事关系、对矫正对象的态度；③老师、同学，以了解矫正对象的学习表现、同学关系、对矫正对象的态度；④社区邻居、村（居）委会成员，以了解邻里关系、社区矫正组织建设、对矫正对象的态度；⑤被害人及家属，以了解其所遭受损失、对矫正对象的态度。社会调查可采用调查表。调查表分为：①原始表，即问卷，是收集资料的工具；②汇总表，是用来统计得分并给出意见的。对被害人及家属的调查，不需要使用问卷。③

（三）评估信息处理

1. 筛选、整理评估材料

（1）明确目的。获取有诊断评估价值的直接材料和有鉴别判断评估价值的间接材料。

（2）具体步骤。一是对收集到的信息资料进行整理，包括对矫正对象

---

① 张向东：《关于在社区矫正工作中罪犯改造质量评估的思考》，http://www.360doc.com/content/11/0729/16/3466419_136557616.shtml，最后访问日期：2019 年 4 月 8 日。

② 吴宗宪主编《国外罪犯心理矫治》，北京：中国轻工业出版社，2004，第 112 ~ 115 页。

③ 李晓娥：《社区矫正社会调查之科学设计》，《法制博览》2015 年第 21 期。

自述、摄入性面谈、行为观察、访谈等资料进行全面分析，以获取有诊断意义的非常态信息和有鉴别意义的常态信息，做到化繁就简，去粗取精。二是验证信息资料。将归纳获取的信息资料，包括心理测验结果，互相对比印证，去除虚伪信息。

2. 分析综合信息资料

在分析中，应把握以下4个思路。①按时序排列已筛选的信息。将筛选出的资料依照前后发生的顺序排列，明确先前信息、后继信息和派生信息，把握信息在时间上的有机联系。②按关联性梳理已筛选的信息。按信息间的因果关系或相关关系，明确原因信息和结果信息、主导信息和关联信息、表象信息和本质信息，把握信息在逻辑上的有机联系。③突出重点，兼顾一般。将与矫正对象及恶劣品行联系密切、妨碍服刑改造、具有人身危险性和可能导致再犯罪的信息资料作为分析重点，并兼顾一般资料。④综合归纳，形成印象。将矫正对象心理健康状况、人格特征、人身危险性等情况综合归纳，形成初步印象；将矫正对象存在的具体问题及其诊断依据综合归纳，并对其存在的具体问题归因分析，形成综合印象。

（四）形成评估报告

进一步分析综合评估信息处理的结果，对形成的综合印象进行修正完善，明确矫正对象犯罪归因，最后综合概括出评估结论。

分析、综合并概括评估结论的过程，必须依照“综合评估”的原则，充分考虑各种信息，把握各信息的有机联系，不得简单罗列通过检测、面谈等手段获取的各种孤立信息。综合评估结论分为两方面：一是一般评估情况，包括矫正对象的心理健康状况，人格特征和人身危险性质、程度；二是矫正对象存在的主要问题及其主要原因，必须明确每个问题发生的原因。与矫正对象犯罪、改造无明显关联或无重要意义的枝节问题，可不列入评估结论。

形成评估报告后，应至少有三名专业评估人员进行会审，对评估报告的客观性、规范性进行审核。通过审核的评估报告进入下一流程，未通过审核的评估报告由原评估人员或重新安排其他评估人员重新进行评估，以修正完善。同时，评估人员应将评估结论扼要地反馈给矫正对象，并做出适当的解释，了解矫正对象对评估结论的反应。当然，人身危险性评估结论不得反馈给矫正对象。

（五）建立矫正质量评估档案

整理评估书面文件，装订成册，形成矫正评估书面专档，使其进入社区矫正对象档案。[①]

三　社区矫正质量评估的应用

社区矫正质量评估的目的不是仅仅得出社区矫正质量的不同等次，而是实现评估的指导和促进功能，不断提高社区矫正工作质量。能否及时根据社区矫正质量评估结果进行分析、奖惩、改进，是社区矫正质量评估工作能否真正收到实效的关键。

（一）强化激励制约机制

社区矫正质量评估的结果反映了社区矫正工作者的工作成效和矫正对象的改造成效，两者的成效都可以以优劣来衡量。只有奖优罚劣，才能真正发挥社区矫正质量评估对社区矫正工作的导引作用。对于社区矫正工作者来说，工作干得好的、有突出贡献者，可以及时给予评先选优、立功受奖等精神鼓励，还可以给予一定的物质奖励；工作不积极，因责任心不强而造成失误者，除及时批评教育外，还应给予一定的物质处罚。对于矫正对象来说，社区改造表现好的，可以作为减刑、精神鼓励、物质奖励的依据；社区改造表现不好的，违反禁止令或者其他监管规定的行为，情节轻微的，应给予书面警告决定，情节严重的，要给予其重新收监执行的处罚。

（二）制定、实施和调整个别化矫正方案

1. 确定（修订）矫正目标

在社区矫正对象接受社区矫正的初期和一段时间后，对矫正质量进行评估，主要目的在于结合相关档案为社区矫正对象设定或修订矫正目标。

在确定矫正目标时，一般可以将社区矫正划分为初期、中期和后期三

---

① 张向东：《关于在社区矫正工作中罪犯改造质量评估的思考》，http：//www.360doc.com/content/11/0729/16/3466419_136557616.shtml，最后访问日期：2019 年 4 月 8 日。

个阶段。初期阶段的目标是改善初期社区矫正对象的心理落差，缓解其抑郁情绪，帮助其摆脱抑郁状态和消除负罪感。中期阶段的目标是帮助社区矫正对象主动与家人及周边人员沟通，重塑社会支持系统。后期阶段的目标是促使矫正对象存在的消极或怨恨社会的态度的转变，使其对自己进行正确评价，了解自己未得到心理需求满足的真正原因，逐步改善自身对社会的不满思想，稳定重获自由的情绪，恢复自身功能。在此基础上，再逐步细化阶段矫正目标。矫正目标应由矫正工作者与矫正对象共同确认，以达成共识。

2. 制定个别化矫正方案

综合社区矫正对象矫正质量评估档案，找出矫正对象的犯因性或危机性问题，分析问题产生的原因，然后根据问题确定矫正的具体进度、矫正计划和矫正措施。

3. 调整、修订个别化矫正方案

针对性矫正方案制定并实施后，应由社区矫正工作人员对矫正方案的实施情况进行实时跟踪记载，并定期对矫正对象进行人格和危险性的量表检测。通过跟踪记载和对比不同时期内的检测结果、数据，找出有明显变化和差异的地方。在发现目标制定不符合矫正实际或者阶段性矫正目标已经完成的情况下，要及时修订和调整方案。这具体包括：在既定目标实现的情况下，确定新的发展目标；若既定目标没有实现，则根据原因分析，做出相应的修订。对于跟踪、记载中出现的新问题，应及时进行检测，查找原因，制定新的目标，重新编制矫正计划、措施。

在个别化矫正方案的修改调整过程中，要取得社区矫正人员的认同，让社区矫正人员充分认识到问题的存在，就原因分析与其达成共识，使修订的改造目标、计划、措施让其理解接受，并要求其根据自己的认识和需要提出看法。①

（三）对社区矫正质量进行总体评价

在社区矫正对象解矫前一个月内，社区矫正机构应对社区矫正对象的

① 张向东：《关于在社区矫正工作中罪犯改造质量评估的思考》，http://www.360doc.com/content/11/0729/16/3466419_136557616.shtml，最后访问日期：2019 年 4 月 8 日。

矫正质量进行综合评价，并进行解矫后重新犯罪预测，为安置帮教工作提供回归保护建议。这次总体评价，既是对社区矫正质量的检验，也是对矫正对象整个矫正过程的总结。

（1）矫正对象改造质量检测。采取 XT 简评表进行社区矫正体验评价；采取 CX 简评表进行重新犯罪预测，并填写 CX 简评分析表。

（2）矫正对象个人写出接受社区矫正的小结。

（3）矫正工作者对个别化矫正方案的实施过程、结果进行综合评议。

（4）由负责的矫正工作者填写解除社区矫正罪犯综合评价表，由矫正机构填写回归保护建议，办理相关的手续，并在矫正对象解矫前将解除社区矫正罪犯综合评价表和回归保护建议送社区所在地的公安机关和街道办事处备案。①

① 李怀胜主编《社区矫正工作实操指引》，北京：中国法制出版社，2012，第 207 页。

附　录

附录一　《民办非企业单位规范化建设评估指标》（2011 年民政部修订）[①]

本评估指标由 4 项一级指标、17 项二级指标、48 项三级指标组成，指标总分合计为 1000 分。

<table>
<tr><th>一级指标</th><th>二级指标</th><th>三级指标</th><th>四级指标</th></tr>
<tr><td rowspan="10">基础条件（120 分）</td><td rowspan="7">法人资格（45 分）</td><td>法定代表人（10 分）</td><td>法定代表人产生程序</td></tr>
<tr><td rowspan="2">活动资金（15 分）</td><td>年末净资产</td></tr>
<tr><td>银行账户</td></tr>
<tr><td>名称（5 分）</td><td>名称牌匾</td></tr>
<tr><td rowspan="3">办公条件（15 分）</td><td>办公用房</td></tr>
<tr><td>办公设备</td></tr>
<tr><td>场所规模</td></tr>
<tr><td rowspan="2">章程（20 分）</td><td>制定程序（10 分）</td><td>理事会表决</td></tr>
<tr><td>章程核准（10 分）</td><td>核准（备案）</td></tr>
<tr><td>变更和备案（25 分）</td><td>变更（15 分）</td><td>名称、业务范围、住所、注册资金、法定代表人、业务主管单位等变更登记情况</td></tr>
</table>

① 民政部：《民办非企业单位规范化建设评估指标》（2011 年民政部修订），https://wenku.baidu.com/view/831ff1252af90242a895e51c.html，最后访问日期：2019 年 4 月 10 日。

续表

一级指标	二级指标	三级指标	四级指标
基础条件（120分）	变更和备案（25分）	备案（10分）	负责人
			内设机构
			印章
			银行账户
	年度检查（30分）	年度检查（30分）	参检时间
			年检结论
内部治理（360分）	组织机构（100分）	员工（代表）大会（10分）	员工（代表）大会制度
			员工（代表）大会
		理事会（40分）	理事产生、罢免情况
			理事会人数
			理事会换届
			理事会召开次数
			职工代表担任理事情况
			与本单位无利益关系人士担任理事情况
		监督机构（20分）	监事或监事会
			履行职责，发挥作用
		办事机构（10分）	设置、运转情况
			管理制度、工作职责
		党组织（20分）	建立党组织
			党组织活动
	人力资源（70分）	管理制度（20分）	聘用制度
			薪酬制度
			奖惩制度
			年金制度
		定岗聘员（10分）	工作人员配备情况
			专职工作人员数
		工资福利（20分）	劳动合同
			社会保险和住房公积金
		人员培训（10分）	培训制度

续表

一级指标	二级指标	三级指标	四级指标
内部治理（360分）	人力资源（70分）	人员培训（10分）	培训情况
		工作人员学历职称（10分）	工作人员学历
			工作人员职称
	领导班子（40分）	负责人（40分）	选举产生程序和履行职责情况
			行政负责人专兼职情况和产生方式
			年度绩效考核
			行政负责人学历和行业内影响力
	财务资产（115分）	财务人员（10分）	专职会计人员
			会计机构负责人
		《民间非营利组织会计制度》（40分）	执行《民间非营利组织会计制度》情况
			会计基础
			会计核算
			会计电算化
		财务管理（35分）	经费来源和资金使用
			内部财务管理制度和执行情况
			财务支出审批程序
			资产管理
			专项基金和费用
		税务和票据管理（10分）	税务登记
			票据使用和管理
		财务监督（20分）	财务审计
			年度财务报告和监督
	档案、证章管理（35分）	档案管理（10分）	档案管理制度
			档案保管
		证书管理（15分）	证书管理规定
			证书保管
			登记证书正本
		印章管理（10分）	印章管理制度
			印章保管

续表

一级指标	二级指标	三级指标	四级指标
业务活动与诚信建设（420分）	业务活动（125分）	业务计划（20分）	业务发展规划
			年度业务项目计划
		业务监督（20分）	项目检查
			项目总结
		业务效果（30分）	年度业务项目计划完成情况
			超额完成计划
			社会影响力
		业务效益（55分）	年度收支比例
			年度收入增长率
			资产增加情况
	专业队伍建设（30分）	工作人员职业道德建设（15分）	职业道德准则
			职业道德准则落实情况
		人员增加情况（15分）	技术人才变化情况
			工作人员变化情况
	提供服务（140分）	承诺服务（30分）	承诺服务制度
			承诺服务效果
		服务政府（50分）	参与制定相关法律法规
			向政府提出政策建议
			接受政府委托项目和购买服务
		服务社会（60分）	履行社会责任，服务社会公众
			在重大突发事件中发挥作用情况
			公益活动计划制定
			公益活动支出情况
			公益活动开展情况
			社会效益
	信息公开（80分）	信息披露制度（30分）	信息披露制度
			信息披露情况
		公开内容（50分）	单位基本信息
			收费项目和标准

续表

<table>
<tr><th>一级指标</th><th>二级指标</th><th>三级指标</th><th>四级指标</th></tr>
<tr><td rowspan="8">业务活动与诚信建设（420分）</td><td rowspan="3">信息公开（80分）</td><td rowspan="3">公开内容（50分）</td><td>重大活动事项</td></tr>
<tr><td>财务状况</td></tr>
<tr><td>年度工作报告</td></tr>
<tr><td rowspan="2">国际交流（20分）</td><td rowspan="2">国际活动（20分）</td><td>国际合作</td></tr>
<tr><td>国际影响</td></tr>
<tr><td rowspan="3">社会宣传（25分）</td><td rowspan="2">媒体形式（15分）</td><td>网站</td></tr>
<tr><td>报刊</td></tr>
<tr><td>媒体宣传（10分）</td><td>新闻媒体宣传</td></tr>
<tr><td rowspan="6">社会评价（100分）</td><td rowspan="2">内部评价（30分）</td><td>理事评价（15分）</td><td>对单位财务管理、创新能力、领导班子履行职责、重大事项民主决策和提供服务能力的评价</td></tr>
<tr><td>监事评价（15分）</td><td>对单位非营利性、财务管理、领导班子履行职责、重大事项民主决策、能力建设和规范化管理的评价</td></tr>
<tr><td rowspan="4">外部评价（70分）</td><td>登记管理机关评价（20分）</td><td>对单位非营利性、财务管理、信息公开、服务政府、服务社会、规范化建设、自律与诚信建设的评价</td></tr>
<tr><td>业务主管单位评价（20分）</td><td>对单位领导班子、财务管理、信息公开、服务政府、服务社会、规范化建设、自律与诚信建设的评价</td></tr>
<tr><td>服务对象评价（20分）</td><td>对单位服务态度、服务质量、信息公开、社会影响力和诚信度的评价</td></tr>
<tr><td>政府有关部门评价（10分）</td><td>政府有关部门的表彰和奖励</td></tr>
</table>

附录二　广州市广大社会工作服务中心社区矫正项目评估指引

一　《司法（社区矫正）社会工作服务项目评估指标体系》

表 1　项目运营管理能力评估

单位：分

<table>
<tr><th>评估项目</th><th>评估内容</th><th>评估指标</th><th colspan="2">评估标准</th><th>评估方法</th><th>分值</th><th>得分</th><th>备注</th></tr>
<tr><td rowspan="4">运营管理能力（15%）</td><td rowspan="4">人力资源管理</td><td rowspan="2">人力资源制度</td><td colspan="2">制定合乎法律法规规定的用工招聘制度</td><td>文件查阅</td><td>3</td><td></td><td>1. 查看人力资源制度及内容
2. 用工的劳动关系状况（有无投诉及劳动仲裁等）</td></tr>
<tr><td colspan="2">考勤制度及执行情况</td><td>文件查阅</td><td>2</td><td></td><td></td></tr>
<tr><td rowspan="2">工作人员配备</td><td colspan="2">项目负责人，资质符合标书或服务协议书要求</td><td>文件查阅</td><td>4</td><td></td><td>1. 查看标书或服务协议书有关负责人相关要求
2. 如标书无要求，则按项目设负责人 1 名，应具有 2 年以上社会工作经验，取得社会工作专科及其相关学科本科以上学历，并取得助理社会工作师或以上资质</td></tr>
<tr><td>项目人员配备符合标书或服务协议书要求</td><td>人员资质及配置合理性</td><td>文件查阅</td><td>6</td><td></td><td>1. 如标书无要求，则按必须配备有 2/3 以上的社工；社会工作专业人员：应取得助理社会工作师或以上资格，社会工作本科毕业
2. 查看员工学历与学位证书和取得的相应社会工作师职业资格证书
3. A：95% 及以上符合要求；
B：85% ~94% 符合要求；
C：75% ~84% 符合要求；
D：65% ~74% 符合要求；
E：64% 及以下符合要求</td></tr>
</table>

续表

评估项目	评估内容	评估指标	评估标准		评估方法	分值	得分	备注
运营管理能力（15%）	人力资源管理	工作人员配备	项目人员配备符合标书或服务协议书要求	人员配置人数	文件查阅	10		1. 人员人数统计均以劳动合同、工资单、社保同时有效为准 2. 人数统计以协议要求的人数除以月份数为人次/月 3. A：95%及以上符合要求；B：85%～94%符合要求；C：75%～84%符合要求；D：65%～74%符合要求；E：64%及以下符合要求
			项目所有工作人员均有明确的岗位说明，且有健全的组织架构和问责体系（符合专项开展要求）		文件查阅 实地观察	2		查看岗位说明书、组织架构制度、问责机制程序等文件
			项目督导配置	配备督导资历达到标书或服务协议书要求	文件查阅	4		1. 督导资质符合之一：具有连续6年及以上高校社会工作专业教学经验的教师，并有3年及以上社会工作学生实习指导经验；具有连续6年社会工作实践经验的中级社工师；广州市督导班毕业并持有结业证的；为连续10年及以上资深香港注册社工 2. A：95%及以上符合要求；B：85%～94%符合要求；C：75%～84%符合要求；D：65%～74%符合要求；E：64%及以下符合要求
				配备督导人数	文件查阅	5		1. 督导人数统计以协议要求的人数除以月份数为人次/月；以督导到位为准 2. A：95%及以上符合要求；B：85%～94%符合要求；C：75%～84%符合要求；D：65%～74%符合要求；E：64%及以下符合要求

续表

评估项目	评估内容	评估指标	评估标准	评估方法	分值	得分	备注
运营管理能力（15%）	人力资源管理	工作人员配备	项目期内中心工作人员队伍的稳定，有利于工作正常开展	文件查阅	5		1. 合同期内离职（离岗）人数除以标书要求人数及合同期内新录用人数之比为离职（离岗）率 2. A：离职（离岗）率<10%； B：10%≤离职（离岗）率<20%； C：20 %≤离职（离岗）率<30%； D：30%≤离职（离岗）率<40%； E：离职（离岗）率≥40%
		员工成长体系（专项专业成长）	制定有员工培训制度及培训计划，包括岗前培训在内的各类符合项目需要的培训，并记录在案	文件查阅 访谈	3		如无要求可根据实际情况
			培训时数达到标书或服务协议书规定	文件查阅	2		如无要求可根据实际情况
			制定有社工督导制度及督导计划	文件查阅	2		
			督导时数达到标书或服务协议书规定	文件查阅	2		如无要求可根据实际情况
			所提供的督导应包括协助一线社工制定合适的成长计划和职业生涯规划及执行情况	文件查阅	5		执行情况可以用督导记录、个人反思智能总结
	"人力资源管理"值得肯定的地方						
	"人力资源管理"需完善的地方						
	运营管理	绩效考核体系	制定有绩效考核制度，制定明确的绩效考核体系，包括考核人员分类说明、考核实施主体、考核期及考核时间、日常考勤记录等考核项	文件查阅	3		

续表

评估项目	评估内容	评估指标	评估标准	评估方法	分值	得分	备注
运营管理能力（15%）	运营管理	绩效考核体系	绩效考核执行情况，考核结果的运用能激励员工的积极性	文件查阅	5		
		制度保障	消防安全管理制度及培训、演练	文件查阅	1		机构、单位有工作人员参与培训、演练并有相关记录；每半年一次
			固定资产管理制度，包括固定资产的报废与封存	文件查阅	1		
			制定有会议管理制度	文件查阅	1		
			信息档案管理制度	文件查阅	1		
			意见投诉管理制度	文件查阅	1		
			突发事件应急管理制度	文件查阅	2		
			有检讨、调试的持续改进机制	文件查阅	3		
			有使职员了解制度流程的机制（如培训、手册）	文件查阅	2		
	“运营管理”值得肯定的地方						
	“运营管理”需完善的地方						
	权利保障	知情权	制定有服务项目基本情况的说明文件，包括机构及承办项目的服务资质、发展历史、服务项目等基本情况的书面资料	文件查阅	2		
			备有申请接受服务和退出服务的政策和程序的资料手册	文件查阅	1		
			资料手册便于服务对象、职员及其他关注人士阅览（设置有资料取阅台）	文件查阅 实地观察	1		
			有制定服务手册、服务程序指引（规定有申请受理的期限，在规定的期限内予	文件查阅	1		

续表

评估项目	评估内容	评估指标	评估标准	评估方法	分值	得分	备注
运营管理能力（15%）	权利保障	知情权	以服务申请者答复，如果服务单位需转介服务申请者，服务单位应向该申请人交代转介原因）	文件查阅	1		
		安全权	有消防平面图和逃生指示图供服务对象及职员查阅	文件查阅 实地观察	2		
			制定有人身安全防范和处理机制及意外受伤事件的处理机制	文件查阅	1		
		参与权	制定有服务对象及职员在服务程序、服务内容方面的参与机制	文件查阅	2		
			服务对象在设定服务程序、服务内容等方面有参与的相关记录	文件查阅	1		
		隐私权	隐私保护制度措施	文件查阅	4		
			泄密后的预案及处理措施	文件查阅	2		
		申诉权	申诉制度及程序（需上墙或公示）	文件查阅	2		
			申诉能及时回馈、记录	文件查阅	1		
	“权利保障”值得肯定的地方						
	“权利保障”需完善的地方						
上次评估建议落实情况（5分）							
评委点评							

评委签名：__________________ 评估时间：__________________

表 2 项目管理与运行状况评估

单位：分

<table>
<tr><th>评估项目</th><th>评估内容</th><th>评估指标</th><th>评估标准</th><th>评估方法</th><th>分值</th><th>得分</th><th>备注</th></tr>
<tr><td rowspan="17">项目管理与运行状况（25%）</td><td rowspan="7">硬件设施管理</td><td rowspan="2">各功能室配备及舒适情况</td><td>有个案室、小组室或多功能室、办公室、前台咨询区域等（或整合相关资源达到相同功能）</td><td>实地观察
访谈</td><td>2</td><td></td><td></td></tr>
<tr><td>配备功能室的环境舒适情况</td><td>实地观察
访谈</td><td>3</td><td></td><td></td></tr>
<tr><td rowspan="5">各类设施完整情况</td><td>消防、安全设备等配备；使用情况完整且能够及时更换维修记录</td><td>实地观察</td><td>2</td><td></td><td></td></tr>
<tr><td>服务设备、办公设备等安全警示标识齐全、清晰</td><td>实地观察</td><td>2</td><td></td><td></td></tr>
<tr><td>逃生路线标识、服务投诉流程需有显著标示，有明显指引</td><td>实地观察</td><td>2</td><td></td><td></td></tr>
<tr><td>项目的服务和开放时间、联系方式要有清晰的公示</td><td>实地观察</td><td>1</td><td></td><td></td></tr>
<tr><td>室内外设有宣传位置</td><td>实地观察</td><td>2</td><td></td><td></td></tr>
<tr><td colspan="2">“硬件设施管理”值得肯定的地方</td><td colspan="5"></td></tr>
<tr><td colspan="2">“硬件设施管理”需完善的地方</td><td colspan="5"></td></tr>
<tr><td rowspan="3">服务宣传</td><td rowspan="3">服务宣传情况</td><td>有服务宣传手册且内容完整性，并符合该群体特点（宗旨、目标、服务对象、提供服务的方法、申请接受和退出该项服务的机制、服务说明的文字措辞明白易懂）</td><td>实地观察</td><td>3</td><td></td><td></td></tr>
<tr><td>开展小组活动、其他活动等服务均有宣传过程，包括宣传单页、网络宣传等合适的方式</td><td>实地观察
文件查阅</td><td>4</td><td></td><td></td></tr>
<tr><td>积极发布服务信息，宣传效果良好</td><td>文件查阅
访谈</td><td>3</td><td></td><td></td></tr>
<tr><td colspan="2">“服务宣传”值得肯定的地方</td><td colspan="5"></td></tr>
<tr><td colspan="2">“服务宣传”需完善的地方</td><td colspan="5"></td></tr>
<tr><td rowspan="2">项目流程管理</td><td>工作安排管理</td><td>各项工作有明确的时间安排，有相关进度管理计划，以监控工作实施进度</td><td>文件查阅</td><td>5</td><td></td><td></td></tr>
<tr><td>服务流程管理</td><td>个案工作、小组工作、社区工作外展工作等制度流程或程序指引符合专项实际要求及特点</td><td>文件查阅</td><td>6</td><td></td><td></td></tr>
</table>

续表

评估项目	评估内容	评估指标	评估标准		评估方法	分值	得分	备注
项目管理与运行状况（25%）	项目流程管理	服务行政	有完整的服务申请及审批制度		文件查阅 访谈	3		
			服务协议	与服务对象（本人或家属、监护人）签订服务协议	文件查阅 访谈	2		
				协议内容能够澄清权利与义务	文件查阅 访谈	2		
				协议完整有效	文件查阅	2		
		服务对象评估制度	有计划、有针对性地对服务对象进行包含身体、心理、家庭及社会多方面的需求评估的制度及流程		文件查阅 访谈	4		
		服务对象档案管理	档案资料齐全，整理有序，易查找		实地观察 文件查阅	2		
			有专人管理及专门的档案柜，做好保密工作		实地观察 文件查阅	2		
			完善的借阅记录		实地观察 文件查阅	2		
		服务开启、结束及转介	服务开启的条件及处理流程的完整性及合理性		文件查阅	3		
			服务结束的条件及处理流程的完整性及合理性		文件查阅	2		
			服务对象转介条件、流程等制度符合项目特点		文件查阅	2		
	“项目流程管理”值得肯定的地方							
	“项目流程管理”需完善的地方							
	项目沟通管理	与各方确立相应沟通机制的执行度	购买方	与购买方的沟通制度及方式符合项目要求	文件查阅 访谈	3		
				沟通成效情况	文件查阅 访谈	3		
			合作方	与合作方的沟通制度及方式符合项目要求	文件查阅 访谈	3		
				沟通成效情况	文件查阅 访谈	3		

续表

<table>
<tr><th>评估项目</th><th>评估内容</th><th>评估指标</th><th>评估标准</th><th>评估方法</th><th>分值</th><th>得分</th><th>备注</th></tr>
<tr><td rowspan="11">项目管理与运行状况（25%）</td><td rowspan="4">项目沟通管理</td><td rowspan="2">服务情况、反馈制度及运作情况</td><td>有定期召开机构内部服务质量相关会议，应包含服务质量问题及改善内容等议题讨论</td><td>文件查阅
访谈</td><td>3</td><td></td><td></td></tr>
<tr><td>对会议决策事项有执行及追踪记录</td><td>文件查阅
访谈</td><td>2</td><td></td><td></td></tr>
<tr><td>服务对象意见反馈情况</td><td>有定期固定的渠道回访服务对象，了解社工服务情况，有意见及建议汇总，并对回访反馈的建议、要求能及时解决回复</td><td>文件查阅
访谈</td><td>4</td><td></td><td></td></tr>
<tr><td>团队沟通管理情况</td><td>定期召开会议、团建活动等，内部能够进行有效沟通</td><td>文件查阅
访谈</td><td>3</td><td></td><td></td></tr>
<tr><td colspan="2">“项目沟通管理”值得肯定的地方</td><td colspan="5"></td></tr>
<tr><td colspan="2">“项目沟通管理”需完善的地方</td><td colspan="5"></td></tr>
<tr><td rowspan="3">自我测评（自评报告）</td><td>项目自我测评制度</td><td>项目对服务过程、服务质量和服务成效的测评机制是否完善</td><td>文件查阅</td><td>3</td><td></td><td></td></tr>
<tr><td>检讨及改进计划</td><td>针对服务进展具有服务改善计划及跟进措施，并对服务成效无法达成或改善目标的原因进行说明</td><td>文件查阅
访谈</td><td>4</td><td></td><td></td></tr>
<tr><td>自我测评结果处理与跟进</td><td>结果记录在案，并据此修订项目政策，提高服务质量，成效显著</td><td>文件查阅</td><td>3</td><td></td><td></td></tr>
<tr><td colspan="2">“自我测评”值得肯定的地方</td><td colspan="5"></td></tr>
<tr><td colspan="2">“自我测评”需完善的地方</td><td colspan="5"></td></tr>
<tr><td colspan="2">上次评估建议落实情况（5分）</td><td colspan="6"></td></tr>
<tr><td colspan="2">评委点评</td><td colspan="6"></td></tr>
</table>

评委签名：＿＿＿＿＿＿＿＿＿＿＿　　　　评估时间：＿＿＿＿＿＿＿＿＿＿＿

表 3　项目成效评估

评估项目	评估内容	评估指标	评估标准	评估方法	分值	得分	备注
项目成效（45%）	服务总体计划与执行达成情况	服务对象需求	能够运用合理科学方法对社区矫正及刑满释放人员进行需求调查	文件查阅访谈	2		
			需求调查的分析结论能够体现出社区矫正及刑满释放人员的需求，支撑项目服务	文件查阅访谈	4		
		服务目标	能够制定清晰准确的服务目标	文件查阅访谈	2		
			服务目标能够回应社区矫正及刑满释放人员群体的需要	文件查阅访谈	2		
		服务计划与内容	针对社区矫正及刑满释放人员群体制定具体的、可行的、操作性较强的服务计划	文件查阅访谈	4		
			服务内容符合社区矫正及刑满释放人员群体的需要	文件查阅访谈	2		
			有针对社区矫正及刑满释放人员群体需要开展的恒常服务	文件查阅访谈	1		
			积极采纳服务对象的意见和建议	文件查阅访谈	1		
	“服务总体计划与执行达成情况”值得肯定的地方						
	“服务总体计划与执行达成情况”需完善的地方						
	服务指标完成量	个案工作	是否按照协议规定如数输出个案及转介服务	文件查阅访谈	6		A：完成率≥95% B：85%≤完成率<95% C：75%≤完成率<85% D：65%≤完成率<75% E：完成率≤65%
		小组工作	是否按照协议规定如数输出小组服务	文件查阅访谈	5		A：完成率≥95% B：85%≤完成率<95% C：75%≤完成率<85% D：65%≤完成率<75% E：完成率≤65%
		社区活动	是否按照协议规定如数输出社区活动服务	文件查阅访谈	5		A：完成率≥95% B：85%≤完成率<95% C：75%≤完成率<85% D：65%≤完成率<75% E：完成率≤65%

续表

评估项目	评估内容	评估指标	评估标准	评估方法	分值	得分	备注
项目成效（45%）	服务指标完成量	其他	是否按照协议规定如数完成其他协议事项	文件查阅 访谈	5		A：完成率≥95% B：85%≤完成率<95% C：75%≤完成率<85% D：65%≤完成率<75% E：完成率≤65%
	“服务指标完成量”值得肯定的地方						
	“服务指标完成量”需完善的地方						
	服务范围及覆盖情况	服务范围说明	服务对象与范围有清晰界定和说明	文件查阅 访谈	1		
		服务内容覆盖	针对不同服务群体提供全面所需的服务	文件查阅 访谈	1		
		服务群体覆盖	服务覆盖范围内的不同服务群体或所在的不同区域	文件查阅 访谈	1		
	“服务范围及覆盖情况”值得肯定的地方						
	“服务范围及覆盖情况”需完善的地方						
	服务质量	个案工作	个案工作的完整性	文件查阅 访谈	3		
			介入方案专业性	文件查阅 访谈	3		
			服务过程专业性	文件查阅 访谈	4		
			服务对象改变程度	文件查阅 访谈	4		
		小组工作	小组工作的完整性	文件查阅 访谈	3		
			小组方案专业性	文件查阅 访谈	3		
			小组过程专业性	文件查阅 访谈	4		
			组员的改变程度	文件查阅 访谈	4		

续表

评估项目	评估内容	评估指标	评估标准	评估方法	分值	得分	备注
项目成效（45%）	服务质量	社区工作	社区工作的完整性	文件查阅 访谈	1		
			社区工作方案专业性	文件查阅 访谈	2		
			社区工作过程专业性	文件查阅 访谈	2		
			社区及群体的变化情况	文件查阅 访谈	2		
		资源链接	能有效链接相关合作伙伴，并建立长期的合作关系，共同推进服务	文件查阅 访谈	2		
		督导支持	督导的意见到位、及时	文件查阅 访谈	3		
			员工能及时跟进回应	文件查阅 访谈	2		
	“服务质量”值得肯定的地方						
	“服务质量”需完善的地方						
	社会影响力	获奖情况	服务期内项目获奖情况	文件查阅	1		
		媒体新闻报道	在区及市级或以上新闻媒体发布相关新闻报道	文件查阅	1		
		实务经验分享与交流	有典型案例、同行交流分享、出版物、实务手册等	文件查阅	2		
		社会政策倡导	有倡导报告、政策提案等	文件查阅	1		
		项目持续性	有服务持续发展的计划及做法，社会组织孵化等	文件查阅	1		
	“社会影响力”值得肯定的地方						
	“社会影响力”需完善的地方						
特色服务（5分）							
上次评估建议落实情况（5分）							

续表

评估项目	评估内容	评估指标	评估标准	评估方法	分值	得分	备注
评委点评							

评委签名：________________　　　　评估时间：________________

表 4　项目财务管理能力评估

评估项目	评估内容	评估指标	评估标准	评估方法	分值	得分	备注
财务管理能力（15%）	内部管理	项目承接方聘请具有会计从业资格的出纳、会计人员	财务人员岗位设置合理、职责分工明确，会计、出纳分设	文件查阅	7		1. 查看会计人员岗位设置及职责情况 2. 查看会计人员岗位分工情况
			有符合标书或服务协议要求的项目财务负责人	文件查阅	7		1. 查看会计负责人（或主管会计）职称证书 2. 查看会计人员从业资格证书
			有制定齐全的交接手续以应对财务人员发生变动的情况	文件查阅	6		查看会计人员交接手续情况
		严格执行《民间非营利组织会计制度》，对每笔进出账进行详细记录和管理，确保财务清晰	按《民间非营利组织会计制度》设置会计科目	文件查阅	4		
			按《民间非营利组织会计制度》的要求编制全部会计报表，内容完整，数字真实、准确	文件查阅	6		
			财务处理方面无明显问题或不足，财务处理方面问题或不足举例（包括但不限于）：(1) 原始凭证不齐全或内容不完整；(2) 存在使用不合规原始凭证、票据的情况；(3) 记账凭证内容不完整或填制不规范；(4) 凭证签字或签章不齐全；(5) 账簿登记不及时或未及时打印电脑账页；(6) 库存现金余额大或经常使用大额现金；(7) 未按月编制银行存款余额调节表；(8) 账账、账表不符的	文件查阅	5		

续表

评估项目	评估内容	评估指标	评估标准	评估方法	分值	得分	备注
财务管理能力（15%）	内部管理	严格执行《民间非营利组织会计制度》，对每笔进出账进行详细记录和管理，确保财务清晰	项目会计核算合规，无明显的问题或不足，会计核算方面问题或不足举例（包括但不限于）： (1) 收支在往来科目中核算，余额结转净资产，或收入长期挂账；(2) 银行存款利息收入（含定期存款）未在其他收入科目核算；(3) 投资及投资收益核算不准确；(4) 费用科目使用不规范，如成本与管理费用界限不明、科目使用有误等；(5) 虚列费用或预提费用计提依据不足（或附件不齐备）；(6) 固定资产未按规定计提折旧或计提不准确；(7) 往来科目使用不规范，如往来科目使用混淆、往来科目中核算长期投资等；(8) 未按规定缴纳各项税费或应交税金科目使用不规范；(9) 已形成的资产损失未及时清理；(10) 未按规定提取各项减值准备；(11) 其他对资产、负债、收支有重大影响的事项	文件查阅	6		查看账本及报表
			依法进行税务登记，按期进行纳税申报，按规定办理税务登记及年检、变更手续	文件查阅	4		查看税务报表
			各种票据使用、管理规范。有票据的购入、领用、开具、交回等保管和使用登记记录；未发现存在使用不合规票据作为报销凭证；未发现违规开具捐赠专用收据、票据、发票的行为	文件查阅	5		查看票据
		经费来源和资金使用符合政策法规和章程规定	经费来源和资金使用情况符合法律法规要求的判断标准包括：(1) 是否存在侵占、私分、挪用资产，发生有失公允的关联交易，违规支付佣金或回扣，违规进行资金拆借等；(2) 是否存在账外资金或小金库；(3) 是否存在违规收费行为，包括违反规定接受和使用捐赠、资助，违规使用会费收据、捐赠专用收据；(4) 是否存在使用不合规凭证或票据列支费用	文件查阅	10		查看经费来源和资金使用情况

续表

评估项目	评估内容	评估指标	评估标准	评估方法	分值	得分	备注
财务管理能力（15%）	外部管理	项目定期公布财务预算报告和财务执行情况	项目具有年度财务预算和财务报告，并有法人或理事会授权人审批	文件查阅	5		中期评估时看预算
			年度财务报告内容完备。上一个年度财务报告内容完备情况（年度财务报告包括会计报表及附表、财务报表附注、财务情况说明书等内容；财务情况说明书应包括业务及财务活动基本情况，如资产状况和财务收支情况），上一年度工作计划或预算完成情况及差异分析，下一年度计划及预算，财务管理状况及存在的问题，对单位有重大影响的其他事项等	文件查阅	5		查看财务报告
			理事会或理事会授权人对机构年度财务状况，预算及执行情况，重大业务活动的资金募集、管理和使用情况等进行审查并留有痕迹	文件查阅	4		查看财务记录
		成本控制，以提升项目经费的有效利用率	实物资产购进、领用、保管、处置审批手续完善，定期盘点且对出现的盘亏、盘盈、毁损、减值情况及时进行处理	文件查阅	8		查看资料和实物
			无接受捐赠及捐出的实物资产或对接受捐赠及捐出的实物资产按规定及时进行会计核算，手续齐全，未形成账外资产	文件查阅	8		查看资料和实物
			对行政办公费用成本控制有齐备的证明材料和完善的程序指引	文件查阅	5		
上次评估建议落实情况（5分）							
评委点评							

评委签名：__________ 评估时间：__________

二 评估流程

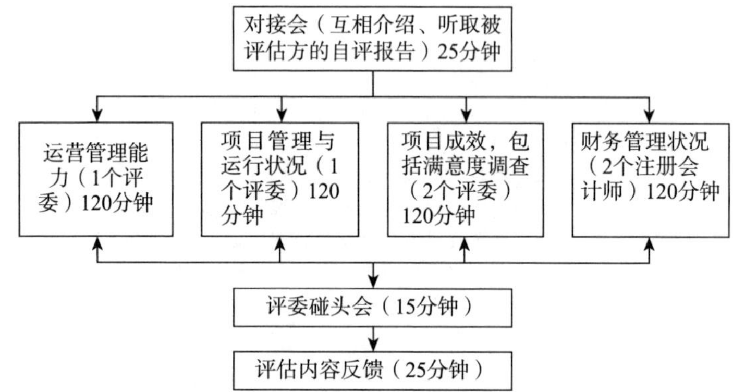

三 工作时间安排

关于中期评估时间安排：项目中期评估时间安排在服务进行完第6个月，提前或推后不超过半个月（服务进行5.5～6.5个月）进行中期评估。

关于末期评估时间安排：项目末期评估时间安排在服务进行完第11个月，提前或推后不超过半个月（服务进行10.5～11.5个月）进行末期评估。下表是一个例表。

时间	内容	跟进
2017年11月26日	设计专项计划方案	
2017年11月28日	与专项服务的负责人联系，了解相关专项信息并完成专项信息登记表	
2017年12月	开展对接会，并对专项服务负责人进行培训	
每月一次	进行实地走访工作	
2018年3月10日至3月24日	提交自评报告	
2018年4月8日	中期评估	
每月一次	进行实地走访工作	
2018年8月11日至8月25日	提交自评报告	
2018年9月9日	末期评估	

四 沟通机制

1. 实地检查

评估方对每个项目每月至少实地检查一次，走访前会提前两个工作日以电话或邮件方式告知受评估方。

2. 自评报告

评估方需提前十个工作日以电话或邮件方式告知受评方提交自评报告等相关评估资料，受评方需按时提交，若不能及时提交需以书面形式并盖上公章发给评估方。

3. 受理评估投诉或意见征询

评估后五个工作日，如对评估过程不满或对评估中的事项有新的看法，可以向GD社工评估质量监控部进行投诉或意见征询，GD社工评估质量监控部对此予以处理，逾期不予受理。

4. 评估意见回馈

（1）评估方在评估结束后七个工作日内，将初步评估意见反馈各受评方；

（2）对于评估意见中提出的问题及建议存在异议，可在报告反馈后的三个工作日内向评估方提出反馈意见或申诉；

（3）初评确定不合格或存在问题的受评项目可以在一个月内进行整改，并将整改意见发回给评估方，评估方需视情况对各受评项目整改后情况进行验收评估。

5. 评估纪律

任何以诈欺、隐瞒、提供不实数据或其他不法手段参与评估的单位，视其情况，做出警告，要求其限期整改，并上报市民政局。

6. 联系方式

附录三 《北京市社区服刑人员综合状态评估指标体系（试行）》[①]

此指标体系的使用步骤是：

① 参见 http://www.docin.com/p-813055845.html，最后访问日期：2019年7月20日。

（1）填表：由社区矫正工作人员和社区服刑人员分别填写他评量表（表Ⅰ）和自陈量表（表Ⅱ）。填写自陈量表（表Ⅱ）时，如服刑人员文化水平偏低，可由社区矫正工作人员询问后，代为填写。

（2）评分：由社区矫正工作人员依据他评量表（表Ⅰ）和自陈量表（表Ⅱ）分值，分别计算两量表的分值及类别。

（3）撰写评估报告：他评量表（表Ⅰ）和自陈量表（表Ⅱ）的分值、类别汇总到评估报告表（表Ⅳ）上。再根据鉴定表上提供的分值分类标准，确定该社区服刑人员的综合分值及类别。然后，由工作人员对本阶段被评估者的综合状态及主要问题做出评估结论，并提出进一步矫正的方案建议。

具体情况如表1和表2所示。

表1 各类社区服刑人员适用量表类别

量表类别编号及填写人员	他评量表（表Ⅰ）	自陈量表（表Ⅱ）	自陈量表评分表（表Ⅲ）	评估报告表（表Ⅳ）
管制、缓刑类人员适用量表	表Ⅰ－CH 社区矫正工作人员	表Ⅱ－CH 管制、缓刑类人员	表Ⅲ－CH 社区矫正工作人员	表Ⅳ－CH 社区矫正工作人员
监外执行、假释类人员适用量表	表Ⅰ－JJ 社区矫正工作人员	表Ⅱ－JJ 监外执行、假释类人员	表Ⅲ－JJ 社区矫正工作人员	表Ⅳ－JJ 社区矫正工作人员
剥夺政治权利类人员适用量表	表Ⅰ－BQ 社区矫正工作人员	表Ⅱ－BQ 剥夺政治权利类人员	表Ⅲ－BQ 社区矫正工作人员	表Ⅳ－BQ 社区矫正工作人员

表2 各类量表分值分类标准

量表种类	A类对象人身危险性小，回归社会趋向较好	B类对象人身危险性中，回归社会趋向一般	C类对象人身危险性大，回归社会趋向不好
他评量表（表Ⅰ）	80分及以下者	81～107分者	108分及以上者
自陈量表（表Ⅱ－表Ⅲ）	70分及以下者	71～90分者	91分及以上者
评估报告表（表Ⅳ）	153分及以下者	154～195分者	196分及以上者

北京市社区服刑人员综合状态评估指标体系 – 表Ⅰ – GH（试行）

Assessment System Comprehensive Situation Community Termers in Beijing-TableⅠ-GH（ASCSCTB-TⅠ-GH，on trial）

填表说明

1. 本量表是北京市社区服刑人员综合状态评估指标体系中的他评量表，须由社区矫正工作人员如实填写并认真统计。
2. 本量表的适用对象是社区服刑人员中的 管制、缓刑 类人员。
3. 本量表需要与社区服刑人员填写的 自陈量表 配合使用，才能比较全面地反映社区服刑人员的综合状态。

被评估人姓名：　　　　　　　　性别：　　　　　　　矫正类别：

矫正期：自　　　　年　　　月　　　日至　　　　　年　　　月　　　日

单位：分

项目指标 \ 分值			2分	4分	6分	本项所得分值
基本情况	1	年龄	65岁及以上	31～64岁	30岁及以下	
	2	文化程度	大学及以上	高中、初中及同等程度	小学、半文盲、文盲	
	3	婚姻状况	已婚	未婚（或丧偶）	离异	
	4	身心健康状况	残疾或重病，基本卧床	有疾病，但生活能自理	身体健康，但心理状况不好	
	5	精神病史	无精神病史	有轻微精神病史	有严重精神病史	
	6	生存技能	有，可以获得职业	技能水平低，需要提高	基本无技能，需要教育或培训	
	7	就业及经济收入	有稳定职业收入或亲友经常性帮助	有职业，收入不稳定，亲友偶尔帮助	无职业，无收入，也无亲友帮助	
	8	情感情绪	稳定、正常	比较稳定、正常	经常冲动、暴躁	
	9	人际关系	融洽、较好	一般	差	
	10	社会交往	无不良交往	偶有不良交往	经常有不良交往	
	11	饮用烈酒情况	没有酗酒问题	偶尔酗酒，部分功能失常	经常酗酒，经常行为失常	
	12	吸毒史	无	有过吸毒行为	有吸毒史并受到处罚	
家庭居住情况	13	居住条件	有稳定住处	有住处，不稳定	无住处或条件极差	
	14	家庭关系	融洽，接纳	一般，基本接纳	紧张，不接纳	
	15	家庭总体经济状况	较好	一般	较差	

续表

项目指标 \ 分值			2分	4分	6分	本项所得分值
家庭居住情况	16	邻里容纳程度	容纳	一般	不容纳	
	17	家庭成员对社区矫正态度	理解、支持、配合	态度含混、表现中立	不理解、有抵触情绪	
	18	社区成员对社区矫正态度	理解、支持、关心	基本不过问	不理解、抵触、排斥	
犯罪与刑罚历史	19	本次犯罪前违法犯罪史	无	受过拘留以上处理	惯犯、累犯	
	20	本次犯罪前犯罪次数	无	1次	2次及以上	
	21	本次犯罪距上次犯罪时间	既往无犯罪记录	3年以上	0~3年	
	22	犯罪的主观恶性程度	过失犯罪	程度一般	暴力犯罪	
	23	初次犯罪的年龄	35岁及以上	25~34岁	13~24岁	
	24	是否团伙犯罪	非团伙犯罪	团伙犯罪，从犯	团伙犯罪，主犯	
接受社区矫正态度	25	认罪服法态度	认罪服法	基本认罪	不认罪	
	26	对工作人员态度	好、较好，配合	一般，基本配合	不好，不配合、蛮横	
	27	相关法律法规认知情况	好、较好，了解	一般，基本了解	不好，不了解	
	28	遵规守纪情况	好、较好	一般，被扣过分	差，多次被扣分	
	29	参加各种矫正活动情况	态度积极，出勤好	态度一般，出勤一般	态度消极，出勤差	
	30	受表扬奖励情况	多次受到表扬奖励	受到一次表扬奖励	没有受过表扬奖励	
结论	通过SPSS软件程序对有关样本进行统计学分析得出的本量表的分值分类标准为：A类：80分及以下者；B类：81~107分者；C类：108分及以上者					
	表Ⅰ－GH评估结论		得分总计：　　分		分类类别：　　类	

评估机构：__________　　评估人：__________（签名）　　本次评估时间：__________

北京市社区服刑人员综合状态评估指标体系 – 表Ⅱ – GH（试行）

Assessment System Comprehensive Situation Community Termers in Beijing-Table Ⅱ -GH（ASCSCTB-T Ⅱ -GH，on trial）

填表说明

1. 本量表须由社区服刑人员中的管制、缓刑 类人员填写完成。
2. 社区服刑人员本人填写有困难时，可由社区矫正工作人员逐条询问后，代为填写。
3. 请认真阅读下列题目，从每个题目中选出 一个 最符合或最接近自己情况的答案，在其题号上打"√"。
4. 为保证测试结果的真实可靠性，请根据自己的第一反应（直觉）尽快回答问题，不要反复推敲。

问卷内容

1. 我已结婚

①是□　②是，但又离了□　③否，未婚（或丧偶）□　④没结婚，但有异性亲密朋友□

2. 我有住房

①是□　②与家人合住□　③与别人合住□　④否，没有住房□

3. 我有一技之长而且很熟练

①是□　②基本是□　③学了一点，但不熟练□　④否，至今没有□

4. 我的月收入大约是

①500 元以下□　②500～2500 元□　③2500～5000 元□　④没有固定收入□

5. 我对一份收入低的工作

①会接受□　②等等看□　③不如在家待着□　④干几天再说□

6. 如果我居住的社区环境脏、乱、差，我会

①打扫□　②听社区安排□　③不考虑□　④忙自己的事□

7. 如果有机会，我愿接受教育和培训

①是□　②希望如此□　③否，不愿意□　④是，但怕我不行□

8. 我愿意参加社区服务

①是，愿意□　②有时愿意□　③不很愿意□　④否，不愿意□

9. 劳动能创造人、改造人，我已经习惯劳动了

①同意□　②基本同意□　③不太同意□　④不同意□

10. 目前亲友对我的态度是

①关心鼓励□ ②时冷时热□ ③不原谅□ ④好久没联系了□

11. 目前我与家庭的关系是

①密切□ ②一般□ ③时好时坏□ ④断绝来往□

12. 我对家庭亲友的想法是

①争取和睦相处□ ②希望相安无事□ ③没法共同生活□ ④先观望□

13. 我现在与有不良习惯者

①没有交往□ ②主动交往□ ③被迫交往□ ④交往但不共事□

14. 我现在的社会交往状况是

①没朋友□ ②有新朋友□ ③与老朋友联系□ ④有朋友不来往□

15. 随着时间的延长我对自己犯罪行为的认识越来越

①清楚□ ②不清楚□ ③模糊□ ④无所谓□

16. 我已清楚自己犯罪行为的社会危害

①是□ ②清楚，但事出有因□ ③比较清楚□ ④不清楚□

17. 我对自己犯罪行为造成的社会危害感到

①内疚□ ②无奈□ ③后悔□ ④倒霉□

18. 导致我犯下罪过的主要原因在于

①社会、家庭、学校□ ②个人方面□ ③疏忽大意□ ④没有原因□

19. 我犯罪前没考虑后果

①是□ ②考虑过，但没经住诱惑□ ③考虑过，但疏忽大意了□ ④说不清楚□

20. 我犯罪与法制观念淡薄有关

①同意□ ②基本同意□ ③不太同意□ ④不同意□

21. 我对法院判决的想法是

①还算公正□ ②说得过去□ ③爱怎么判就怎么判□ ④有些出入□

22. 我对非监禁刑罚方面的法律法规

①了解□ ②不完全了解□ ③希望有所了解□ ④不了解□

23. 法院对我的判决主要考虑了下列情节

①自首□ ②悔罪□ ③未成年□ ④初犯□

24. 法院认为我的犯罪性质主要是

①单位犯罪□ ②责任事故□ ③经济犯罪□ ④一般轻罪□

25. 我对于被判管制或者缓刑应该遵守的条件

①知道□ ②基本知道□ ③希望知道更多□ ④不知道□

26. 被判刑时我最难受的感觉是

①心情郁闷□ ②焦躁不安□ ③幻觉幻听□ ④大脑一片空白□

27. 我常常担心自己会说错话或办错事

①感到□ ②偶尔感到□ ③经常感到□ ④没感到□

28. 我感觉自己的注意力难以集中

①是□ ②偶尔是□ ③经常是□ ④不是□

29. 我感到害怕和心中不踏实

①感到□ ②偶尔感到□ ③经常感到□ ④没感到□

30. 我常感到忧伤、不愉快以至于不能忍受

①感到□ ②偶尔感到□ ③经常感到□ ④没感到□

31. 我十分担心冒犯或伤害周围的人

①是□ ②偶尔是□ ③经常是□ ④不是□

32. 我感到周围的人不喜欢我

①感到□ ②偶尔感到□ ③经常感到□ ④没感到□

33. 我觉得自己没有什么价值

①感到□ ②偶尔感到□ ③经常感到□ ④没感到□

34. 我为自己的形象感到惭愧

①是□ ②偶尔是□ ③经常是□ ④不是□

35. 当有人看着我时，我干活就会出乱子

①是□ ②偶尔是□ ③经常是□ ④不是□

36. 说话时正视对面的人，我会感到不自在

①感到□ ②偶尔感到□ ③经常感到□ ④没感到□

37. 我感觉自己与任何人都不能亲热起来

①是□ ②偶尔是□ ③经常是□ ④不是□

38. 我与周围的人没有共同的话题可谈

①是□　②偶尔是□　③经常是□　④不是□

39. 我对“人如果不小心，周围的人就会占他的便宜”

①很同意□　②同意□　③不很同意□　④不同意□

40. 我愿意与周围的人交谈，也感觉他们愿意与我交谈

①是□　②偶尔是□　③经常是□　④不是□

41. 我喜欢与人争论

①喜欢□　②偶尔喜欢□　③经常喜欢□　④不喜欢□

42. 最近我有想摔东西或破坏东西的冲动

①有□　②偶尔有□　③经常有□　④没有□

43. 我感觉周围的人都和我对着干

①感到□　②偶尔感到□　③经常感到□　④没感到□

44. 有人做了对不起我的事，我感到

①不能原谅□　②过后可原谅□　③偶尔可原谅□　④世上没好人□

45. 我对社区矫正

①寄予希望□　②可以接受□　③不取决于我□　④走一步，看一步□

46. 遇到喜欢的异性时我会

①躲避□　②产生痛苦回忆□　③不能自制□　④理智交往□

47. 我总是尽量回避，拒绝与任何人交往

①是□　②偶尔是□　③经常是□　④不是□

48. 我认为社会上的不良风气和腐败现象

①难以消除□　②可以仿效□　③可以以恶治恶□　④不能仿效□

49. 我对“一旦犯罪，就将永远抬不起头”

①很同意□　②同意□　③不很同意□　④不同意□

50. 我对“与物质享受相比，精神需求更重要”

①很同意□　②同意□　③不很同意□　④不同意□

51. 我对自己被纳入社区矫正感到

①烦恼不快□　②悲观无奈□　③意料之中□　④无话可说□

52. 解决再就业和求学问题首先要靠我自己

①很同意□ ②同意□ ③不很同意□ ④不同意□

53. 各种教育改造工作已使我有了较大进步和提高

①是□ ②基本是□ ③不好说□ ④不是□

54. 我最近曾为有困难的人提供过帮助

①是□ ②基本是□ ③不好说□ ④不是□

55. 我最近的主要情绪感受是

①感到希望□ ②感到压抑□ ③感到茫然失望□ ④前 3 项都不是□

56. 我最近的睡眠情况

①较好□ ②一般□ ③有时失眠□ ④严重失眠□

57. 我对重新回归、融入社会

①有信心□ ②有一定信心□ ③信心不足□ ④缺乏信心□

58. 我回归社会后养家糊口主要靠

①学一门技术□ ②家庭或亲友帮助□ ③怎么都行□ ④说不好□

59. 尽管犯了罪，我仍希望得到平等的人格尊重

①可能□ ②有可能□ ③不可能□ ④无所谓□

60. 如果在找工作时被拒绝，我会

①继续争取□ ②有挫折感□ ③找人帮忙□ ④不堪忍受□

签名：__________

北京市社区服刑人员综合状态评估指标体系－表Ⅲ－GH（试行）

Assessment System Comprehensive Situation Community Termers in Beijing-TableⅢ-GH（ASCSCTB-TⅢ-GH，on trial）

填表说明
1. 本量表是北京市社区服刑人员综合状态评估指标体系中的自陈量表的评分表，须由社区矫正工作人员核准计算。 2. 本量表的适用对象是社区服刑人员中的管制、缓刑类人员。 3. 本量表的使用方法是：①对照表Ⅱ－GH，选择与该表各题答案序号一致的数码划“√”，并计算各题组得分的合计分数；②按照本量表提供的分值分类标准确定被评定对象自陈量表（表Ⅱ－GH）的得分总计及分类类别。 4. 凡题目中出现两个答案时，两者之间关系均为“或”，如①③，即①或③。

第一题组

答案 分值	1	2	3	4	5	6	7	8	9	10	11	12	13	14
1分	①	①	①②	③	①	①	①	①	①	①	①	①②	①	②
2分	③④	②③	③	②	②④	②	②④	②③	②③	②	②③	④	③④	③④
3分	②	④	④	①④	③	③④	③	④	④	③④	④	③	②	①
主要测试点		再社会化程度									分数合计		分	

第二题组

答案 分值	15	16	17	18	19	20	21	22	23	24	25
1分	①	①	①③	②	①	①	①	①	①	①	①②
2分	③	②③	②	③	②③	②③	②	②③	②④	②	③
3分	②④	④	④	①④	④	④	③④	④	③	③④	④
主要测试点	认罪悔过与法律法规认知程度							分数合计		分	

第三题组

答案 分值	26	27	28	29	30	31	32	33	34	35
1分	①	②④	②④	②④	②④	②④	②④	②④	②④	②④
2分	②③	①	①	①	①	①	①④	①	①	①
3分	④	③	③	③	③	③	③	③	③	③
答案 分值	36	37	38	39	40	41	42	43	44	
1分	②④	②④	②④	④	①③	②④	②④	②④	③	
2分	①	①	①	③	②	①	①	①	②	
3分	③	③	③	①②	④	③	③	③	①④	
主要测试点	心理人格特征						分数合计		分	

第四题组

答案 分值	45	46	47	48	49	50	51	52	53	54	55	56	57	58	59	60
1 分	①	④	②④	④	④	①②	③	①②	①	①	①	①	①	①	①	①
2 分	③	①②	①	①	③	③	②	③	②	②	②	②③	②③	②	②	②③
3 分	③④	③	③	②③	①②	④	①④	④	③④	③④	②③	④	④	③④	③④	④
主要测试点	接受社区矫正态度及回归社会倾向											分数合计		分		

结论	通过 SPSS 软件程序对有关样本进行统计学分析得出的本量表的分值分类标准为：●A 类：70 分及以下者；●B 类：71～90 分者；●C 类：91 分及以上者		
	表Ⅱ－CH（表Ⅲ－CH）评估结论	得分总计： 分	分类类别： 类

后　记

本人主编的《社区矫正工作评估：理论与实践》与同事谢俊贵教授主编的《社区矫正工作：理论与实践》（亦将由社会科学文献出版社出版）两书，原为广州市花都区司法局与广州市广大社会工作服务中心2015年合作推出的为该区司法局编写社区矫正培训教材的项目。因负责本项目的花都区司法局领导变动，本项目便转由广州市司法局社区矫正科主管，但一直苦于出版经费无着落，故两书迟迟未出版。现已得到广州大学的出版资助，总算让本项目有了良好的结局。主管单位的变动和出版经费筹措方的改变，使得我们对本书的撰写宗旨也发生了改变。我们不再满足于一般培训教材的编写，而是想将本书打造成一部既有重要的实用价值，又有一定学术价值的著作。

广州市在社会工作发展初期，注重政府、高校和社工机构三方的合作联动，通过高校的介入来推动社会工作的专业化发展，鼓励从事社会工作专业教育的高校和教师创建社会工作机构，承接政府购买服务的项目。因此，本书的编者都曾是社会工作机构的创办者。本人先后作为核心成员参与创办了广州市穗星青少年社会工作服务中心（现已改名为广州市穗星社会工作服务中心）和广州市广大社会工作服务中心（本人现任副理事长兼总干事），现又兼任广州市尚善社会服务中心理事。广州市广大社会工作服务中心不仅承接过社区矫正服务的项目，还承接过社区矫正评估的项目。广州市尚善社会服务中心是一家曾由广州市司法局创办、现已转为民办的司法社工服务组织，所经营的主要是社区矫正和戒毒服务项目。我们也正是在社区矫正工作管理和评估的实践中，在地方司法部门和民政部门的推动下，萌生出编写本书的念头，并经过四年的努力探索终告完成。希望本书的出版，能对相关的高校、科研院所、实务界和官方在开展社区矫正的实务、教育、研究、培训、督导、管理和评估方面有所裨益。

在本书出版之际，我们要感谢广州市司法局和花都区司法局对本项目开展给予的经费支持，感谢广州大学和广州市社会工作研究中心对本项目成果的出版给予的鼎力相助。我们也希望本书出版后，能给本项目一个圆满的收官，从而发挥其应有的价值。

程潮

2019 年 4 月 10 日

图书在版编目(CIP)数据

社区矫正工作评估：理论与实践 / 程潮主编. --
北京：社会科学文献出版社，2019.9
(社会工作研究文库)
ISBN 978-7-5201-5009-5

Ⅰ.①社… Ⅱ.①程… Ⅲ.①社区-监督改造-评估-中国 Ⅳ.①D926.7

中国版本图书馆 CIP 数据核字(2019)第115709号

社会工作研究文库
社区矫正工作评估：理论与实践

主　　编 / 程　潮

出 版 人 / 谢寿光
组稿编辑 / 谢蕊芬
责任编辑 / 胡庆英
文稿编辑 / 孙智敏

出　　版 / 社会科学文献出版社·群学出版分社（010）59366453
　　　　　地址：北京市北三环中路甲29号院华龙大厦　邮编：100029
　　　　　网址：www.ssap.com.cn
发　　行 / 市场营销中心（010）59367081　59367083
印　　装 / 三河市尚艺印装有限公司

规　　格 / 开 本：787mm×1092mm　1/16
　　　　　印 张：20　字 数：316千字
版　　次 / 2019年9月第1版　2019年9月第1次印刷
书　　号 / ISBN 978-7-5201-5009-5
定　　价 / 99.00元

本书如有印装质量问题，请与读者服务中心（010-59367028）联系

版权所有 翻印必究